"THE BELT AND ROAD"

THE GREAT IDEA GEARED TO THE 21ST CENTURY

# "一带一路"：
## 面向21世纪的伟大构想

人民论坛◎编

人民出版社

总 策 划：李春生　王　彤
责任编辑：辛春来　孟　雪　孙　逸
封面设计：吴燕妮

**图书在版编目（CIP）数据**

"一带一路"：面向 21 世纪的伟大构想 / 人民论坛 编 .
　– 北京：人民出版社，2015.12

ISBN 978 – 7 – 01 – 015509 – 8

I. ①一… 　 II. ①人… 　 III. ①区域经济合作 – 国际合作 – 研究 – 中国
　IV. ① F125.5

中国版本图书馆 CIP 数据核字（2015）第 272886 号

**"一带一路"：面向 21 世纪的伟大构想**

YIDAIYILU: MIANXIANG 21 SHIJI DE WEIDA GOUXIANG

人民论坛　编

**人民出版社** 出版发行

（100706　北京市东城区隆福寺街 99 号）

环球印刷（北京）有限公司印刷　新华书店经销

2015 年 12 月第 1 版　2015 年 12 月北京第 1 次印刷
开本：710 毫米 ×1000 毫米 1/16　印张：21
字数：325 千字

ISBN 978 – 7 – 01 – 015509 – 8　定价：56.00 元

邮购地址 100706　北京市东城区隆福寺街 99 号
人民东方图书销售中心　电话：（010）65250042　65289539

# 目 录

## 四、"一带一路"与人民币国际化

## 五、重建"一带一路"文化共同体

## 六、"一带一路"与地方战略

# 一、总论：战略意义

# "一带一路"对全球经济治理的价值与贡献

毛艳华[*]

中共中央总书记习近平在 2014 年 11 月 4 日主持召开中央财经领导小组第八次会议时，阐述了"一带一路"倡议的战略意义及其与我国全面参与国际经济合作和提升全球经济治理能力的关系。他指出："丝绸之路经济带和 21 世纪海上丝绸之路倡议顺应了时代要求和各国加快发展的愿望，提供了一个包容性巨大的发展平台，具有深厚历史渊源和人文基础，能够把快速发展的中国经济同沿线国家的利益结合起来。要集中力量办好这件大事，秉持亲、诚、惠、容的周边外交理念，近睦远交，使沿线国家对我们更认同、更亲近、更支持。"习近平主席的这一讲话，具有非常重要的战略价值和指导意义，有助于我们认真思考和廓清十八大以来在构建开放型经济新格局下"一带一路"倡议与全球经济治理新构想之间的关系。

## 一、"一带一路"倡议是中国主动参与国际经济合作的重大战略

改革开放以来，尤其是 2001 年加入世界贸易组织以来，在全球贸易自由化进程中我国外向型经济发展取得了巨大成功。但是，2008 年全球金融危机爆发后，我国经济发展的内外部环境发生了明显的变化。

---

* 毛艳华：中山大学自贸区综合研究院副院长、教授。

从外部环境来看，金融危机后发达国家经济正处于复苏与调整之中，市场需求疲弱，保护主义上升，既无法继续大规模进口来自新兴国家的商品，也不愿再继续承受来自新兴国家的大规模贸易赤字。同时发达国家开始塑造排他性的、更高标准的全球贸易与投资新规则，自由开放的全球多边贸易体系正面临被解体的困境，新兴国家和广大发展中国家的比较优势将因此受到极大削弱，其全球市场与投资来源也都会被大幅压缩。

从国内环境来看，中国需要一种新的战略来推动新一轮的经济发展。一方面，过去三十余年，中国的开放战略主要集中在"引进来"，但现在中国的劳动力工资随着经济的发展不断上涨，劳动密集型产业逐渐向周边低成本国家转移，传统的开放战略受到巨大挑战。另一方面，中国的对外投资增长迅速，近十年来对外直接投资流量年均增速达到 41.6%，占全球对外直接投资流量的比重迅速上升。例如，2012 年中国对外直接投资流量达 772 亿美元，成为继美国、日本之后的全球第三大对外直接投资国，对外投资存量已达 5319 亿美元，从 2013 年开始，中国已经成为对外投资的净投资国。[①] 正如党的十八大报告所指出的，要加快完善互利共赢、多元平衡、安全高效的开放型经济体系。

习近平主席提出"一带一路"倡议是中国主动参与国际经济合作的重大战略构想，标志着中国逐步迈入了主动引领全球经济合作和推动全球经济治理变革的新时期。进入 21 世纪，中国与世界的关系发生了根本性的变化：中国已经成为全球第二经济大国、第一货物贸易大国及第一出口大国、第三投资大国、最大外汇储备拥有国等。中国的经济实力与影响力显著，国内市场容量巨大，资金实力雄厚，在新一轮对外开放过程中，既可以凭借广阔的国内市场吸收新兴国家的商品，也可以为新兴国家提供重要资金来源，逐步有能力满足其外部市场与资金需求。中国作为世界经济的重要引擎之一，为世界经济复苏作出了重要贡献。据国际货币基金组织统计，2014 年中国经济对世界经济增长的贡献率为 27.8%，是该年度对世界经济增长贡献最大的国家。因此，中国在主动参与全球经济事务的过程中，可以更加主动地提出

---

① 王碧珺：《中国参与全球投资治理的机遇与挑战》，《国际经济评论》2014 年第 1 期。

"中国建议""中国方案"，使之成为"世界方案"的一部分。

## 二、"一带一路"相关议程着眼于为全球经济治理输出公共产品

在全球化进程中，主动参与全球经济治理，包括平台角色、治理议题设置和公共产品提供能力。其中，公共产品提供能力建设是全球经济治理机制的核心内容。首先，从理论上讲，公共产品提供存在"搭便车"的现象，每个国家都试图搭别国的"便车"，而不希望其他国家搭自己的便车，这便构成了全球治理中公共产品提供的不足问题。[①] 其次，从现有的全球或区域治理平台运行来看，大多数开发性金融机构对发展中国家的议程关注明显不足，并严重制约了发展中国家的整体崛起及其对基础设施建设资金的巨大需求。2013 年 4 月 7 日，中国国家主席习近平在博鳌亚洲论坛 2013 年年会上发表主旨演讲，首次提出："中国将加快同周边国家的互联互通建设，积极探讨搭建地区性融资平台，促进区域内经济融合，提高地区竞争力。"同年 10 月习近平主席出席 APEC 第 21 次领导人非正式会议，在雅加达同印度尼西亚总统苏西洛举行会谈表示，为促进本地区互联互通建设和经济一体化进程，中方倡议筹建亚洲基础设施投资银行，愿向包括东盟国家在内的本地区发展中国家基础设施建设提供资金支持。2014 年 11 月 8 日在北京举行的加强互联互通伙伴关系对话会议上，国家主席习近平主持会议并发表题为《联通引领发展　伙伴聚焦合作》的重要讲话，同时宣布中国将出资 400 亿美元成立丝路基金。

"一带一路"倡议把"互联互通"和融资平台的搭建作为重要议程，发起建立亚洲基础设施投资银行和设立丝路基金，顺应了国际区域经济合作发展的潮流，通过为全球治理输出公共产品也体现了中国作为负责任大国的作用与地位。建立亚洲基础设施投资银行和设立丝路基金主要有四点意义：一是有利于促进中国与周边国家的互联互通；二是为"一带一路"沿线国家和

---

[①]　张宇燕、李增刚：《国际经济政治学》，上海人民出版社 2008 年版。

地区提供资金支持；三是有利于拉动中国经济增长；四是有利于加快中国资本账户开放和人民币国际化进程。对"一带一路"沿线发展中国家的基础设施进行大量投资，不仅能够消除增长瓶颈，促进所在国的经济增长，还会拉动其他国家包括发达国家的出口，给发达国家创造结构改革的空间，是一个双赢的战略。

## 三、"一带一路"倡议是对全球经济治理理论的重大贡献

在 2008 年全球金融危机爆发后，面对中国应"担负更多责任"的外在压力和国内经济主体的利益诉求，中国以何种理念、何种战略定位和战略路径参与全球经济治理，在改革和完善全球经济治理体系中担当何种角色和如何发挥作用，既是国际社会的重要关切，也构成了当代中国内政外交政策中的重大理论和实践问题。习近平主席提出"一带一路"战略构想并要求高举和平、发展、合作、共赢旗帜，秉持亲诚惠容的外交理念，以政策沟通、设施联通、贸易畅通、资金融通、民心相通为主要内容，积极推进"一带一路"建设，与沿线各国共同打造政治互信、经济融合、文化包容的利益共同体、责任共同体和命运共同体，造福沿线国家人民，促进人类文明进步事业。"一带一路"倡议对全球经济治理理论的重大贡献集中体现在以下四个方面：

第一，从全球经济治理的价值来看，"一带一路"倡议顺应了广大发展中国家改革全球经济治理机制的诉求。近年来，面对金融危机后全球经济增长乏力和经济结构失衡，美欧虽然同意加快全球经济治理改革，但不想自动放弃对全球经济治理的控制权和领导权。"一带一路"以亚洲国家为重点方向，通过互联互通为亚洲邻国提供更多公共产品，致力发展亚洲价值、亚洲投资、亚洲市场，联手培育新的经济增长点和竞争优势，很好地体现了发展中国家的利益。"一带一路"以开放多元的特征推进区域合作的进程，并有可能成为最终推动全球贸易投资自由化的一个新途径。

第二，从全球经济治理的规制来看，"一带一路"倡议是对现有全球经

济治理规则的补充与完善。"一带一路"相关议题表明，中国是在不改变现有国际规则的情况下，通过发挥自身优势，搞增量改革，并且充分利用现有的国际规则，推动建立亚洲基础设施投资银行和设立丝路基金等，形成与现有多边开发银行相互补充的投融资开发平台，在现行国际经济金融秩序下，共同促进全球尤其是亚洲区域经济的持续稳定发展。这就很好地避免了历史上常常出现的新兴大国崛起与现存霸权国家和世界体系发生正面对抗和冲突的教训。

第三，从全球经济治理的主体来看，"一带一路"不是一个实体和机制，而是合作发展的理念和倡议。"一带一路"倡议依靠中国与有关国家既有的双多边机制，借助既有的、行之有效的区域合作平台，旨在借用古代"丝绸之路"的历史符号，高举和平发展的旗帜，主动地发展与沿线国家的经济合作伙伴关系，共同打造政治互信、经济融合、文化包容的利益共同体、命运共同体和责任共同体。

第四，从全球经济治理的效果来看，"一带一路"鼓励向西开放，带动西部开发以及中亚国家、蒙古等内陆国家的开发，向国际社会推行全球化的包容性发展理念。"一带一路"是中国主动向西推广中国优质产能和比较优势产业的战略，将使沿途、沿岸国家首先获益，也将改变历史上中亚等丝路沿途地带只是作为东西方贸易、文化交流的过道而成为发展"洼地"的处境。这就超越了欧美式全球化所造成的贫富差距、地区发展不平衡的困境，从而有助于推动建立持久和平、共同繁荣的世界。

# 共建"丝绸之路经济带"的深层意蕴

张秋生*

2013 年 9 月 7 日国家主席习近平在哈萨克斯坦纳扎尔巴耶夫大学发表题为《弘扬人民友谊，共创美好未来》的重要演讲，倡议用创新的合作模式，共同建设"丝绸之路经济带"。推进"丝绸之路经济带"和"海上丝绸之路"建设，成为新一届领导人创新周边合作的最大亮点，引起国内外广泛关注。

## 一、丝绸之路新的历史使命

丝绸之路作为欧洲文明、东亚文明和伊斯兰的交融点，架起了东西方文化与经济交流的桥梁，承担了新时代的历史使命。"丝绸之路经济带"，东边牵着亚太经济圈，西边系着发达的欧洲经济圈，却在中间的中亚地区之间形成了一个经济凹陷带，经济发展水平与两端的经济圈落差巨大，交通基础设施供给严重不足。然而此地有横跨亚欧与中国接壤的地理优势，有丰富的矿产资源、能源资源、土地资源和人力资源。从中国的角度看，主导"丝绸之路经济带"建设有利于解决经济发展中资源、市场等要素的不足问题，有

---

　张秋生：北京交通大学中国企业兼并重组研究中心教授，阿布都合力力·阿布拉对此文亦有贡献。

利于回避各种贸易集团可能带来的贸易转移效应的影响。"丝绸之路经济带"也是中国企业对外投资的重要目的地。

1996 年的"上海五国"和乌兹别克斯坦于 2001 年 6 月正式成立了上海合作组织，成员国有中国、俄罗斯、哈萨克斯坦、吉尔吉斯斯坦、塔吉克斯坦和乌兹别克斯坦等六个国家，观察国有伊朗、巴基斯坦、阿富汗、蒙古、印度等五个国家。与上海合作组织相比，"丝绸之路经济带"建设主要包括中国和哈萨克斯坦、吉尔吉斯斯坦、塔吉克斯坦、乌兹别克斯坦，以及新加入"丝绸之路经济带"的土库曼斯坦这五个中亚国家，功能上有一定区别。

目前，中亚五国有着经济社会进一步发展的需求和人民对生活水平进一步提高的迫切愿望，需要来自包括中国在内的国际社会的资本和技术投入。但是，因为中亚国家的社会经济发展水平相对较低以及法律体系不够完善，我国参与"丝绸之路经济带"建设中面临的问题比较复杂，未来法律保障、政策支持、进入方式等投资者保护或是重中之重。

## 二、契合了中国和中亚国家的发展诉求

近年来，随着上海合作组织在经济和金融合作领域所发挥作用的增强，中国与亚欧国家未来贸易与投资合作规模将不断扩大、内容将更加丰富，我国与中亚五国的贸易来往迅速增长。2012 年我国与中亚五国贸易额就已达 460 亿美元。中国成为哈萨克斯坦、土库曼斯坦第一大贸易伙伴，乌兹别克斯坦、吉尔吉斯斯坦第二大贸易伙伴，塔吉克斯坦的第三大贸易伙伴。同时，中国目前也是乌兹别克斯坦第一大、吉尔吉斯斯坦第二大投资来源国。而哈萨克斯坦也成为中国在海外第三大投资目的国，我国对哈萨克斯坦投资额已超过 200 亿美元，对哈萨克斯坦各类形式的金融信贷超过 300 亿美元。

习近平提出，建设丝绸之路经济带能解决当前国内部分产业产能严重过剩，促进产业转型升级，开拓国际市场，发展对外贸易，加强与中亚经济文化方面的交流，为国内产业发展提供更广阔的市场空间。目前国内能源紧缺，尤其是石油、天然气等能源更为短缺，而中亚地区石油等不可再生资源

较为丰富，双方供需关系方面的匹配度较强。提出"丝绸之路经济带"意味着给中国企业走出去提供了一个很好的平台，同时也为中国企业跨国投资创造了优越的条件，"为保持沿海经济牵引提供资源支撑，为增强西北地区经济活力提供助推引擎"。

作为"丝绸之路经济带"的重要部分，中亚五国在发展东西方贸易、促进东西文化交流中发挥了不可替代的作用，中亚国家都十分看重自己地处欧亚大陆中心这一地理优势，希望借助丝绸之路复兴本国经济，习近平主席提出的共建"丝绸之路经济带"这一主张契合了中亚国家的发展诉求，将带来"丝绸之路经济带"贸易和经济往来新的繁荣期。

# 习总书记和平外交的继承与创新

刘国柱*

习近平主席的外交战略思想一方面传递与外部世界围绕和平发展凝聚共识的信号，另一方面，在新的历史条件和新的国际形势下，对中国外交战略作出了必要的调整，将周边外交作为中国外交最优先的方向，致力于构建新型大国关系，并建立了更加完善和反应更加快捷的国家安全与外交决策机制。

党的十八大以来，以习近平为总书记的新一届中央领导集体，成功地开展了一系列重大外交活动，向世界传达了在新的历史条件下中国外交的基本战略和价值取向。根据习总书记在不同场合的讲话，对习总书记的外交与国家安全战略思想作一简要的概括和总结。

## 一、传递最大限度地与外部世界围绕和平发展凝聚共识的信号

和平发展的战略是新中国成立以来，中国在处理国家间关系时"和平共处五项基本原则"在新时期的反映。习近平主席是从中国与世界相互影响、相互作用的角度，以及中国与世界同属一个命运共同体的高度，看待中国所坚持的和平发展外交路线的，他强调："没有和平，中国和世界都不可能顺

---

＊ 刘国柱：浙江大学美国研究中心主任、世界史所所长。

利发展；没有发展，中国和世界也不可能有持久和平。"

习近平主席在主持中央政治局第三次集体学习时也强调，中国和平发展的战略抉择符合时代发展潮流与我国根本利益。他这样阐释中国的和平发展外交战略：中国要以自身和平发展促进世界和平，争取和平国际环境发展自己，增强综合国力，改善人民福祉，夯实和平发展道路的物质基础和社会基础。这一阐述具有双重含义：对内，是将全国人民的思想和意志统一到坚持和平发展上；对外，则是传递了中国共产党和政府最大限度地与外部世界围绕和平发展凝聚共识的信号。

致力于世界的和平与发展，是中国外交最基本的原则和出发点。为实现中国和世界的和平与发展，必然要加强中国与世界各国的协调与合作，以协调代替对立和对抗，共同维护世界和平；在合作中实现中国与世界各国的共同发展。

## 二、以包容的思想、开放的胸襟和积极姿态建设同
## 　　周边国家关系与合作

中国新一届领导人明显加强了对周边国家的外交，尤其是对东南亚国家和中亚国家的外交活动。习总书记强调，中国周边外交的基本方针，就是坚持与邻为善、以邻为伴，坚持睦邻、安邻、富邻，突出体现亲、诚、惠、容的理念。要坚持睦邻友好，守望相助，多走动、多做得人心、暖人心的事，增强亲和力、感召力、影响力。要诚心诚意对待周边国家，争取更多朋友和伙伴。要本着互惠互利的原则同周边国家开展合作，把双方利益融合提升到更高水平，让周边国家得益于中国发展，使中国也从周边国家共同发展中获得裨益和助力。要倡导包容的思想，以更加开放的胸襟和更加积极的态度促进地区合作。

中国对周边国家的外交侧重两个领域：一是建设同周边国家的全面战略伙伴关系；二是加强双方的经贸合作。中亚五国与除菲律宾、新加坡和文莱以外的东盟国家均与中国建立全面战略伙伴关系。在中国对周边国家的外交

中，更加强调双方的经贸合作，以经贸合作促进彼此的经济发展，从而实现真正的合作共赢。为此，中国提出了建设两条丝绸之路和一条经济走廊的设想，即面向中亚国家的陆上丝绸之路和面向东南亚国家的海上丝绸之路，中国与缅甸、孟加拉和印度的经济走廊。

两条丝绸之路和一条经济走廊，覆盖了亚洲的大部分国家，其辐射的范围更为广泛；而且，两路一廊所覆盖的国家，正是当前世界上经济增长速度最快、也是发展空间最大的几个地区。中国的资金和技术优势与其他几个地区的资源及劳动力优势结合在一起，这种合作必然会为这一地区的发展提供巨大的推动力，让双方实现合作共赢。

## 三、构建既合作又斗争的新型大国关系

在中国和平发展的过程中，如何与现有大国相处是摆在中国领导人面前的一项非常重要的课题。从世界历史尤其是近代以来的历史发展经验看，大凡后进国崛起，往往会受到原有强权的遏制，而后进国也往往会主动向原有强权发起挑战。中国在和平发展过程或民族复兴过程中，显然不能走历史上大国关系的老路，尤其是作为最大的发展中国家，如何与最大的发达国家美国相处，不仅关系到中美两国，甚至会关系到整个世界的走向。中美必须开创一种不同以往的新型大国关系。

2013 年 6 月，习近平主席和奥巴马总统在加州庄园会晤，两国元首同意共同努力构建中美新型大国关系。构建中美新型大国关系，强调中美双方的不对抗与合作，并不意味着中方在涉及国家核心利益问题上对美国妥协和退让，不对抗也不意味着没有斗争。无论是面对哪个大国，中国政府一定会坚定维护主权、安全和发展等国家核心利益。

由此可以预见，中美在构建新型大国关系过程中，矛盾与分歧是不可避免的，而解决双方的矛盾与分歧，既要合作，也要斗争。在合作的大框架下进行必要的斗争，在斗争中追求双方都能认可的合作，会成为中美两国外交界之间的常态。

## 四、建立更加完善和反应更加快捷的国家安全与外交决策机制

党的十八届三中全会决定建立国家安全委员会。尽管国家安全委员会具有对内和对外双重职能，但很明显，相较于内部的安全问题和各种突发事件，中国所面临的外部安全问题更为突出，也更为复杂。既有来自周边国家对我国领土的觊觎，也有国际恐怖主义的威胁，还有网络安全、经济安全等非传统安全领域的挑战。即使是国内安全问题，在很大程度上也具有外部势力的因素。这就要求这样一个部门协调各方面力量，全方位地应对来自各个领域的安全威胁，最大限度保护我国的国家安全和利益。因此，设立国家安全委员会是顺应时代的需要，这对于今后维护我国的国家安全有着至关重要的作用。

设立国家安全委员会既是对我国现有体制的创新，同时也是与国际社会接轨。在世界舞台上具有重要影响力的国家均已建立了类似的机构。如美国根据 1947 年《国家安全法》，设立了隶属于白宫的国家安全委员会，统筹有关国家内政、军事和外交机构的信息并向总统提出建议。国家安全顾问与总统和国务卿一起，成为战后美国政治舞台上最有影响的政治职位；英国基本上是仿照美国，建立了本国的国家安全委员会；俄罗斯则是建立了由总统亲自担任主席的联邦安全会议。其中，美国的国家安全委员会在国家政治生活中，尤其是在涉及国家安全、处置重大突发事件方面发挥的作用最为突出，战后美国重大对外决策，几乎都能看到美国国家安全委员会的影子。

中国的国家安全委员会将会借鉴其他国家国家安全委员会的成功经验，并结合中国的具体国情。它将是一个高层次、涵盖国家主要职能部门，能够对涉及国家安全的重大突发事件和危机进行应对与管理的最高决策机构。

习近平主席的外交战略思想，既是对新中国成立以来、尤其是改革开放以来我国外交战略思想的继承，也是在新的历史条件和新的国际形势下，对中国的外交战略作出的必要调整，并将在日后的外交实践中不断进行完善，从而为维护世界和平与稳定、促进世界各国的共同繁荣与发展作出更大的贡献。

# "海上丝绸之路"国际战略意义透析

林宏宇*

"海上丝绸之路"构想具有非常重大的国际战略意义，对我国来说，其经济发展方面的促进作用固然很大，但这还是表层的，从深层次来看，这更应是一个顶层的战略设计，其战略作用将随着时间的推移而源源不断地发酵。

习近平主席 2013 年 10 月在印尼国会演讲时提出要构建面向 21 世纪的"海上丝绸之路"，这个提法在 2014 年 3 月李克强总理所做的政府工作报告中得到进一步印证，他强调指出"我国要抓紧规划建设丝绸之路经济带和 21 世纪海上丝绸之路"。这表明"海上丝绸之路"的提法已经成为我们国家新一届政府深化改革的战略设计的重要组成部分，引起了国内外的密切关注。目前学界可能更多关注它的经济发展意义，把它视为中国特色的市场经济面临新一轮全球化挑战的新包装，但笔者认为它的国际战略意义也许更为重大，可视为新时期中国外交的深层战略谋划。从主流国际关系理论的视角来看，"海上丝绸之路"至少有以下三个方面的战略意义。

---

* 林宏宇：国际关系学院国际政治系主任、教授、博士生导师。

## 一、从现实主义视角来看，"海上丝绸之路"体现了维护海洋权益的战略需要

自 2010 年美国实施重返亚太战略以来，我国周边安全形势日趋严峻。另外，受"冷战"遗留的历史问题与冷战后现实冲突的影响，东亚地区国家矛盾交错，利益交织，尤其是西太平洋地区海洋地缘状况拥挤不堪，如处置不好，极易酿成危机。中国如何突破美国重返亚太再平衡战略所导致的这种"东紧"困境，"海上丝绸之路"就成为了一个很好的选择。

实际上，"海上丝绸之路"是中国战略转向的重要组成部分——从"战略东向"转变为"战略西向"，它暂时避开了地缘政治拥挤不堪的东亚，转向大有可为的西线，达到扬长（经济贸易、基础设施）避短（军事、安全压力）之目的。另外，"海上丝绸之路"还可视为中国长期以来海权与陆权之争出现战略变化的一种迹象。中国虽是一个海陆大国，但却是一个海权的小国，长期以来我国偏重于陆权，对海权与海洋权益是不够重视的。而海洋将是人类社会未来发展的最重要资源，尤其自 1982 年《联合国海洋法公约》生效以来，世界各国都加强了对海洋权益的重视与维护，我们国家也越来越意识到这一点。"海上丝绸之路"的提出就是一个重要信号，它说明中国将更加重视海洋，更加重视海权与海洋权益的维护。

## 二、从自由主义视角来看，构建"海上丝绸之路"是宣扬富有中国特色的价值观念

美国前国务卿赖斯在一次外交演讲中指出，一个大国要不仅能生产丰富的物质产品，还必须能生产丰富的精神产品，二者缺一都不是世界大国。她这里的"精神产品"所指的内涵很丰富，但价值观与话语权是很重要的方面。不可否认，中国已是世界上最大的物质产品的生产大国，但我们还不是精神产品的大国，我们的国际话语权还不够强大。新一届中央领导集体越来

越重视国际话语权的建设，"中国梦""新型大国关系""命运共同体""新义利观"等概念的提出，都表明了中国要发出不同于西方的声音，要让国际社会看到更多"中国的点子"。"海上丝绸之路"的提出正体现了这一战略诉求。

近年来，亚太成为世界经济发展的发动机，是世界经济发展最快的地区，这个地区有影响的大国纷纷提出本国对该区域发展的战略构想，美国、日本等西方国家都提出过类似于"丝绸之路"这样的战略设计，但中国的"海上丝绸之路"提法最有历史的文化底蕴与现实的可行性，因为，中国政府所提的"海上丝绸之路"是对绵延两千多年的中国古代海上丝绸之路精神的传承与发扬。中国古代海上丝绸之路形成于秦汉时期，发展于三国隋朝时期，繁荣于唐宋时期，转变于明清时期，是已知的世界上最为古老的海上航线，是联系亚洲、非洲和欧洲的商业贸易路线，是古代中国与外国交通贸易和文化交往的海上交通走廊。通过和平的航海贸易，带来了经济的共赢，不同文明之间的碰撞，以及相关国家的和睦交流。这与近代西方海洋文化中的侵略性和扩张性是不同的。近代西方国家通过地理大发现，发现了世界，统治了世界，主导了400年的全球化，但残酷的血腥、冲突与战争却充斥其间。

可以说，中国古代海上丝绸之路是古老的中华文明对人类和谐美好精神的贡献，它体现的价值内涵主要包括：互联互通、开放包容、合作共赢、命运共同。这些思想也正是中国政府所提的面向21世纪的海上丝绸之路要秉承的价值观念与国际规范。有影响力的国际话语与规范，往往有悠长的历史传承与积淀。中国古代海上丝绸之路两千年，似涓涓细流、绵延不断，交流了商品，传播了文明，是一个打有中国印迹的优质历史文化符号，笔者认为，作为"中国梦"国际延展的"21世纪海上丝绸之路"同样需要这个符号。

## 三、从建构主义视角来看，"海上丝绸之路"体现了 "大亚太"的区域认同

认同在国际关系中扮演着非常重要的角色，构建认同是减少战略误判、

避免国际冲突的重要方法。不可否认，当前我国和平发展进程之所以遭遇这么大的困难，与当前亚太地区的国家身份认同混乱与缺失有很大关系。

由于历史与现实原因，亚太地区国家发展状况非常复杂，这个地区既有最发达的国家，也有很落后的国家；既有社会主义国家，也有资本主义国家；既有远在域外但时刻不忘亚太的国家，也有身处东方却以西方自居的"区域人格分裂"的国家。如此复杂的国家身份认知，导致亚太地区国家矛盾重重、纷争不断，这是影响当前亚太地区安全与稳定的重要原因之一。

中国作为地处亚太地区的大国，有责任推动这个地区的国家身份认同。笔者认为，"海上丝绸之路"的提出，可视为中国政府推动亚太区域构建国家认同的有效途径。"海上丝绸之路"连接的是东亚、南亚，沟通太平洋与印度洋，是地缘上的"大亚太"区域，该战略的实施显然有利于培育该区域的认同。中国将发挥其作为该地区最大经济体的优势，为构建"大亚太"认同作出贡献。目前，中国和东盟已建成世界上最大的发展中国家自由贸易区，中国连续 4 年成为东盟第一大贸易伙伴，东盟是中国第三大贸易伙伴。再通过共建 21 世纪海上丝绸之路，大力推动自贸区升级版建设，促进政策沟通、设施联通、贸易畅通、资金融通、民心相通，这将成为"海上丝绸之路"沿线各国人民的共同意愿。这既有助于构建"大亚太"的区域认同，也有助于加强中国的大国亲和力和中国的和平发展。

总之，"海上丝绸之路"构想具有非常重大的国际战略意义，对我国来说，其经济发展方面的促进作用固然很大，但这还是表层的，从深层次来看，这更应是一个顶层的战略设计，其战略作用将随着时间的推移而源源不断地发酵，可谓"经济为表、战略为里"。"海上丝绸之路"构想以经济贸易合作为先导与基石，以政治外交合作为前提与推进手段，以促进文化交流、化解安全风险为重要目标，对于深化区域合作、促进亚太繁荣、推动全球发展具有重大而深远的战略意义。

# 海陆两个丝路：通向世界的战略之梯

邢广程*

## 一、构建海陆两个丝路的战略基点

2013 年，中国外交从战略高度提出一系列新的理念和构想，其中习近平主席提出的构建"丝绸之路经济带"和"21 世纪海上丝绸之路"这两个战略设想更是举世瞩目。

我国提出构建海陆两个丝绸之路经济带的战略绝不是偶然的。海陆两个丝路的构建必须服从和服务于实现"两个一百年"奋斗目标和实现中华民族伟大复兴的中国梦，成为中华民族立于世界之林的恰当的体现形式。

海陆两个丝路的构建是我国国际影响逐步外溢的客观需要，是中国加强与欧亚非地区紧密经济合作的巧妙形式。这两个丝路是亚欧非地区同我国密切政治关系、巩固经济纽带、深化安全合作、加强人文联系的重要通道，是巩固睦邻友好、深化互利合作的重要途径，是我国走和平发展道路的合适方式，是维护周边和世界和平稳定的战略抉择，是维护国家主权、安全和发展利益的重要方式。

海陆两个丝路的构建必须服从和服务于国内国际两个大局，从这两个大

* 邢广程：中国社会科学院中国边疆史地研究中心主任、研究员，中国西部开发促进会副会长，中国上海合作组织研究中心副主任。

局出发实施战略考量和运筹。国内大局就是实现中华民族伟大复兴的中国梦，为我国保持持续快速发展提供有力的支撑，维护和用好我国发展的重要战略机遇期；国际大局就是为我国改革发展稳定争取良好外部条件，在互利共赢的基础上实现我国的国家利益，不断增强我国的国际影响。

海陆两个丝路的构建必须加以协调和统筹，使其发挥更大的国际作用。我国应统筹"丝绸之路经济带"和"21 世纪海上丝绸之路"两个战略，在功能、区间、合作方式等领域既要适当分工又要协同配合，完整地贯彻我国的外交战略和最大限度地维护我国国家利益。

将海陆丝绸之路作为实现中国亚欧非战略的重要战略平台和载体，构建贯穿于亚欧非空间的战略梯子。"丝绸之路经济带"是横贯亚洲、欧洲甚至非洲北部的经济合作通道，其中中国是出发点，中亚和俄罗斯是桥梁和支撑点，欧洲是落脚点，北非是延伸线。"21 世纪海上丝绸之路"是贯穿于太平洋、印度洋及其沿岸国家和地区的海上经济合作通道。这两个丝绸之路在欧亚大陆、东太平洋和印度洋陆海空间保持相对平行向西延伸，其中中巴经济走廊和孟中印缅经济走廊是连接上述两个丝路的重要横梁，有了这两个横梁，两个丝路梯子更加稳定、更具有可持续性。

## 二、海陆两个丝路体现了中国经济影响的外溢作用

海陆两个丝路是我国与国际社会构建利益共同体的重要方式，充分体现了中国经济影响的外溢作用。

### 1. 构建区域经济合作有效方式，商谈贸易和投资便利化协定

在充分照顾各方利益和关切基础上寻求在贸易和投资领域广泛开展合作，实现海陆丝路国家经济合作优势互补。比如，提高中国—东盟自由贸易区水平，启动中国—东盟自贸区升级版谈判，争取到 2015 年双方双向贸易额达到 5000 亿美元，今后 8 年双向投资 1500 亿美元，争取 2020 年双方贸易额达到 1 万亿美元，让东盟国家更多从区域一体化和中国经济增长中受益。提高中国与欧洲区域合作的水平，争取使 2020 年双方贸易额达到 1 万

亿美元。提高中国与俄罗斯的区域合作水平，使 2020 年双方贸易额达到 2000 亿美元。

2. 开辟交通和物流大通道

应首先推动上海合作组织成员国尽快签署《国际道路运输便利化协定》，然后推动按照自愿原则广泛吸收观察员国参与该协定，最终在欧亚大陆构建一个交通大十字，即从波罗的海到太平洋、从中亚到印度洋和波斯湾的交通运输走廊。加快互联互通基础设施建设，加强同东盟国家和欧亚国家的互联互通建设，用好中国—东盟互联互通合作委员会等机制，推进泛亚铁路等项目建设，争取修建泰国高速铁路、中老铁路、中吉乌铁路。

3. 海陆两个丝路的共同功能是推动区域金融合作

为使我国与周边国家的互联互通更加有效地推进下去，我国提出筹建亚洲基础设施投资银行的构想，该构想具有重要的战略意义和价值。使用好中国政府设立的中国—东盟海上合作基金，发展好海洋合作伙伴关系。我国应与东盟逐步扩大双边本币互换的规模和范围，逐步扩大跨境贸易本币结算试点，发挥好中国—东盟银联体作用，最大限度地降低区内贸易和投资的汇率风险和结算成本。加强中国—东盟合作基金、中国—东盟投资合作基金和中国—东盟公共卫生合作基金的作用，继续推动中国政府设立的亚洲区域合作专项资金。为加强上海合作组织区域经济合作和丝绸之路经济带的构建，我国应继续推动建立上海合作组织开发银行，为本组织基础设施建设和经贸合作项目提供融资保障和结算平台。我国也应积极支持俄罗斯提出的设立上海合作组织专门账户的建议，为本组织框架内项目研究和交流培训提供资金支持。同时，我国还应推动上海合作组织银行联合体的发展，加强本地区各国金融机构的交流合作。

4. 我国海陆两个丝路应将能源输入作为主要的载体

我们应将中俄、中国与中亚地区的石油和天然气管道合作和油气区开发视为我国丝绸之路经济带的重要形式。我国应继续积极回应俄罗斯关于在上海合作组织框架内成立能源俱乐部的主张并加以实际推动。能源俱乐部完全可以协调能源合作，建立稳定供求关系，确保能源安全。中巴经济走廊和孟中印缅经济走廊也应将能源输出作为重要途径，中缅天然气管道的开通为中国与东南亚的能源合作提供了现实的基础。今后我国还应将上述两个经济走廊的能源管道合作做大做强，这是有效化解马六甲海峡困局的最直接办法之一。

构建"丝绸之路经济带"不是要取代欧亚大陆存在的其他组织，更不是覆盖和替代上海合作组织。"丝绸之路经济带"的主要国家应包括欧亚经济共同体和上海合作组织成员国、观察员国，这些国家地跨欧亚、南亚、西亚，范围比较广阔。"丝绸之路经济带"是要加强上海合作组织同欧亚经济共同体的合作，以使我国在欧亚大陆获得更大发展空间。"21 世纪海上丝绸之路"的构建并不是要取代东南亚已经存在的一些组织和机制，而是要贯穿这些组织，在东盟与中日韩（"10 + 3"）、东亚峰会（EAS）、东盟地区论坛（ARF）和东盟防长扩大会议（ADMM +）等东盟主导机制框架内，与东盟合作，通过区域全面经济伙伴关系（RCEP）加强区域经济合作，与东盟一体化倡议（IAI）工作计划（2009—2015）、大湄公河次区域经济合作（GMS）、东盟湄公河流域发展合作（AMBDC）、文莱—印度尼西亚—马来西亚—菲律宾东盟东部增长区（BIMP-EAGA）等次区域合作机制实行合作。我国应推动实施澜沧江—湄公河航道二期整治项目，积极参与中国—东盟合作，与东盟国家探讨在边境地区设立跨境经济合作区。

在构建"21 世纪海上丝绸之路"过程中，我国应与东南亚、南亚和中东、北非一些国家在港口互联互通、渔业、海洋科技、环境保护、航行安全、海上搜救、海洋文化等领域合作，加强中国与东盟、印度等南亚国家海上执法机构间的对话交流，并考虑成立相应机制。东南亚地区自古以来就是"海上丝绸之路"的重要枢纽，同东盟国家加强海上合作必不可少。

## 三、构建海陆两个丝路的策略重点

### 1. 继续夯实海陆丝绸之路沿线国家的政治关系，增强战略互信

我国应积极探讨签署中国—东盟国家睦邻友好合作条约，为中国—东盟战略合作提供法律和制度保障，继续推进中国与东盟国家的政治互信。我

国已与俄罗斯建立了全面战略协作伙伴关系，还应积极充实中俄关系的内容。中俄关系十分重要，俄罗斯是中国构建"丝绸之路经济带"的重要战略伙伴。中国应视俄罗斯为实现"丝绸之路经济带"的关键纽带和桥梁。当然，中国提出"丝绸之路经济带"战略之后，俄罗斯一些学者发表文章，担心这会妨碍俄罗斯在中亚的战略利益。随着我国的持续发展，俄罗斯一些精英也对我国产生疑虑。"中国在开始对中亚经济扩张之前进行了长时间的铺垫：构建政治关系、解决与这些国家的边界问题，预先取得它们不支持新疆少数民族分离主义的保证。它还以贷款和资助的形式向中亚国家提供大规模金融援助，从而使俄罗斯的经济项目在与中国的竞争中败下阵来。凭借这项深思熟虑且一以贯之的政策，中国逐渐将俄罗斯这个地缘经济对手排挤出该地区。"[①] 俄罗斯一些学者认为，中国正在向中亚地区渗透，"在以自己的条件迅速解决丝路时期留下的与一些中亚国家的边界争端后，中国战略家开始利用获得的经济和政治资本在毗邻地区系统性推进。2001年根据莫斯科和北京倡议成立的上海合作组织成为了他们的便利渠道。但中国在上海合作组织旗号下向地区的经济扩张遭遇了莫斯科虽不公开、但却日益明显的抵制。这促使北京将重点转向双边合作项目"。一些莫斯科汉学家认为，"'丝绸之路经济带'构想是'中国霸权主义重现'和'与欧亚经济联盟项目对抗'"。俄罗斯学者估计，"'丝绸之路经济带'可能令新德里、德黑兰和安卡拉担忧，'21世纪海上丝绸之路'则会使东京和新德里不安。但作出消极反应的首先应是莫斯科和华盛顿"。[②] 针对这些情况，中国应多与俄罗斯学术界进行沟通，增信释疑。我国与中亚多数国家建立了战略伙伴关系，为"丝绸之路经济带"奠定了良好的政治基础。当然，中亚地区也存在着"中国威胁论"的论调，这虽不是主流，但毕竟会对中亚国家的民众产生影响，这就需要中国与中亚国家政府多沟通、多交流、多合作，通过交流与合作，增进友谊，构筑利益共同体。

---

① ［俄］维多利亚·潘菲洛娃：《中亚正成为中国领地——评中国领导人中亚之行》，俄罗斯《独立报》2013年9月3日。

② ［俄］尤里·塔夫罗夫斯基：《北京集纳山川大洋——"中国梦"战略得到两个新外交构想的补充》，俄罗斯《独立报》2013年11月15日。

2. 要加强安全领域的交流与合作

我国在构建海陆两个丝路进程中应高度关注安全问题。俄罗斯一些学者认为，中国构建"丝绸之路经济带"，"最重要的是保证全线的政治稳定和治安，世界上没有哪个国家能够保证做到这一点。而且，中亚和整个中东到处是恐怖分子和极端主义分子的窝点。加上美军不久就要从阿富汗撤军这一情况，中国的野心就更难以实现了"。[①] 俄罗斯学者虽有夸大非传统安全因素的味道，但构建"丝绸之路经济带"确实要考虑到欧亚地缘安全格局的新变化和新问题，国际恐怖主义和极端主义的破坏性威胁格外值得注意。盘踞在阿富汗和巴基斯坦交界的"东伊运"恐怖势力也在蠢蠢欲动，对我国新疆的稳定和长治久安造成了威胁。因此，中国应充分利用上海合作组织安全合作框架，与俄罗斯等独联体国家进行安全合作，有效遏制"三股势力"，确保"丝绸之路经济带"的安全。中国应同各国在双边和上海合作组织框架内加强互信、深化合作，合力打击"三股势力"、贩毒、跨国有组织犯罪，为地区经济发展和人民安居乐业创造良好环境。[②] 在构建"21 世纪海上丝绸之路"进程中，应完善中国—东盟防长会议机制，深化防灾救灾、网络安全、打击跨国犯罪、联合执法等非传统安全领域合作，倡导综合安全、共同安全、合作安全，共同维护本地区和平稳定，重点落实海洋经济、海上互联互通、环保、科研、搜救以及渔业合作。

3. 海陆两个丝路的构建不应一蹴而就，应以点带面、从线到片，逐步形成区域大合作

我国提出的两点政治共识和七个领域合作，是我国对今后十年中国—东盟关系发展的政策宣示。我国应将构建"21 世纪海上丝绸之路"的重点首先放在东盟地区。"21 世纪丝绸之路"的构建首先应依托缅甸的皎漂港、斯里兰卡的汗班托塔港和巴基斯坦的瓜达尔港，这几个港口可以作为我国海上丝绸之路的重要战略支点。印度是中国建设"21 世纪海上丝绸之路"的重

① 《中国有能力改造中亚吗?》，载俄罗斯信息分析中心网站，2013 年 10 月 22 日。

② 习近平：《弘扬人民友谊　共创美好未来——在纳扎尔巴耶夫大学的演讲（2013 年 9 月 7 日）》，《人民日报》2013 年 9 月 8 日。

要合作伙伴，扮演着重要的角色。我们要积极与印度进行合作，使其在我国构建"21世纪海上丝绸之路"进程中成为建设性力量。"丝绸之路经济带"的构建应先在中亚地区逐步展开，因为中亚国家是中国的邻居。习近平主席在访问哈萨克斯坦时明确阐述了中国对中亚国家的基本政策，提出了"三不"原则，即中国绝不干涉中亚国家内政，不谋求地区事务主导权，不经营势力范围。中国同中亚各国战略伙伴关系的实质和重要内容体现在涉及国家主权、领土完整、安全稳定等重大核心利益问题上坚定相互支持。中巴经济走廊建设应置于优先和重要位置，因为中巴经济走廊建设对中国来说具有极其重要的战略意义，它的战略价值不仅仅在于可以比较有效地破解马六甲海峡的战略困局，而且使我国内陆地区通过这个战略通道直接面向海洋，增强了我国内陆地区尤其是新疆跨越式发展经济的能力，极大地改善了我国西部向外开放的外部环境。归纳起来，俄罗斯学者所分析的"丝绸之路经济带"在实践中会遇到的一些困难和风险是：第一，丝绸之路的许多地段从技术上看是难以通行的；第二，丝绸之路要穿越十多个国家，因此需要统一和简化不同国家的海关规则和保险标准；第三，恐怖分子的威胁问题以及苏联各加盟共和国之间复杂的双边关系问题。①

4.在统筹海陆两个丝路时，要最大限度地彰显张骞出使西域和郑和下西洋的历史作用和历史价值

2100多年前，中国汉代的张骞两次出使中亚，开辟出一条横贯东西、连接欧亚的丝绸之路。丝绸之路是古代中国连接欧洲和北非的重要交通线路和文化通道。中国倡导复兴丝绸之路具有历史的合法性和历史积淀。2013年，中国国家主席习近平与乌兹别克斯坦总统卡里莫夫在撒马尔罕帖木儿家族历史博物馆参观时，他们在一幅古丝绸之路地图上分别找到了自己的故乡。"习近平边走边仔细察看，卡里莫夫热情做着讲解。一幅地图引起了习近平的注意，卡里莫夫说，这是一幅古丝绸之路地图。撒马尔罕是帖木儿时期的首都，是古丝绸之路的枢纽，那里是我的家乡。习近平指着地图右边的

---

① 《中国有能力改造中亚吗?》，载俄罗斯信息分析中心网站，2013年10月22日。

一处地方说，那里是西安，丝绸之路的起点，也是我的故乡。"①习近平主席在纳扎尔巴耶夫大学的演讲中也说道："我的家乡陕西，就位于古丝绸之路的起点。站在这里，回首历史，我仿佛听到了山间回荡的声声驼铃，看到了大漠飘飞的袅袅孤烟。这一切，让我感到十分亲切。哈萨克斯坦这片土地，是古丝绸之路经过的地方，曾经为沟通东西方文明，促进不同民族、不同文化相互交流和合作作出过重要贡献。东西方使节、商队、游客、学者、工匠川流不息，沿途各国互通有无、互学互鉴，共同推动了人类文明进步。"②习近平主席这样讲，自然而贴切。中国与中亚国家一道将丝绸之路的历史价值在现代加以体现出来。尽管美国也提出了新丝绸之路的战略，但与中国相比，美国缺乏历史的合法性和历史积淀。郑和下西洋开辟了一条横贯东太平洋和印度洋、连接亚欧非的海上丝绸之路。张骞出使西域和郑和下西洋的历史壮举在现实中依然具有重大意义。我们在构建海陆两个丝路时要充分挖掘其重要的历史价值，使古老的陆海丝绸之路焕发生机，把我国同欧亚非国家的互利合作不断推向新的历史高度，将政治关系优势、经济互补优势转化为务实合作优势，打造互利共赢的利益共同体。

---

① 《共同谱写丝绸之路文明发展新篇章——习近平在乌兹别克斯坦参观访问》，《人民日报》2013 年 9 月 10 日。

② 习近平：《弘扬人民友谊 共创美好未来——在纳扎尔巴耶夫大学的演讲（2013 年 9 月 7 日）》，《人民日报》2013 年 9 月 8 日。

# 论"一带一路"的历史超越与传承

王义桅[*]

"一带一路"是全方位对外开放的必然逻辑,也是文明复兴的必然趋势,还是包容性全球化的必然要求,标志着中国从参与全球化到塑造全球化的态势转变。"一带一路"是中国提出的伟大倡议和国际合作公共产品,既超越古代,又超越近代,通过"五通"——政策沟通、设施联通、贸易畅通、资金融通、民心相通,共同打造政治互信、经济融合、文化包容的利益共同体、命运共同体和责任共同体。

国家发展改革委、外交部、商务部联合发布的《推动共建丝绸之路经济带和21世纪海上丝绸之路的愿景与行动》指出:"共建'一带一路'旨在促进经济要素有序自由流动、资源高效配置和市场深度融合,推动沿线各国实现经济政策协调,开展更大范围、更高水平、更深层次的区域合作,共同打造开放、包容、均衡、普惠的区域经济合作架构。"[①]

一方面,由于"一带一路"倡议继承了古丝绸之路开放包容、兼收并蓄的精神,因此和古丝路具有相似之处;另一方面,由于"一带一路"政策出现在新的时代背景之下,被赋予了新的时代特质,因此得以在"空间"和"性质"两大方面,超越了传统丝绸之路的内涵,在创造性继承的基础之上

---

　＊ 王义桅:中国人民大学国际关系学院教授、博士生导师,国际事务研究所所长,欧盟研究中心主任。

　① 《授权发布:推动共建丝绸之路经济带和21世纪海上丝绸之路的愿景与行动》,新华社2015年3月28日电。

得以继续发扬光大，为沿线国家提供了更多的发展机遇。

# 一、"一带一路"的深远历史传承

古代丝绸之路在经贸合作、文化交流、民族稳定三个方面发挥了积极作用，而当今"一带一路"的建设，也同样会发挥古丝绸之路这三大独特作用，以负责任的风范与真诚包容的大国态度同世界分享自身发展红利。正如习近平主席所提到的，这将使欧亚各国经济联系更加紧密、相互合作更加深入、发展模式更加广阔，这是一项造福沿途各国人民的大事业。放眼古今丝绸之路，两者同为"亲善之路""繁荣之路""交流之路"。

"亲善之路"指的是当今"一带一路"建设立足于古丝绸之路对民族稳定、和谐共处的贡献，在和平发展成为日益重要主题的当下，将"一带一路"打造成一条福泽各国民众的发展之路，促进沿线各不同国家、不同民族之间的友好往来与和睦共处。目前，伴随着中国的发展，西方世界影响下产生的"中国威胁论"使得世界各国对中国发展心存疑虑，将中国的强大看作对世界现存政治秩序的威胁。而这条"亲善之路"充分表明：我国坚持走和平发展的道路，不谋求世界霸权，在国力强大的今天，将"引进来"与"走出去"更好地结合，同世界分享自身发展红利，在互联互通的基础之上，同各国平等发展、互利共赢。

"繁荣之路"是指当今"一带一路"建设同古代丝绸之路联系东西方贸易，创造大量社会财富一样，贯穿亚欧非大陆，一头是活跃的东亚经济圈，一头是发达的欧洲经济圈，能够在经贸交流的过程中推动东西方两大市场的繁荣，为沿线国家提供巨大的发展机遇和潜力。从"一带一路"的议程设置来看，伴随着一系列自贸区（如中日韩自贸区、中国—东盟自贸区）以及各类经济走廊（如孟中印缅经济走廊、中蒙俄经济走廊）的建设升级，这能够有效地促进产业合理分工，减小各国相互间的贸易壁垒，便利各国进出口运营以及经贸投资，从而建立起高效运行的"财富流通网""物资运输网"与"货币交换网"。

"交流之路"是指当今的"一带一路"同古代丝绸之路一样,不仅仅是一条经贸之路,也是一条文化交流、民众交往之路。伴随着各国基础设施的不断完善以及经贸合作的不断深化,建立在其基础之上的文化交流也同样会大放异彩。"一带一路"涵盖30亿人口,在建设的过程中,如能发扬传统"和平合作、开放包容、互学互鉴、互利共赢"的"丝路精神",以开放包容的态度推动沿线各国民众之间的交流,不仅能够推动"民心相通"的早日实现,增强各国民众对政策的支持和拥戴,而且能够极大地推动文化多样性的发展,在文化沟通交流的基础上实现物质同精神的双重结合,从经济和人文两个层面真正实现"共商""共建""共享"的合作理念。

"一带一路"的建设要在继承古丝绸之路的基础上,立足发展大局,在继承传统"亲善""繁荣""交流"之路基础上,打造互尊互信之路、合作共赢之路、文明互鉴之路。需要注意的是,"一带一路"建设是一个持续性的过程,难以一蹴而就,作为一项宏观政策,应该立足长远,从长期收益看待政策有效性。目前,应不断完善相关的配套政策安排、加强基础设施建设,审慎地处理各类问题,而非冒进地追求短期效益,舍重就轻。

## 二、"一带一路"政策的时代发展

党的十八届三中全会通过的《中共中央关于全面深化改革若干重大问题的决定》明确提出推动"丝绸之路经济带"和"21世纪海上丝绸之路"的建设,开创我国对外开放新局面,"一带一路"政策正式成为我国的重要国家战略。"一带一路"政策,在传承传统丝路精神的基础上,结合当代的内外国际局势,形成了其不同于古代丝绸之路的新内涵,实现了两大超越。一方面,在空间上超越了传统的丝绸之路的限制,所辖区域空间进一步扩大,合作空间也得以深化;另一方面,既在性质上赋予了古丝路新的内涵,又超越了传统丝路的思维模式,以其"时代性""先进性""开拓性"稳健地推动着"一带一路"建设的开展。

### 1. 空间上的超越

古代丝绸之路，正式开通了从中国通往欧、非大陆的陆路通道。这条道路，由西汉都城长安出发，经过河西走廊，然后分为两条路线：一条由阳关，经鄯善，沿昆仑山北麓西行，过莎车，西逾葱岭，出大月氏，至安息，西通犁轩，或由大月氏南入身毒；另一条出玉门关，经车师前国，沿天山南麓西行，出疏勒，西逾葱岭，过大宛，至康居、奄蔡（西汉时游牧于康居西北即咸海、里海北部草原，东汉时属康居）。[①] 可见，古代陆上丝绸之路链接东亚、中亚、西亚和欧洲。在此过程中，东南亚、南亚等地区虽然一定程度上受到丝绸之路的影响，但和西亚、中亚等地相比，其影响力还是有限。

当今"一带一路"的建设，其主体范围大体仍遵循古丝绸之路的路径，依托现存的亚欧大陆桥，通过中亚、西亚等重要区域，连接欧洲，实现沿线各区域之间的互联互通。但是，我国在"一带一路"的建设过程中，开展了与其相配套的"经济走廊"建设，通过经济走廊，将历史上并非陆上丝绸之路主体的区域也纳入到了"一带一路"建设的过程中去。例如，"中巴经济走廊"开创了由我国新疆地区经由巴基斯坦从而到达南亚的新途径，加之同"孟中印缅经济走廊"相互配合，南亚地区以及东南亚地区被成功地纳入到我国"一带一路"的建设之中。同时，历史上并非丝路主要途经区域的我国西南地区也承担起了"一带一路"建设的重任。除此之外，"中蒙俄经济走廊"的建立，还会将东北亚地区纳入"一带一路"的区域范畴，大大地扩展了古丝绸之路的空间范围。"一带一路"建设在空间上的扩展，不仅大大激发了我国各省份的积极性，同时也将南亚、东南亚、东北亚、东亚、西亚、中亚乃至欧洲紧密地联系在一起，大大扩展了古代丝绸之路的地理空间概念，赋予了其新的时代生命。

习近平主席在讲话中曾经提出要以点带面、从线到片，从而逐步形成区域的大合作，同时应实现"五通"，即政策沟通、设施联通、贸易畅通、资金融通、民心相通。从习总书记的讲话中，不难看出，当前"一带一路"的建设，在"合作空间"上极大地超越了传统丝绸之路以经贸为主的合作

---

① 陈功：《从全球文明的高度看"新丝绸之路"》，《战略观察》2013 年第 346 期。

方式。新时代"一带一路"的建设,"贸易通"仅仅是一方面,重要的是在"贸易通"的基础上实现政策、基础设施建设、科技文化乃至民心的全方位互联互通,真正为新形势下各区域之间的合作奠定坚实的基础。

除以上两点之外,我国还将海陆丝路建设并举。我国历史上,海上丝绸之路的兴盛同陆上丝绸之路的衰弱密切相关,因此并没能出现"海陆同盛"的局面,而当今将"一带一路"结合起来,就是致力于创造海陆并举,协同开展的盛况,海陆空间的结合,其空间覆盖范围是古代丝绸之路难以睥睨的。

2. 性质上的超越

"一带一路"政策丰富了传统丝绸之路的内涵,在"时代性""先进性""开拓性"三个方面对古丝路作出了创新性发展。

(1)时代性。当今时代,"海洋"已经成为重要的战略资源,从"大河"走向"大海",从"内陆"走向"海洋"已经是我国发展的必然要求。改变传统丝绸之路重陆地、轻海洋的态度,创新性地将"陆上丝绸之路经济带"和"21世纪海上丝绸之路"结合起来,海陆统筹兼顾、协调并举,体现了"海洋强国"要求下典型的新时代特点。除此之外,"一带一路"的开展,也将西北、西南地区纳入到开放的前沿,有利于缩小其同东部沿海省份的差距,推动实现国内各省份的共同富裕,这同样符合深化改革开放,打造对外开放新局面这一典型的时代要求。

(2)先进性。中国古代以农耕经济为主,商业活动受到打击,士农工商影响下的中国古代社会,导致陆上丝绸之路将农产品或农业加工品作为出口的重要组成部分,可见当时出口结构并不完善,并没能充分发挥自身的资源优势。当今的"一带一路"政策,在操作路径和操作理念两个方面,具有高度的先进性。首先,从路径来讲,"五通"将政治、经贸、交通、货币、民心创新性地结合在一起,能够充分发挥我国的战略优势,同世界各国分享自身发展红利,这就是平等协作的典型创举;其次,从理念来看,我国坚持古丝绸之路开放包容的精神,并在此基础上将世界看作统一的命运共同体,谋求"共同富裕",这一点也超越了历史上各国的"谋利"心理。

(3)开拓性。通过上面的论述,不难发现,我国在开展"一带一路"建设的过程中，不谋求称霸，也不会称霸，而是将世界看作一个统一的整体，吸引沿线国家共同参与，通过相互之间的平等协作、沟通了解，共建繁荣世界，分享发展成果，从而共同应对目前多变的国际局势。中国这一创新性举措，以互利共赢的形式，超越了传统的区域合作方式，为世界各国的发展提供了新的发展思路。同古代丝绸之路相比，"一带一路"以其开拓性，给予了框架中沿线各国远超古时的发展生机和活力。

《后汉书·西域传》曰："驰命走驿，不绝于时月；胡商贩客，日款塞下。"古代丝绸之路的繁荣可见一斑。当今的中国，继往开来，在继承丝路精神的基础上，结合内外实际，赋予了这条古今之道以新的生机和活力，将欧亚紧密地联系在一起。这一传承之下出现的"一带一路"创举，必将促进沿线各国的友好协作、互惠共赢，共谱丝绸之路新华章。

古代丝绸之路并不稳定，与沿途国家的政治、经济状况密切相关，其兴衰取决于中央王朝的统一与控制——唐朝安史之乱后，丝绸之路长期遭废弃。此时，阿拉伯掌握航海术，通过海上到达广州、泉州、宁波等地，陆上丝绸之路的价值就没有了。①

"一带一路"必须超越古代丝绸之路的不稳定性，承载重塑全球化的时代使命。"一带一路"所塑造的欧亚地区交通网络，将作为世界经济引擎的亚太地区与世界最大经济体欧盟联系起来，给欧亚大陆带来新的空间和机会，并形成东亚、西亚和南亚经济辐射区。推进贸易投资便利化，深化经济技术合作，建立自由贸易区，最终形成欧亚大市场，是两条丝绸之路建设的基本方向和目标。这将有利于域内贸易和生产要素的优化配置，促进区域经济一体化，实现区域经济和社会同步发展。亚欧大陆自贸区或欧亚大市场的形成，将对当前世界经济版图产生重要影响，促进新的全球政治经济秩序的形成。

---

① 葛剑雄：《"一带一路"的历史被误读》，FT 中文网 2015 年 3 月 11 日。

# 三、"一带一路"对"马歇尔计划"的超越

除了超越古代丝绸之路外,"一带一路"还超越了其他国家的类似战略。早在2009年1月5日,《纽约时报》就称中国的"走出去"战略为"北京的马歇尔计划"。"一带一路"倡议提出后,这种说法更流行了。其实,"一带一路"不仅不是中国版的"马歇尔计划",更超越了"马歇尔计划"。

第二次世界大战结束后不久,美国启动对被战争破坏的西欧国家给予经济援助和参与重建的计划,以当时美国国务卿名字命名,史称"马歇尔计划",也称欧洲经济复兴计划。"马歇尔计划"名义上是使欧洲和美国得到双赢,实际上造成了欧洲的分裂,巩固了美国主导的布雷顿森林体系,推动了北约组织的建立,美国成为"马歇尔计划"的最大受益方。

"一带一路"倡议与"马歇尔计划"都是向海外投资以消化充足的资金、优质富裕产能和闲置的生产力,促进本国货币的国际化,二者确有诸多类似之处,后者也给前者以历史借鉴,但是,两者时代背景、实施主体和内涵、方式等毕竟不同。

概括起来,"一带一路"战略与"马歇尔计划"在诸多方面存在较大差异:

1. 时代背景不同

美国推动"马歇尔计划"是为了尽快使欧洲资本主义国家实现战后复兴,防止希腊、意大利等欧洲国家的共产党乘战后经济百废待兴、政治混乱之机夺取政权,以对抗向西扩展的苏联和共产主义国家,是经济上的"杜鲁门主义",也是冷战的重要部分,是为美国最终实现称霸全球服务的。"马歇尔计划"也为后来形成的区域军事集团——北大西洋公约组织,奠定了经济上的基础。"马歇尔计划"开启了冷战的先声,具有较强的意识形态色彩。

"一带一路"则无冷战背景和意识形态色彩,它既古老又年轻。作为古丝绸之路的现代复兴,"一带一路"继承和弘扬了"和平合作、开放包容、互学互鉴、互利共赢"的丝绸之路精神;作为国际合作倡议,"一带一路"是在后金融危机时代,作为世界经济增长火车头的中国,将自身的产能优

势、技术与资金优势、经验与模式优势转化为市场与合作优势的结果，是中国全方位开放的结果。

2. 实施意图不同

"马歇尔计划"本意是美国通过援助使欧洲经济恢复，并使后者成为抗衡苏联的重要力量和工具，同时也可使美国更方便地控制和占领欧洲市场。美国当年提出"马歇尔计划"时，附加了苛刻的政治条件，欧洲的所有亲苏联国家都被排斥在外。即使是盟国，美国也为进入该计划的国家制定了标准和规则，受援的西欧国家只能无条件接受，不仅有时间期限，且还款利息高。该计划最终导致了欧洲的分裂。"马歇尔计划"充分展示美国控制欧洲的战略意图和肩负稳固欧洲以对抗苏联扩张的战略使命，催促了北约的诞生。

"一带一路"的本质则是一个共同合作的平台，是中国的国际合作倡议和中国提供国际社会的公共产品，强调"共商、共建、共享"原则，倡导新型国际关系和 21 世纪地区合作模式。"一带一路"倡议建立在合作共赢的基础上，提倡同沿线国家进行平等友好的经济往来、文化交流，以促进沿路国家的经济发展，同时加强中国同相应国家的经济合作，所有的经济文化交流都建立在平等自愿的基础上。

3. 参与国构成不同

"马歇尔计划"的参与国家是以美国、英国、法国等欧洲发达国家为主的 20 世纪资本主义强国，将社会主义国家以及广大第三世界国家排除在外，是第一世界对第二世界的援助。

"一带一路"则以古代"陆上丝绸之路"和"海上丝绸之路"沿线国家为主，并拓展、延伸到其他国家，多为发展中国家，也有新兴国家、发达国家，有利于发展中国家相互间促进经济合作和文化交流，推动各类国家的优势互补、错位竞争和经济整合，开创南南合作、区域合作与洲际合作的新模式。

4. 内容不同

"马歇尔计划"主要内容是，美国对西欧提供物质资源、货币、劳务和政治支持，其中美国的资金援助要求西欧国家用于购买美国货物，尽快撤除关税壁垒，取消或放松外汇限制；受援国要接受美国监督，把本国和殖民地出产的战略物资供给美国；设立由美国控制的本币对应基金（Counterpart Fund，作用是将"马歇尔计划"的援助资金转换成为由当地货币构成的资金）；保障美国私人投资和开发的权利。其结果，美国获得了大量对欧出口，使美元成为西欧贸易中主要的结算货币，帮助建立了美国战后的金融霸权，巩固和扩大了美国在欧洲的政治经济影响。此外，"马歇尔计划"还包含削减同社会主义国家的贸易、放弃"国有化"计划等较强烈的冷战色彩的内容。

"一带一路"倡导中国与丝路沿途国家分享优质产能、共商项目投资、共建基础设施、共享合作成果，内容包括政策沟通、设施联通、贸易畅通、资金融通、民心相通等"五通"，比"马歇尔计划"内涵丰富得多。

5. 实施方式不同

"马歇尔计划"于 1947 年 7 月正式启动，并整整持续了 4 个财政年度之久。在这段时期内，西欧各国通过参加经济合作发展组织（OECD）总共接受了美国包括金融、技术、设备等各种形式的援助合计 130 亿美元，相当于马歇尔演说当年美国 GDP 的 5.4% 左右，占整个计划期间美国 GDP 的 1.1%。若考虑通货膨胀因素，那么这笔援助相当于 2006 年的 1300 亿美元。"马歇尔计划"的核心是以美国为主导，依靠美国第二次世界大战后强大的经济实力，通过对战后西欧各国提供赠款贷款、重建协助、经济援助、技术支持，快速实现受援国家的战后经济重建，体现的是"美国—西欧诸国"形式的一对多的援助形式。

"一带一路"由中国发起倡议，由"丝路"沿线国家共同参与合作完成。沿线国家积极开放边境口岸，共同完善交通建设，为经济的合作与文化的交流创造完善的基础设施，体现的是"丝路"沿线国家多对多的合作模式。"一带一路"特别强调沿线国家发展战略、规划、标准、技术的对接，旨在将中国发展机遇变成沿线国家的发展机遇，谋求不同种族、信仰、文化背景的国家共同发展，通过设立丝路基金和亚洲基础设施投资银行，为周边国家和区域合作提供更多的公共产品。"一带一路"实施周期比"马歇尔计划"长远得多，基本上是中国"三步走"战略的延伸，通过中亚、中东、东南亚、南亚等线路从陆上和海上同时开展经济走廊、工业园区、港口建设等项目，逐步建立起欧亚非互联互通的网络。①

因此，"一带一路"并非中国版的"马歇尔计划"，而是超越"马歇尔计划"。当然，"马歇尔计划"的成功与其初期宣传手段以及机制化的实施方式是分不开的，有些方面也值得借鉴。比如，美国政府在国内组织"'马歇尔计划'声援委员会"，通过工会组织和利益团体宣传，重点强调了欧洲各国在争取援助中的主动权地位，需要欧洲自行联合并提出要求，显示出了美国积极支持欧洲走向一体化的态度。再比如，在实施上，"马歇尔计划"重视国内立法保障合法性，国际合作走向机制化，充分调动社会力量。这些经验对中国在推动"一带一路"合作发展战略被周边国家接受，被世界强国认可的过程中，不无借鉴意义。

---

① 王义桅：《一带一路：机遇与风险》，人民出版社 2015 年版，序论。

# "一带一路"战略构想意义深远

霍建国\*

## 一、习近平主席提出"一带一路"的战略构想，不仅明确了对外开放的新路径，同时将成为中国经济新的增长点

2013 年 9 月习近平主席在出访中亚四国时提出构建"丝绸之路经济带"的倡议，以及 2013 年 10 月访问印度尼西亚时提出共同建设"21 世纪海上丝绸之路"的建议，受到了国内外的高度重视。不仅"一带一路"沿途的国家纷纷表态支持，国内各省市更是积极行动起来，可见其战略意义之深远，不仅为中国新一轮对外开放注入了新的内容，同时也为内陆和沿海经济发展和对外开放指明了方向。但"一带一路"伟大战略构想的实现，并非一蹴而就。当务之急是需要我们认真把握其内涵和外延、深度谋划、科学推进、稳步取得实效。

\* 霍建国：商务部研究院院长。

## 二、共建"丝绸之路经济带"，中国对世界经济的 影响力将进一步提升

当前全球经济格局深刻变化，总体趋势仍对我国有利。金融危机爆发至今已经 7 年，但从目前的发展情况来看，欧美等国虽然表现出阶段性复苏迹象，但总体仍未摆脱发展的困境，要完成金融整治、经济结构调整、重拾增长之路，可能还需要较长的时间。

与此同时，新兴经济体的群体性崛起，已经推动世界经济格局发生了深刻的变化，全球经济中心开始由发达国家逐渐向发展中国家转移，目前，按照购买力平价指数计算，新兴经济体和发展中经济体占世界 GDP 的比重已经超过 50%。虽然受美国量化宽松政策退出及诸多因素的影响，自 2013 年下半年新兴经济体的增长有所回落，但相关数据显示，2013 年新兴经济体的经济增长率仍为 6.3%，依然是世界经济最活跃的力量。

发达国家经济实力虽日渐衰落，但在短期内其主导和影响世界经济的能力仍未发生根本的变化，仍是控制国际贸易规则制定及全球治理的主要力量。与此同时，欧美日正在不断强化其在新一轮贸易规则中的话语权，美国推动的跨太平洋伙伴关系协定（TPP）和跨大西洋贸易与投资伙伴协议（TTIP）谈判，以高端开放为契机，企图掌控和影响下一轮国际贸易规则主导权，这些对我国都将构成新的挑战和威胁。国际间和大国间的竞争和矛盾日趋激烈，并不断产生新的变化，我们要有长期与之和平共处的理念，不断提高我国在应对国际市场方面的周旋能力。

国际经济的调整期也是中国经济发展的战略机遇期。党的十八届三中全会已经对我国新一轮改革开放作出了全面部署。随着改革举措的陆续推出，改革将进一步解放生产力，中国经济的内生增长动能及各种经营主体的积极性将得到有效释放，中国对世界经济的影响力将进一步上升。上海自贸区的试验将进一步提供我国实行高标准开放的有效经验，并将被不断复制，中国整体对外开放的进程会比我们想象得更快。但中国经济的发展很不平衡，东部沿海经济的国际化程度已达到相当的水平，我国作为一个海洋大国，对东

亚及东南亚沿海各国的经贸合作和双边关系，仍有拓展和巩固的空间，海上之路的合作仍面临着诸多的挑战。中西部地区改革开放由于起步较晚，仍处于发展的初级阶段，而中国经济的全面振兴及中国梦的实现离不开中西部整体发展水平和竞争力的提升，而向西开放通过共建丝绸之路经济带，可以有力促进内陆和沿边的对外开放，加快推进中西部的经济发展进程，这也是提出建设"丝绸之路经济带"战略的主要历史背景。

## 三、"一带一路"将成为中国经济新的增长点，深受中亚各国的欢迎和赞同

中国经过三十多年的改革开放，取得了举世瞩目的成就。总结中国改革开放的经验，基本经历了以下几个阶段：一是通过发展经济特区、先行先试、突破了理念上的禁锢；二是通过沿海14个城市的对外开放，扩大了开放的领域，形成了开放拉动的经济增长格局；三是延伸到长江沿线的开放，形成了全国范围内的开放局面。这种按梯度分层次的开放节奏取得了丰富的经验及经济发展的实际效果。其基本驱动力是先开放合资、后扩大出口，通过对内深化改革激发增长活力。通过加入世界贸易组织，深度融入世界经济体系，拓展了外向型经济的发展空间，其结果是工业化、城镇化快速发展，内需外需一起拉动，形成了我国经济三十多年的高增长局面。今天，国际国内形势已发生了深刻变化，在吸收过去有效改革开放经验的基础上，需要我们调整发展思路，以全新的理念推动新一轮的对外开放。

目前，中国对内改革和对外开放都面临着新的突破。一方面是金融危机后，欧美市场需求明显减弱，中国以出口为主的外向型经济发展受到了一定制约。另一方面则是随着中国经济的高速发展，结构性矛盾和新一轮的产能过剩已形成了新的压力，同时欧美等发达国家对正在发展的中国耿耿于怀，不断通过对贸易结构的调整及规则的重塑，试图多方面限制中国的发展。为适应国际经济新格局的新变化，习近平主席提出"一带一路"的战略构想，不仅明确了对外开放的新路径，而且将成为中国经济新的增长点。其意义可

归纳为以下几方面：

### 1. 巩固中国同中亚和东南亚的合作基础

"丝绸之路经济带"核心理念是加强同中亚和东南亚国家的经贸合作，中国同中亚及东南亚各国历史上有着共同的发展经历，文化相通、合作基础坚固。中国新一轮的改革开放举措有利于通过共建"一带一路"丝绸之路形成对外开放新的增长点，所以关键是处理好中国与中亚及东南亚国家的关系，发挥好上海合作组织和中国东盟自贸区在推动诸边合作中的积极作用，加强互联互通、优势互补、共同发展、共同受益，打造好同西部邻邦及东南亚邻国的友好合作关系。

### 2. 逐步形成两个辐射作用

"海上丝绸之路经济带"和"丝绸之路经济带"以中国加强与周边国家的合作为基础，可以逐步形成连接东欧、西亚和东南亚的交通运输网络，为相关国家经济发展和人员往来提供便利；"海上丝绸之路经济带"不仅可以巩固和发展我国同东南亚的经贸关系，同时可以逐步辐射到南亚和非洲等地区，扩大中国的影响力。共建丝绸经济带的倡议之所以深受中亚各国的欢迎和赞同，因为在已有的上海合作组织框架下，加快推进"丝绸之路经济带"建设，具有良好的基础。同时"丝绸之路经济带"的振兴势必会形成对阿拉伯和东欧国家的辐射作用，其结果有利于新的欧亚商贸通道和经济发展带的形成。对中国来说，可以带动内陆沿边向西开放，相当于扩大西部的发展空间，有利于增强中国的影响力，可谓一举多得。

### 3. 带动中西部加快改革开放

中国改革开放的实践表明，开放所到之处，经济即进入活跃发展阶段。西部大开发和中部崛起形成于 2000 年之后，同东部沿海相比起步较晚，必须加快对外开放。党的十八届三中全会提出的推动内陆沿边开放的要求，有针对性地提出了新的重要内容，只要加快推动和落实，将进一步激活内陆和沿边地区的经济发展活力，结合我国周边外交的发展重点，通过开放实现体制和机制的创新，全面提升内陆和沿边开放性经济水平。建设"丝绸之路经济带"可以成为扩大中西部开放、打造中西部经济升级版的主引擎。

4.促进东部地区的转型升级和对外投资

东部地区经过三十多年的率先对外开放，已形成了贸易驱动型的外向型增长模式。目前企业面临着经济结构转型和海外投资加快发展的新阶段，加快同东南亚的互联互通，加快企业产品结构的升级至关重要。东部省份应寻求与东南亚国家合作的新支点，加大经贸合作力度，以点带面，形成联动发展的新局面。

# 四、"丝绸之路经济带"的发展重点

共建"丝绸之路经济带"的核心任务是发展经济，逐步扩大中国在国际上的影响力。即以丝绸之路沿途的各经济体的发展为依托，发挥各自经济的优势，通过彼此相互开放，形成公平、统一的市场竞争环境，促进各种资源的自由流动，调动各类经济主体的发展积极性，形成互利共赢的发展模式，共同努力振兴"丝绸之路经济带"的发展。只有通过不断扩大经济发展规模和总量，赋予丝绸之路更丰富的内容，才能真正造福于沿途各国人民。正像习近平主席强调的，"中国希望同中亚国家不断增进互信、巩固友好、加强合作，用创新的合作模式共同建设丝绸之路经济带"。

丝绸之路经济带的发展重点应以习近平主席提出的"互通要求"为基本内涵，逐步形成以点带线、从线到片，最终形成大区域大合作的发展格局，所以应把解决互通问题放到重要的位置：

1.要加强政策沟通

各国可以就经济发展战略和政策进行充分交流，本着求同存异原则，协商制定推进区域合作的规划和措施，在政策和法律上支持区域经济融合。

2.加强道路连通

上海合作组织正在协商交通便利化协定。尽快签署并落实这一文件，将打通我国太平洋沿岸连云港到波罗的海的运输大通道。在此基础上，我们应同沿途各方积极探讨完善跨境交通基础设施，逐步形成连接东南亚、西亚、南亚的交通运输网络，为各国经济发展和人员往来提供便利。

### 3. 促进贸易畅通

2013 年，我国与东盟各国的贸易总额已超过 4000 亿美元，占我国外贸总额的 10%，近年来一直保持了高速增长的局面。中国企业对东盟各国的非金融类投资持续上升，发展潜力巨大。中国企业在中亚各国承包工程营业额近 350 亿美元，是我国主要的对外承包业务地区。中亚各国的市场规模和潜力独一无二，各国在贸易和投资领域合作机会潜力巨大。各方面应该就贸易和投资便利化问题进行探讨并作出适当安排，消除贸易壁垒，降低贸易和投资成本，提高区域经济循环速度和质量，实现互利共赢。

### 4. 加强货币流通

中国和新加坡、俄罗斯等国在本币结算方面已开展了良好的合作，取得了可喜成果，并积累了丰富经验，这一做法有必要加以推广。如果各国在经常项目下和资本项目下逐步实现本币兑换和结算，就可以大大降低流通成本，增强抵御金融风险的能力，提高本地区经济的国际竞争力。第五，加强民心相通。国之交在于民相亲，搞好上述领域合作，必须得到各国人民的支持，必须加强人民之间的友好往来，增进相互了解和传统友谊，为开展区域合作奠定坚实的民意基础和社会基础。

# 二、从构想到现实：问题与挑战

# 新丝绸之路经济带的国家战略分析

## ——中国的历史机遇、潜在挑战与应对策略

何茂春　张冀兵*

丝绸之路，古已有之，从兴起、繁盛到走向没落，跨越了两千多年的历史。习近平主席 2013 年 9 月出访哈萨克斯坦期间，提出了区域经济合作的创新模式，这一"新丝绸之路经济带"的战略构想，引发各方的高度关注。全球化时代，我国为何再度提出建设丝绸之路经济带的设想？既为创新，"新"在何处？这条古老的文明之路能否再度承载起促进区域安全与繁荣、推动东西文明交融的历史重任？为了厘清这些问题，我们不妨从历史传承与国际合作两个维度，对新丝绸之路经济带的构想进行梳理，在纵向与横向的比较中进一步认识其内涵，评估其发展可能面临的潜在挑战，进而判断其未来的走势。

## 一、新丝绸之路构想的历史传承与具体内涵

丝绸之路的历史，可以追溯到汉武帝派遣张骞出使西域之前数千年。张骞到达中亚后，发现那里已经大量使用中国的竹制品和纺织品。西汉使团

* 何茂春：清华大学社会科学学院教授、博士生导师，清华大学经济外交研究中心主任。
张冀兵：清华大学经济外交研究中心主任助理，《中国经济外交年鉴》执行主编。

凿开亚、欧、非三大洲的通道，被德国地理学家李希霍芬（Ferdinand Von Richthofen）命名为"丝绸之路"。实际上，就功能而言，还可以叫"茶叶之路""瓷器之路""欧亚使道"，而且地理上的具体路线也不止一条。历史上，开辟丝绸之路绝非仅仅出于贸易目的，当时的中原王朝为了巩固北方边界的安全，在信息极端闭塞的情况下，凭借传闻与使团的勇气和信念，搭建起连接东西文明的桥梁。这个过程既有偶然、更是必然。丝绸之路尽管曲折，但仍然是连接亚欧大陆最便捷的通道，极大地滋养了东西文明的交流，但囿于技术条件、自然条件与政治因素的限制，它难以承载大规模的物质转运的任务。随着航海技术的进步，丝绸之路被效率更高的海运所取代。

近百年来，中国为重新"凿通""丝绸之路"作出了不懈努力。1905 年，古丝绸之路上，中国境内的第一条铁路（汴洛铁路）开始修建。无论是清政府，还是孙中山先生的国民政府，都规划了延伸到西北方向的铁路，以便与各国的铁路网衔接。新中国成立后，铁路建设的步伐明显加快，在不到四十年的时间里，连接陇海、兰新直达欧洲的铁路动脉全线贯通。

除铁路等基础设施建设投入外，我国更明确地提出了相关的战略规划。21 世纪以来，中央先后部署了"西部大开发""中部崛起"等重大战略，西部地区建设的步伐明显加快，丝绸之路复兴的前景日渐光明。2005 年，"欧亚经济论坛"在西安召开，两年一度的国际论坛成为我国推进丝绸之路复兴的重要多边舞台。2007 年，我国与中亚七国 [1] 计划共同投入 192 亿美元建设"现代丝绸之路" [2]。2008 年，我国与联合国开发计划署及中亚四国 [3] 联合发起丝绸之路区域项目，共有 19 个国家响应，各国在日内瓦签署意向书，决定再为复兴丝绸之路投入 430 亿美元 [4]。

2013 年 9 月，习近平主席完整阐述了新丝绸之路经济带的构想，这一

---

[1] 哈萨克斯坦、阿富汗、阿塞拜疆、吉尔吉斯斯坦、蒙古、塔吉克斯坦、乌兹别克斯坦。

[2] 《现代"丝绸之路"明年开建》，《文汇报》2007 年 10 月 10 日。

[3] 哈萨克斯坦、吉尔吉斯斯坦、塔吉克斯坦和乌兹别克斯坦。

[4] "Rebuilding the Silk Roads", World Highways, September 2011, http://www.worldhigh-ways.com/sections/general/features/develop-the-silk-roads-boost-economic-growth/.

构想既与古老的丝绸之路一脉相承，又充分体现了时代特点。在历史坐标系上，我们可以更清楚地认识新丝绸之路经济带构想的内涵。

1. 在新技术条件下，丝绸之路具备复兴的客观条件

古老的陆路运输技术不足以承载产生规模效益的运输量。但是铁路和公路运输技术的发展，极大地降低了陆地运输的成本。据测算，从我国连云港到荷兰鹿特丹，如果通过丝绸之路，运输距离可比海运缩短九千多公里，时间缩短近一个月，运费节约近四分之一。此外，古丝绸之路必须避开山地与沙漠，路线选择范围有限，经济、社会效益不高。而今天，我们的技术水平已经能把铁路修到世界屋脊。因此，与古丝绸之路相比，新丝绸之路覆盖的面积将更广，路线更密集、更发达，从而可以在更广泛的区域内把资源与市场串联起来。新丝绸之路是在新技术条件下，对古老的交通通道的复兴与拓展。

2. 新丝绸之路构想充分兼顾了国际、国内两方面的战略需求

从国际角度看，丝绸之路两端是当今国际经济最活跃的两个主引擎：欧洲联盟与环太平洋经济带。丝绸之路沿线大部分国家处在两个引擎之间的"塌陷地带"，发展经济与追求美好生活是本地区国家与民众的普遍诉求。这方面的需求与两大经济引擎通联的需求叠加在一起，共同构筑了丝绸之路复兴的国际战略基础。从国内角度看，我国当前的发展需要兼顾地区平衡，并着力开拓新的经济增长点。复兴丝绸之路能带动经济实力较为薄弱的西部地区，有望形成新的开放前沿。

3. 新丝绸之路设想兼顾政治、经济、安全乃至文化利益的均衡发展

中亚地区处于地缘战略要冲，又是东西文明的交汇点，更是近年来恶名昭彰的宗教极端势力的发源地。新丝绸之路构想以经济合作为先导与基石，以政治合作为前提与推进手段，以促进文化交流、化解安全风险为重要目标，是具有前瞻性的综合战略规划。经济发展为基础设施建设准备了物质条件，提高了各国参与合作的意愿。政治合作消除了开展经济合作的各种人为障碍。经济发展与政治合作有助于化解安全冲突，消弭宗教极端势力滋生的温床。伴随着政治、经济活动而展开的文化交流，最终将促进东西方文明的融合。政治、经济、安全、文化目标并行不悖，使得新丝绸之路构想具有突

出的稳定性，不至于被安全冲突打断，反而能抑制安全冲突。

## 二、欧亚丝绸之路上的竞争与合作

丝绸之路的发展前景也吸引了世界的目光。各国纷纷提出自己的战略设想，其中影响较大的有日本的"丝绸之路外交"、美国的"新丝绸之路"计划以及"北南走廊"计划。这些计划为我们认识新丝绸之路设想提供了参照系。

日本提出"丝绸之路外交"的初衷是保障能源来源的多元化。日本早期并不重视中亚外交，直到 1997 年桥本内阁首次提出"丝绸之路外交"设想，才开始加强与中亚的交往。日本政府认为：中亚各国远离国际市场，需要加强彼此间的经济合作，才能更有效地进入国际市场，日本应该帮助中亚各国实现一体化，在此过程中，日本可以强化在这一地区的政治与经济影响力。日本执行丝绸之路外交的主要方式是：由日本政府提供开发援助，帮助丝绸之路沿线国家完善公路、铁路、电力等基础设施建设。为了推动丝绸之路外交，日本自 2004 年起推动设立"中亚①＋日本"机制，通过五国外长的定期会晤来促进政治对话、经贸合作、文化交流。

日本政府的开发援助，为日本在这一地区赢得了好名声。但日本"丝绸之路外交"进展并不理想。首先，这可能与日本自身实力的相对衰退有关。由于日本经济增长长期停滞，日本模式在中亚渐渐失去了市场。"中亚＋日本"机制越来越难以与上海合作组织等合作框架的影响力相媲美。其次，日本对中亚地区能源的重要性及相关安全议题的认识逐渐成熟，渐渐失去了对丝绸之路外交的兴趣。再次，日本不具备开展中亚外交的地缘条件，同时本地区与日本的宗教文化差异较为明显，"丝绸之路外交"进展缓慢。最后，也是最重要的，日本外交缺乏自主权，例如 2005 年乌兹别克斯坦爆发安集延事件后，美乌关系恶化，"中亚＋日本"五国外长会议竟然因此而推迟。

---

① 乌兹别克斯坦、塔吉克斯坦、吉尔吉斯斯坦、土库曼斯坦。

为了配合美国的意识形态外交，日本的丝绸之路外交也染上了鲜明的政治干涉色彩，这侵蚀了与本地区各国互信的基础。

美国异常重视中亚地区的地缘政治价值。早在 1999 年，美国国会就通过了"丝绸之路战略法案"。该法案计划通过支持中亚和南高加索国家的经济和政治独立来复兴连接这些国家及欧亚大陆的"丝绸之路"。为此，美国致力于推动中亚国家建立市场经济和民主政治体制。①2005 年美国提出"大中亚"计划，强调要以阿富汗为立足点，在中亚地区建立政治、经济与安全的多边机制，以促进地区发展与民主改造。2011 年美国国务卿进一步提出"新丝绸之路计划"，通过援助中亚地区国家的基础设施建设②，推动实现"能源南下"与"商品北上"的战略目标。2012 年 7 月，在东京召开了关于"新丝绸之路"计划的部长级会议，美国希望将日本拉入该计划，可见其对这一计划的重视程度。

美国的新丝绸之路计划带有较强的意识形态色彩，与中俄两国展开地缘政治争夺的态势明显。然而政治干涉为己方树立了对手，如伊朗；军事干涉给本国背上了沉重的经济与安全包袱，如阿富汗；战略争夺迫使本地区国家不得不选边站，实际上违背了促进地区一体化的战略目标。同时，美国自身的安全问题并没有因介入本地区而得到根本改善。未来，较难期待美国的新丝绸之路计划在本地区大有作为。

"北南走廊"计划最早由俄罗斯、印度、伊朗三国发起，计划修建一条从南亚途经中亚、高加索、俄罗斯到达欧洲的货运通道，一旦项目完成，将大大降低从印度到欧洲的货运成本。然而自 2000 年提出以后，这项计划一直进展缓慢，资金迟迟不能到位，政治分歧久难弥合，特别是由于处在计划核心位置的伊朗态度日渐消极，项目几乎陷入瘫痪。随着印度实力的提升，2011 年印度的态度转为积极，甚至表态愿意承担在伊朗境内的铁路与公路建设，这项计划方得以再度获得生机。

---

① "Silk Road Strategy Act of 1999", http://www. eurasianet.org/resource/regional/silKroad. html.

② 公路、铁路、电网及油气管线等。

"北南走廊"的前景同样并不明朗。首先，"北南走廊"计划的提出仍然是地区大国在中亚抗衡其他国家影响力的尝试，当主导大国兴趣降低后，计划往往迅速沉寂，甚至难以维系。其次，连接南北并不具备贯穿东西所能产生的巨大战略效益。再次，北南通路上障碍重重，例如，印巴之间存在巨大的战略分歧，伊朗存在较突出的不稳定性。因此，北南通路即便建成，也随时可能因突发性政治事件而再度被阻断。

把新丝绸之路经济带构想与前述三个计划进行比对，在国际竞争与合作的坐标体系下，我们可以更清楚地看到新丝绸之路经济带构想的特性：

（1）我国目前正处在建设新丝绸之路经济带的最佳历史机遇期。当前，东西方之间存在通联的巨大战略需求，而中国又处在绝佳的地缘位置上。中国过去三十年经济高速发展取得的成就，对中亚各国产生了巨大的向心力，我国当是复兴丝绸之路的最佳推手。全球金融危机发生后，处在丝绸之路上的国家，包括中俄在内，大都面临着类似的发展问题，有着共同的利益诉求，对合作的期盼远高于利益的分歧。此时推动建立"丝绸之路经济带"，是一个恰到好处的选择。习近平主席提出的战略构想，准确地抓住了历史机遇，既能满足我国自身发展的需求，又可为世界经济发展、文明融合作出巨大的贡献。

（2）我国的新丝绸之路经济带构想体现了鲜明的独立自主的和平外交思想。通过坚持不干涉国家内政原则，中国与本地区国家在长期相处的过程中建立起普遍的政治互信。我国提出的构想，不针对任何第三方，不搞排他性制度设计，中国不谋求地区事务的主导权，不经营势力范围，这些举措有助于最大限度地排除政治阻力。同时，肯定、接纳其他国家在本地区内的存在，有助于充分发挥各方力量，强化地区的一体化趋势，充分体现了大国政治的胸襟。

（3）我国的新丝绸之路经济带构想在制度设计上更为合理。由点及面、从线到片的布局规划符合扩散效应原理。在构想中，软件（政策沟通）建设与硬件（道路联通）建设相辅相成，消除贸易壁垒与加强金融制度建设相得益彰，经济交往与民心交流并行不悖。这些都是我国新丝绸之路经济带构想超越既有建设计划的出彩之处。

（4）我国的新丝绸之路经济带构想是建立在文明融合而非文明冲突的立场上的。新构想不仅强调政治协调、经济交流、促进安全、制度建设，更突出民心相通，人民外交的思想为开展区域合作奠定了坚实的民意基础与社会基础。这表明，中国外交正在走出权力政治的窠臼，为各国开展合作提供了典范，也是对全球经济繁荣与和平安全的重大贡献。

## 三、新丝绸之路经济带建设面临的挑战

总体来说，新丝绸之路经济带构想是在恰当的时机、恰当的地点提出的恰当的战略建议。这一建议有很大的包容性，与其他国家的建议并不发生根本性冲突。然而，未来新丝绸之路经济带在建设过程中，在一些关键的节点上如果拿捏不好，亦有可能难以实现预期效果。

### 1.制度化建设的水平能达到一个什么样的高度，值得关注

丝绸之路是一个多边外交的舞台，既涉及本地区的国家，又涉及在本地区具备影响力的国家（如美国、日本）甚至国际组织（如国际道路联盟、联合国教科文组织）。初始的政策协调将处在一个什么样的范围之内？最初的制定过程是否需要排除外界因素？在缺少主导国的前提下如何排除外界因素的作用？政策协调是否需要形成一个固定的机制？相关国家在多大程度上愿意为了国际协调而让渡自己的主权？如果有国家因特殊原因（如政变）而退出协调机制，是否需要建立补救及惩戒机制？

在制度建设上实际需要处理好两个平衡：一是主权让渡与不干涉内政原则的平衡。缺乏主权让渡的一体化进程往往是不稳固的。这或许能解释为什么美国始终坚持以意识形态划线，在意识形态相近的背景下，较容易形成政治互信，从而提升制度化建设的水平。然而依照我国的新丝绸之路规划，意识形态、民族、文化、种族的差异是必须直面的现实，"不干涉"是使新规划能够覆盖这些差异的唯一选择，那么就要看我国的计划能够在多大程度上扩大有关国家的共同利益基础，并且需要对"不干涉"的范畴有更加明晰的界定。总体上说，由点及面、从线到片的思路是正确的，但在扩散的过程中

需要特别注意保持各方的利益平衡（这种平衡往往是非常脆弱的）。另一个平衡是缺乏主导国与推进制度建设之间的平衡关系。为了消除有关国家的疑虑，中国明示放弃在新丝绸之路建设上的主导地位，其他国家也不具备承担这个地位的条件。而制度建设非有国家牵头不可，特别是在关键时期需要有国家主动放弃自己的利益，以便产生示范效应。放弃主导地位，则意味着承担额外责任的国家需要放弃额外的收益。这将考验国家对长远利益的认知以及对即期利益损失的承受能力。此外，要特别注意，推进新丝绸之路经济带须对地区一体化进程起到促进作用，而不是相反的作用。

### 2. 道路等基础设施的建设规划考验决策者的智慧

新丝绸之路经济带路线的选择需要充分考虑地理环境、经济效益与政治协调。总体上，经济带的干线仍需以铁路交通为主，其次才是公路和石油管道，最后是其他配套设施。丝绸之路途经的地带多山、多沙漠，地理环境较为复杂。地理条件决定丝绸之路的很多路段只能绕行，而无法直接通过。从我国境内情况来看，现实的选择是通过新疆的霍尔果斯和阿拉山口等几个较为平坦的口岸出境。目前已经通车的亚欧大陆桥即属于此条线路。它是我国西北地区目前唯一的出境铁路，目前看来，这条线路应该无法承载建设新丝绸之路经济带的全部需求。正在规划论证中的中巴铁路、中尼铁路以及中吉乌铁路，均需要穿越山地，施工难度较大。但青藏铁路建成所累积的技术和经验，让我们对这些线路的建设更有信心。目前，中尼铁路已经开始施工，我国将把青藏铁路延伸到尼泊尔边境。中巴铁路、中吉乌铁路因其重大的战略及经济效益，目前已经得到各方的鼎力支持，顺利完工也是可以预期的。未来在西南方向经广西、云南出境前往东南亚和南亚的线路也应该纳入新丝绸之路经济带的规划。

要想使交通线充分发挥扩散效应，选址除了考虑地理因素外，还要充分考虑经济因素。例如同样是贯通亚欧大陆的交通线，穿越人口稠密地区的线路所能带来的经济效益要远远高于西伯利亚铁路。除了人口与物产分布外，避免重复建设也是一个重要的考虑因素。新丝绸之路的规划应该统筹考虑与本地既有基础设施的衔接问题。例如，新丝绸之路不妨考虑与"北南走廊"计划等联结，最大限度地发挥已建成设施的效用，缩减早期投入。

　　与技术和规划因素相比，更大的挑战来自于政治协调，特别是大国之间的协调。例如，俄罗斯是丝绸之路上的传统大国，也是利益攸关的国家，俄方的态度能够对新丝绸之路设想产生重大影响。从地缘政治角度出发，俄视中亚地区如自家后院，不太愿意接纳其他国家在这里扩张影响力。从功能上看，新丝绸之路规划与俄罗斯的西伯利亚铁路有明显的重叠，需要进一步协调两者的角色定位。再例如，中尼铁路需要充分考虑印度因素；西南方向出境的路线需要协调东南亚各方的立场，此外还要充分考虑美、日、欧盟等在本地区有影响力的其他大国的因素。总之，新丝绸之路将是一个多边角力的舞台，能否成功很大程度上取决于技术人员、谈判人员尤其是政治决策者的智慧与能力。

　　3. 新丝绸之路经济带能否建成，还取决于能否成功消解一些人为的障碍

　　新丝绸之路将跨越多国边界，跨境物流需要充分考虑体制、官僚与腐败等因素的消极影响，这是与海运相比的一个突出劣势。目前，丝绸之路沿线国家对跨境贸易征收的高额关税，各国边界管理机关低效率、不作为甚至是贪污腐败的行为，都严重威胁着丝绸之路的复兴。据亚洲发展银行的调查，往来于阿富汗的卡车司机中，90% 的人认为官僚是开展跨境贸易的最主要障碍。[①] 至少在短期内，设立跨国边境管理机构是不现实的选项。如何把这些人为的消极成本降到最低，是建设新丝绸之路经济带所面临的一个重大挑战。

## 四、新丝绸之路经济带构想的前景展望

　　尽管新丝绸之路经济带构想的实施存在严重的潜在挑战，我们仍有充足的理由对新丝绸之路的前景表示乐观。

---

① 　S. Frederick Starr and Andrew C. Kuchins, "The Key to Success in Afghanistan: A Modern Silk Road Strategy", Silk Road Paper, May 2010, p. 26.

**1. "新丝绸之路"可以分期分阶段实现既定目标**

这一构想在空间上大致分五个区段：东亚段、中亚段、西亚段、中东欧段、西欧段。时间上可以按近期、中期、远期来分阶段建设。重新激活这条古老的贸易通道，对于沿途国家的经济建设、地区繁荣乃至世界经济的平衡都具有重大的战略意义。

新丝绸之路经济带的建设将极大改善我国西部地区的发展环境，形成新的对外开放前沿与经济增长段，西部地区的面貌及当地群众的生活水平将再上一个台阶。通过参与新丝绸之路经济带的建设，所谓"塌陷地区"的国家将有机会重新融入世界经济的主流，逐步消除贫困与落后，这又有助于根除极端势力、恐怖主义、跨国犯罪活动的温床。新丝绸之路将把世界经济最活跃的两个地区更紧密地联结在一起，不仅有利于促进贸易、繁荣经济，更有利于东西文明的交流与融合，促进源自不同民族、文化、种族的群体的相互包容。因此，我们可以预期，这一计划将得到地区内多数国家的积极响应与支持。

与预期收益相比，更引人入胜的是新丝绸之路经济带构想的历史价值。区域经济一体化是全球化时代的一个重要特征。新丝绸之路构想突破了传统的区域经济合作模式，它主张构建一个开放包容的体系，以开放的心态接纳各方的积极参与，最大限度地减少运行阻力，扩大支持的基础，并且充分调动各种资源。这些优势是以势力范畴争夺或贸易保护为目的的排他性地区经济合作所无法比拟的。新丝绸之路构想同步推进政治、经济、安全乃至民心方面的沟通与建设，突破了由单一领域向其他领域扩散的传统模式，使得这几方面得以相辅相成，最大限度地排除各种消极因素的干扰。

**2. 中国完全可以在很大程度上发挥主导和中枢作用**

建设新丝绸之路经济带，无论是技术准备、基础设施建设、资金投入乃至政治与安全的国际合作等方面的条件均已成熟。我国提出这一构想，既是水到渠成的结果，也体现了大国外交的自信。这种自信，源于对国际局势的判断，源于对自身实力与战略目标的认知，也源于驾驭各种复杂局面的勇气与能力。中国目前不仅有强大的经济实力支撑这一计划的实行，而且可以从中获得直接和间接的回报。中国推行这一计划，政府发动、企业主导、市场推动、国际合作，可行性越来越明显。

3. 自从中国提出这一计划以来，得到了中亚、西亚、中东欧、西欧各国不同程度的积极响应和配合

"新丝绸之路"的建设，带来的将是世界上最大的欧亚大陆的一体化和全面复兴。这是"中国梦"，更是"世界梦""人类梦"。

# 全球视野下的"一带一路"：风险与挑战

王卫星[*]

2013 年九十月，国家主席习近平在哈萨克斯坦和印度尼西亚，先后提出了建设"丝绸之路经济带"和"21 世纪海上丝绸之路"的重大倡议。"一带一路"战略是我们党在国家由大向强发展关键阶段作出的重大战略决策，是助推中华民族伟大复兴的全球战略，预示着中国从全球化追随者向全球化倡导者、从国际规则遵循者向国际规则制定者的根本转变。推进"一带一路"战略，必须着眼地缘政治格局的深刻变化，全面审视重大利弊因素，最大限度抢抓机遇、规避风险，以可持续安全环境确保国家利益可持续拓展。

## 一、"一带一路"战略的基本定位

"一带一路"战略是涉及亚欧非 65 个国家（含中国）、44 亿人口，贯穿欧亚大陆，东连亚太经济圈、西接欧洲经济圈，涵盖政治、经济、外交、安全等诸多领域的综合性战略，是中国人实现"中国梦"和"世界梦"的交汇桥梁。准确把握其战略定位，应超越认知局限，确立三种视角。

*1.超越狭隘的"局域"思维，确立"举国战略"的视角*

从历史基因与现实基础的结合上，"一带一路"战略强调充分发挥国内

---

* 王卫星：中国人民解放军军事科学院外国军事研究部部长。

56

各地比较优势和窗口门户作用,致力于打造新疆、福建两个"核心区",加强"沿边——腹地——沿海"东、中、西互动合作,统筹西北、东北、西南、沿海和港澳台、内陆地区五大区域开发。它是一个覆盖全国、因地制宜、同心协力、共襄盛举的举国一体战略。它虽然具体明确了18个省区市、25个节点枢纽的功能定位,但并非仅为局部地区提出的战略,而是一个立足于区位优势、统合于全局目标的"全政府一盘棋"战略。从基础设施联通角度讲,它是前沿沿边省份的战略;从经贸投资合作角度讲,它是沿海发达地区的战略;从政策民心互通角度讲,它则是内陆各地的战略。因此,它不是"西部大开发"战略或其他区域发展战略的升级拓展或简单聚合,而是党在新形势下作出的全新部署和全局安排,是一个由国家主导推动、各地区各部门共同参与的宏大构想。

2. 超越简单的"点线"思维,确立"地区战略"的视角

"丝绸之路经济带"起点于中国,中转于中亚和中南半岛有关国家,延伸至中东和俄罗斯,落脚于欧洲。"21世纪海上丝绸之路"经由海上通道,联结中国、东南亚、南亚、中东、印度洋、南太平洋乃至欧洲。作为一个开放包容的体系,它横贯亚欧非大陆及附近海洋,重点涉及三条陆上线路、两条海上线路、六条经济走廊,经过中蒙俄、中亚、南亚、西亚、东南亚、欧洲、非洲七个区域或次区域,以及西太平洋、南太平洋、北印度洋、地中海和东大西洋五大水域。实际上,它是中国提出的一个陆海并进、依托亚洲、辐射周边、影响全球的泛亚地区战略。"一带一路"虽以"带""路"冠名,以沿线中心城市和重点港口为节点支撑,但究其实质,却是一个以"古丝绸之路"为文化符号、以"丝绸之路精神"为价值诉求,以高度灵活、富有弹性的双多边合作机制为平台载体的开放式国际区域合作网络。因此,它不是一个点线状或条带状的固定空间范畴,而是中华民族和沿线各国共有的一种精神符号象征,是一个以点带面、从线到片,不断发散延伸、逐步深化拓展的区域合作进程。

3. 超越单纯的经济、文化维度,确立"长期综合战略"的视角

"一带一路"战略以政策协调为基础、以经济合作为主轴、以人文交流为支撑,致力于全方位推进务实合作,打造政治互信、经济融合、文化包容

的利益共同体、责任共同体和命运共同体。从本质上讲，它具有促进共同发展、维护共同安全的双重属性，是一个具有全球视野、蕴藏中国智慧、高屋建瓴、内涵深刻的长期综合战略，具有对外统领性质和深远历史意义。"一带一路"战略的核心要义集中体现在：着眼国际战略格局的深刻调整，主动设计中国版的全球化战略，加快推进欧亚一体化，打造我国深度参与全球治理改革、提升全球竞争优势的重要平台。它以稳固周边、布局全球为根本着眼点，以打造区域经济合作新模式为重要动力，以中亚、东南亚地区为战略枢纽，以深化战略互信、扩大互利共赢为重要依托，以构建新型政治、经济、安全和文化纽带为主要抓手，以构建区域安全新架构、地缘政治新格局为政治追求。因此，理解"一带一路"，最重要的是站在政治高度、大战略高度，全面看待其对于我国可持续安全与可持续发展的深刻意义。说到底，它既是我国对内谋求经济转型升级，对外输出产业资本技术、获取战略资源保障的主要抓手，也是我国在国际上争取话语权、扩大影响力的关键平台。此外，欧亚大陆历来是全球战略枢纽。

从长远看，"一带一路"战略的目力所及，已非实现"两个一百年"国家战略目标所能局限，实际上它已对整个 21 世纪的中国全球战略作出了历史性的安排。

## 二、"一带一路"战略面临的安全风险与挑战

"一带一路"战略作为中国版的全球化战略，必然会面临全球化的系统性挑战。我国在国防安全、边境防控，以及灾害防范等方面将会面临各种风险。

### 1. 大国地缘政治博弈带来的全局性挑战

"一带一路"沿线地缘政治关系错综复杂，是大国战略博弈的敏感区域。大国的战略判断及其政策立场对推进"一带一路"战略具有重大影响。

美国方面，为挽回霸权颓势，未来美国可能在双边层面进一步强化"亚太再平衡"战略的经济技术合作成分，加大对亚洲贫困国家扶持力度及与我

国的竞争力度；在地区层面以"跨太平洋伙伴关系协定"为抓手，推动美国版亚太经济融合，阻滞欧亚大陆深度合作；从全球层面着眼重建合法性，改革国际金融和贸易管理机构，努力维系在世界经济治理秩序中的主导地位。同时，美国还将在我国周边策动新一轮"颜色革命"，并煽动各种势力设置障碍；继续挑动和利用南海争端，加深东南亚国家对我国的战略疑虑，离间我国与东盟整体关系，在我国海上施加更多压力，弱化我国抑制海上争端升级、降低海上通道风险的努力；发动一场抹黑我国战略意图、唱衰我国战略实施前景、放大我国枝节问题的舆论战，破坏我国与其他国家的政治互信、经济合作和安全协调。

俄罗斯担心"一带一路"会影响欧亚经济联盟，干扰俄罗斯主导的后苏联空间经济一体化，抢占横贯西伯利亚的欧亚大陆桥的商机。乌克兰危机以来，俄对华战略倚重增加，对"一带一路"战略总体持理解、配合立场，但仍担心因参与"一带一路"，形成对华战略依赖，冲击其主导的"欧亚联盟"战略，削弱其对西伯利亚地区的控制以及在中亚的传统影响力。尽管从目前形势看，在今后较长一段时间内，中俄仍有相当宽广的合作空间，但未来如果美欧要与俄搞战略缓和，俄也绝不会放弃任何一次机会，届时俄对华战略需求降低，不排除大幅调整对"一带一路"基本政策立场的可能。

印度是直接影响"21世纪海上丝绸之路"计划实施的关键国家，也是"丝绸之路经济带"的一个重要侧翼。印度出于中印边界领土争端等现实障碍，以及维护和强化其在南亚——印度洋地区的主导地位等地缘战略考虑，对"一带一路"始终保持高度警惕立场和矛盾纠结心态。为了建立一个以印度为中心的地区秩序，印度推出了"香料之路"计划、"季节：跨印度洋海上航路和文化景观"计划，强调印度是"印度洋地区秩序的组织者"。2015年1月，印度对斯里兰卡总统大选进行干涉，成功阻止有利于中国"一带一路"的"亲华"领导人上台，致使中国交通建设集团承建的、在科伦坡的15亿美元港口扩建计划受阻。未来印度也可能对其他南亚——印度洋国家深度参与"一带一路"战略提出警示并加以干涉，扶持亲印势力上台并推翻与我国达成的协议。

日本将遏制中国作为谋求重新崛起的着力点，将不可避免地实施干扰性、破坏性竞争遏制行动。日本认为，"一带一路"战略将进一步削弱其亚太影响力，并与其中亚"丝绸之路外交"存在利益冲突。未来可能伺机介入南海争端，拉拢东盟国家反华遏华，对"21 世纪海上丝绸之路"战略形成牵制干扰；利用经济援助、项目合作等方式，拉紧与沿线相关国家关系，与我国展开针锋相对的经济竞争，降低我国对相关国家的影响力；特别是在中亚地区，可能会加大资金支持力度和项目投入规模，对"丝绸之路经济带"建设进行牵制，降低我国对中亚国家的影响力。

### 2. 地区国家政局动荡蕴藏的潜在风险

"一带一路"战略沿线地区许多国家是所谓"转型国家"，正处于新旧体制转轨期、"民主改造"探索期和社会局势动荡期。一些国家由于"民主"体制不健全、移植西方民主"水土不服"、旧体制惯性强大等问题突出，政权更替频繁化、政局动荡常态化将对"一带一路"战略构成系统性风险。中亚、中东、南亚部分国家政局不稳定因素持续积累。2016 年，中亚国家将展开新一轮大选，会导致一些国家政权更替和政局动荡，也使"一带一路"战略面临风险；一些国家政治精英因权力内斗而无暇顾及经济可持续发展，也将严重制约我国与中亚经贸合作的深入推进。中东地区结构性力量失衡加剧，阿盟分裂趋势扩大，各国党派纷争不断，国家政治建设蕴含着极大的不确定性。印度对地区局势的强大影响力，使我国在南亚建立稳定的战略立足点面临诸多困难。南亚中小国家视"一带一路"战略为发展机遇，但其国内政局发展的不确定性，可能会对我国推进"一带一路"战略产生不利影响。东南亚国家政治转型进程加快，"一带一路"战略受其国内政局、党派政治纷争干扰加大。部分国家党派势力为争取选票，往往将我国的投资项目作为利益交换筹码，进行阻挠干扰。一些国家为转嫁国内政治矛盾，也可能单方面宣布搁置在建项目。如泰国政局动荡，导致中泰"高铁"计划流产；缅甸国内政局不稳，加上美国特工煽动破坏，导致中缅密松大坝工程和中缅合资的莱比塘铜矿项目被叫停。

### 3. 地区冲突和局部战争造成的常态化威胁

"一带一路"战略沿线经过多个地缘政治破碎带，历史问题复杂、民族宗教矛盾尖锐、武装冲突频发。2012 年全球爆发 38 起武装冲突，2013 年发生较大影响的局部战争和武装冲突 33 起，2014 年全球范围内的武装冲突超过 10 起。冲突主要爆发区与"一带一路"战略沿线多有重合，其中又尤以西亚和北非地区为主。地区武装冲突的爆发，可能打乱"一带一路"进程，并威胁我国投资项目和人员安全。此外，"一带一路"沿线地区和国家大多是恐怖主义多发区。南亚恐怖主义问题与种族、民族、宗教和领土争端等问题相互混杂、交织联动。据印度方面统计，目前在印度活动的恐怖主义、分裂主义和极端主义组织大约有 176 个，巴基斯坦大约有 52 个极端组织。从中亚到地中海、从高加索到萨赫勒地区的广袤大地，都是恐怖分子和极端分子活跃地区。这对我国推进"一带一路"战略的影响不可小视。

4. 涉我国领土主权和海洋权益争端的掣肘与阻碍

涉我国领土主权和海上争端问题十分复杂，也将深刻影响"一带一路"战略。南海局势发展的不确定性，加重了东盟国家"两面下注"心态，阻滞"一带一路"在东盟落地生根。越、菲等声索国以煽动民族主义情绪为手段，鼓吹"中国威胁论"，极力将共同应对南海问题标榜为保持东盟内部团结的"旗帜"，强力推动东盟集体介入，阻滞"一带一路"在东盟落地生根，避免东盟对华经济依赖进一步上升。中印边界争端是印对华战略疑虑的重大因素，印度或明或暗设置障碍实施牵制的可能始终存在。印度与美国联合发表《美印亚太和印度洋地区联合战略展望》，强调所谓南海航行飞越自由的重要性，扩大海洋安保合作，突出牵制中国的政策导向。利用对孟加拉国的影响力，强行涉足索纳迪亚深水港 80 亿美元项目建设投标，挤走中国竞标公司，并可能继续对我国在南亚投资进行干扰。中日钓鱼岛之争僵局难解，日本将钓鱼岛之争视为维护亚太地区主导权的核心标志。钓鱼岛争端严重激化，可能使我国东海、南海以及中印边境等争端形成连锁反应，"一带一路"所依托的稳定发展环境将受到冲击。

5. 境外反华势力与当地非法组织的干扰破坏

多年来，境外"东突""藏独""民运""法轮功"邪教组织等反华势力，千方百计地袭扰破坏我国海外利益。2000 年以来，"东突"分裂势力曾组织袭击吉尔吉斯斯坦开往新疆喀什的长途客车，袭扰我国驻美国、土耳其、澳大利亚等国使领馆。2013 年，"东突""藏独""蒙独"和"民运"组织，在日内瓦成立"四方合作领导小组"，并拉拢"台独"势力，勾结日本右翼分子，组织策划反华游行示威，煽动攻击我国政府。另外，一些国家经济萧条，政府控制力衰退，各种非法组织泛滥，犯罪活动猖獗，将对我国在这些国家或地区的海外投资、经商、旅游、留学、劳务和海上运输等活动构成严重威胁，对我国推进"一带一路"造成压力和挑战。2011 年，缅甸糯康贩毒集团策划实施的"湄公河惨案"，致使 13 名中国籍船员被枪杀；2014 年 4 月至 8 月，发生 5 起劫持事件，9 人遭绑架，其中 1 人被枪杀。有关资料介绍，2008 年 1 月至 11 月，中国通过索马里航线的 1265 艘船只，约 20% 的船只遭海盗袭击；2012 年，香港地区有 13 艘船舶遭海盗袭击。以索马里海盗为代表的国际犯罪活动的增多，对我国海上战略通道和商品集散港口构成现实威胁。此外，武器流失与毒品走私等跨国犯罪也会影响我国西部稳定；推进"一带一路"带来的"大通关""大口岸""大物流"形势，也会给我国出入境检验检疫、质量安全等诸多公共安全问题，造成前所未有的压力和挑战。

6. 大国军事存在构成的常态化威胁

"一带一路"战略途经世界主要地缘政治关节点，美国、俄罗斯、印度等世界和地区军事强国都在这些地方排兵布阵，大国密集的军事存在始终是一把高悬的达摩克利斯之剑，对"一带一路"的推进是一种战略性、常态化威慑。美国依托东北亚的美日、美韩军事同盟体系，以及美军关岛、夏威夷基地群，构筑"印太两洋对接"的兵力布局。目前，美国已在太平洋地区部署兵力约 15 万，计划 2020 年前将海军 60% 的水面舰艇、空军 60% 海外作战力量部署至亚太，重点增加东南亚、南太平洋军力预置。目前，美军在日本有军事基地 109 处，在韩国有 85 处，在新加坡有樟宜军事基地，还企图重返菲律宾苏比克湾、寻租越南金兰湾，在印度尼西亚、马来西亚和文莱建立小型军事基地。增加驻澳大利亚达尔文港海军基地人员数量，计划在科斯群岛打造无人机训练基地，在布里斯班和珀斯海军基地进行军事部署。美国还在中东多国设有军事基地，军事力量可以覆盖整个中东和北印度洋地区，并对中东相关国家军队中高级军官具有较强影响力。俄罗斯在中亚地区呈现军事力量一家独大局面。俄罗斯在中亚的军事力量与其在阿布哈兹、阿塞拜疆、白俄罗斯和南奥塞梯的军事基地相互呼应，成为其控制影响独联体国家的重要支撑。印度军事力量在南亚地区具有绝对优势。计划在2020—2025年建成一支包括3艘常规航母在内、共计145艘远洋舰组成的现代化海军，可长期影响和控制印度洋海上战略通道。我国在海外尚无"车马店"和"拳头"军事力量的现实仍将长期存在，一旦我国与其他大国发生严重摩擦或争议争端激化，可能引发相关国家将军事手段作为最直接、最有效的方式打击我国海外利益，阻断"一带一路"战略的进程。

7. 内外因素复杂互动带来的经贸投资运营风险

"一带一路"战略的推进，采取"经济＋安全"的双轮驱动模式。在实施过程中，因国内外、诸领域因素交织互动、相互激荡产生的风险挑战，也将对有效维护和促进我国国家利益带来较大的压力。近年来，中国海外投资结构呈现多元化趋势，但受外部投资环境和企业自身因素影响，中国企业的海外投资遭遇挫折的案例时有发生、风险明显加大。同时，受一些地方、部门急功近利心态影响，中国企业在大举"走出去"的同时，各自之间也存在不少一哄而上、恶性竞争的现象。从海外投资环境看，投资与市场机会不利，中国企业与西方跨国公司相比有明显的"后发劣势"，只能到投资环境差、风险高的国家和行业去寻找机会。从企业自身因素看，因我国海外投资起步较晚，企业不熟悉国际市场、缺乏海外投资经验，以及会计、律师、咨询等中介机构发展程度低、风险评估能力弱等问题比较突出。从国内协调机制看，中国企业"走出去"困难众多，但反映最多的还是协调难。在"走出去"过程中，时常出现信息不对称、资源碎片化、工作不连续、落实不到位甚至打乱仗等问题，既不利于力量整合统筹，也易造成资源重复浪费。

这些风险挑战，总起来看，无非是"一大一小"。"一大"指的是来自美、俄、日、印等大国的全球性风险挑战。其中，美国把东南亚、俄罗斯把中亚、印度把南亚看作本国传统势力范围，日本把中国作为宿敌。总的看，各大国对我国的"一带一路"战略，思想上高度警觉，行动上严密盯防，个个都有举措。"一小"指的是来自中小国家和非国家行为体的地区性风险挑战。这些风险挑战虽处于地缘政治破碎地带，但均具有新旧交织、多元复合的特点，可能成为长期困扰、牵制和消耗中国的"战略溃疡"。如果战略处置失当，各类风险累积共振、相互激荡，将引发联动反应，形成"安全海啸"，给我国"一带一路"战略的顺利实施带来全局性挑战。

# 三、"一带一路"的总体构想及风险应对

威胁不可怕，可怕的是看不见威胁。"一带一路"战略是我国从"有全球影响的地区大国"跃升为"综合性的全球大国"的一种尝试、一种路径，是一个系统工程，也是一项前所未有的宏伟事业，全国上下一定要拧成一股绳、齐心协力、精心设计、扎实推进，分步骤实施。总体设想如下：

第一阶段，2013—2022 年，以 10 年为期，相当于"建党一百年"这一时间节点。目标是着眼夯实根基、打开局面，争取沿线绝大多数国家和民众对"一带一路"的战略理解和支持；相关机制平台、法律政策进一步完善；区域贸易一体化进程取得实质性进展。

第二阶段，2023—2050 年，以 28 年为期，相当于从建党百年到新中国成立百年的时间跨度，同时契合我国"新中国成立一百年"的时间节点。目标是中国经济转型取得重大突破；开放型经济新体制基本建成；战略性国际经济合作走廊基本成型；海上战略支点、海外军事保障能力取得突破性进展。

第三阶段，2051—2100 年，以 50 年为期，时值建党 180 周年。目标是人民币成为国际主要通行货币；人民解放军成为维护国家安全与世界和平的全域性战略力量；中国在国际战略格局中的领先地位全面巩固。

习近平主席指出："万事开头难，起跑决定后程。""一带一路"虽然是一个互利共赢的好事，但毕竟是在沿线国家的家里通过，在人家地里种菜，在人家家里干事，在相关大国的后院里穿行，必然会面临许多风险和挑战。推进"一带一路"建设，今后两三年至关重要。必须树立起长期经营、战略经营的理念，不能盲目乐观、操之过急、一哄而上。在起步阶段，把可能的困难估计得更充分一些，把相关准备工作做得更扎实一些，是将构想渐次付诸实施、顺利变为现实的关键一环。

1. 全面开展沿线局势风险评估，加大战略预置，避免不必要损失

未来对"一带一路"战略构成威胁的既有美国这样的超级大国，还有其他世界或地区性大国和强国；既有传统威胁，也有非传统威胁。在威胁方式上，既有地区性冲突，也有相关国家的内战和骚乱。尤其是"一带一路"沿线地区大都处在社会转型期，社会矛盾复杂积聚，影响"一带一路"战略的境外安全问题诱因复杂、不确定因素很多，社会动荡、政权更迭、民族矛盾激化、宗教冲突、战火战乱、经济纠纷、利益冲突、种族歧视、排华反华及特大事故、灾害等，都可能使"一带一路"战略受到影响。因此，必须正确评估不同地区影响"一带一路"战略的安全因素，细化对一些地区未来局势的风险评估。但是，当前国内对"一带一路"风险评估少。各地三十多个城市竞相宣布为"一带一路"的起点，希望争政策、抓资源、抢先机，对此要保持足够清醒的认识，对国内"一带一路"沿线各地区的"一把手"加强培训，树立风险意识，长期经营、深耕细作，严防盲目乐观、操之过急、一哄而上。

（1）建立统一的科学论证机构。由中央牵头，组织与利益拓展密切相关的政府机构、军队、企业集团和学术研究机构，对未来可能的安全保障需求进行全面研究和科学论证，确立中国战略利益拓展安全保障措施的基本框架。

（2）整合全国情报资源。集中全国情报力量，加强对中亚、南亚、中东、东南亚及相关重点国家局势走向的战略评估，评估美国"亚太再平衡"战略带来的可能影响，评估"一带一路"沿线国家的可能变数，通过多做一些"不可行性论证"，为政府高层决策和相关部门采取措施规避风险，保护国家战略利益提供战略战术情报。

（3）加大对海外投资目标国家风险研究的投入力度。鼓励企业设立独立的海外投资风险评估部门，加大对研究机构和高校在风险识别评估方面研究的支持力度；加快海外投资风险分析师队伍建设，学习跨国公司的国际经营经验，提高中国企业处理与当地政府、社团和居民之间关系的能力和技巧；构建境外投资国家风险评级、预警和管理体系，全面和量化评估中国海外投资所面临的各种风险，为国内企业降低海外投资风险，提高海外投资成功率

提供参考。做实每个小题目，写好这篇大文章。

2. 加强沟通协调和顶层设计，扎实做好推进"一带一路"建设的各项准备

"一带一路"是百年复兴大计，必须矢志不移，一张蓝图干到底。同时，也应注意谋势布局，力争从各个方面，做到计出万全、有备无患。

（1）统筹协调、精心布局，实现从大政方针到行动方略的深化拓展。围绕每个项目合作提出具体方案，同时统筹考虑经济效益、沿途安全、地缘政治等限制因素，围绕风险管控和环境塑造拿出可行办法，逐步构建起互联互通的"软性基础设施"，为"一带一路"建设构筑更加坚实可靠的战略托底，以免事有反复、陷入被动。

（2）增信释疑、聚同化异，有针对性地加强政策沟通、强化利益协调。充分利用外界渴望分享中国发展红利的心理，以灵活方式、创新思维和实际行动，努力减少竞争负作用、积聚合作正能量。注意纠正既不了解对方、也不愿意了解对方的问题，大大加强对沿线国家语言、文化、宗教和现实情势的学习研究，寻求"摸着石头过河"与"投石问路、架桥过河"的有效对接。

（3）小步快跑、行稳致远，保持合理的目标预期与推进节奏。清醒把握对方认同程度及自身能力限度的"两个限度"，切忌在目标设定上过高过急，以免战线过长、失速脱轨。在实施步骤上，应先易后难，由近及远，不宜盲目铺摊设点。在推进速度上，应顺势而为，造势而行。一方面，保持足够的战略定力和韧性，戒除我们最容易犯的一个错误——"急"；另一方面，也要见缝插针、抢抓机遇，不失时机地推动局面朝着于我有利的方向迅速发展，力求路越走越宽广、越走越通达。

3. 处理好与多元力量的竞合关系，形成于我有利的战略态势

对地区大国，应力避触动其战略敏感神经，适度满足其合理利益诉求，努力提高双边经济依存度、战略兼容度和行动协调度，并注意以机制化安排及时锁定相关合作成果，着力形成一种合作只能前进、不能倒退的局面，确保我国在陆海两路的第一站不遭遇挫折。对美、日等域外大国，坚持不排斥、不曲求，不在大国的神经中枢上争高低，必要时可视情况在资金、技术、经验等方面，与其开展一些选择性合作，以减轻其战略猜疑，稀释其对

抗动机。化解美国"亚太再平衡"给我国带来的不利影响。协调与欧洲的关系,在欧洲关切的中亚生态环境保护、气候变化等项目开展合作,妥善处理与欧洲之间的重大经贸摩擦和金融矛盾,避免中欧之间在此领域爆发对中国经济发展产生负面影响的危机事件。

4. 积极推动"大周边"外交,营造我国安全与发展的有利环境

"一带一路"战略沿线基本上与我国的大周边地区吻合。通过深化经贸关系,加强对朝鲜、蒙古、巴基斯坦、缅甸、越南、中亚和东盟等周边国家和地区的政治、经济和军事影响力,打消其对中国快速发展的恐惧和担忧,塑造稳定、和平、友好的周边安全环境,强化周边战略依托。加大宣传中国永远不称霸、"睦邻、安邻、富邻"的政策,提升国际话语权,破解"中国威胁论",增进相关国家对我国基本国情、价值观念、发展道路、内外政策的了解认知,展现我国文明、民主、开放、进步的形象,夯实"一带一路"战略的社会和民意基础。加强与相关国家新闻媒体建立长效合作机制,支持优秀文学作品的翻译出版、文艺表演、影视剧、媒体等文化"走出去"工程,讲好"中国故事",传播好"中国声音",改善周边国家和地区对我国的舆论生态。加大对我国"走出去"企业的教育。重视发挥非政府组织(Non-Governinental Organizations, 以下简称 NGO)、行业协会、智库等民间力量的作用,为"一带一路"战略在相关国家落地生根、开花结果提供一个高效的机制性纽带。

5. 建立包容性风险规避机制,以双多边合作方式保护海外利益

这既包括利用现行国际法、国际规则及机制,也包括创建新的国际机制和改革现行国际规则。积极利用现有国际机制,维护人员生命安全、财产安全、能源供应和海外市场拓展。积极参与国际性和地区性多边或双边安全合作机制的完善和构建,如 WTO、G7、APEC、IMF、上海合作组织、中国与东盟("10 + 1")等,充分运用参与各种首脑峰会、高层论坛等机会向国际社会明确自己所应承担的责任,利用国际规则制定、议程设置和程序安排保障中国权益,逐步提升中国在国际事务中的发言权和影响力,为国家发展和安全创造良好的国际政治环境。利用一些全球性多边组织保护自身海外利益,比如联合国、世贸组织、世界银行、"77 国集团"等。杜绝构建排他性

的安全、经济机制，积极推动亚太自贸区与亚投行建设的开放性与包容性，占据道义优势。深化与美国、印度、俄罗斯、日本、欧盟、伊朗、沙特、土耳其、阿富汗等国家和地区建立战略合作伙伴关系，确保在政治、安全、经贸、教育、社会、文化以及人员往来等多领域展开战略合作，确保实现国家利益。

# 互联互通战略与中国国家安全

## ——基于地缘政治视角的互联互通

蔡鹏鸿*

互联互通（Connectivity）这一词汇，最早见于东盟国家制订的一项战略规划。[1] 有人认为，互联互通的本意在于通过基础设施建设，提升东南亚经济增长所必需的硬件，促进各国人民之间的相互交流。[2] 显然，这种解读是不完整的，互联互通还应该包括制度上的互联互通，这一概念本身就隐含着深深的地缘政治色彩。在地理上相近的一些国家在制度上推进的互联互通建设演变成紧密的区域机制之后，这个地区的地缘政治版图将会怎样？美国图谋通过海上互联互通，掌握南海自由航行的主导权，对中国意味着怎样的地缘政治前景？本文试图从地缘政治视角分析互联互通及其对中国安全的影响。

## 一、互联互通产生背景及东南亚区域的地缘政治特点

东南亚国家以及它们同域外国家的互联互通硬件项目大致有六类，即能

---

* 蔡鹏鸿：上海国际问题研究院外交政策研究所研究员。
[1] "Master Plan on ASEAN Connectivity", Jakarta, ASEAN Secretariat, January 2011.
[2] 《东盟积极推进互联互通》，《广西日报》2012 年 6 月 19 日。

源输送管道、互联网、铁路公路、港口设施、电力输送、跨海桥梁。这些硬件项目都要通过陆路和海路载体来实现。东南亚国家地处南海周边，连接太平洋和印度洋两大洋，地缘战略地位极其重要。现有的陆地互联互通项目基本上同公路网、铁路线、油气管相关，海上互联互通项目大多同海上航运通道、港口建设相关，甚至还有跨海的项目，如湄公河—印度经济走廊。对地区和中国地缘安全影响最大的是能源输送管道、海上通道安全，尤其是美国、日本、印度等国纷纷介入东南亚，这是引发地缘政治和风险研究的缘由。

从地理布局上看，东南亚互联互通项目的建设路径同古代的"海上丝绸之路"通道有相互重叠的地方。古代经过东南亚的"海上丝绸之路"有两大通道：一是从川南经云南腾冲、抵缅甸后进入印度洋沿岸的海上贸易路线，这段丝路也被称为南方"丝绸之路"，以区别于传统上由西安出发的西北"丝绸之路"；二是从中国东南沿海港口出发，分多路经过南海周边航道，形成以东南亚地区为中枢的海上丝绸之路，然后连接马六甲海峡以外的印度洋沿岸各国，直抵阿拉伯及非洲国家。

历史上，英法殖民主义者曾设法利用南方"丝绸之路"逆向进入中国，建立势力范围。这条丝路的陆路部分镶嵌在川南、云贵地区的悬崖峭壁之中，通道节点在千岩万壑间盘曲，出境后迤逦而行，直至印度洋，形成独特的海上丝绸之路。用现代地缘政治学家的话来说，这里似乎是"一个处在大陆辖区和海洋辖区之间的地缘战略辖区"。[①] 其实，中国很早便认识到这一区域具有十分重要的战略地位，东汉时期中国政府即在云南保山地区设立了永昌郡，行政管辖区域覆盖到缅北等地。英法殖民主义者 19 世纪时向东亚和中国扩张的时候，曾经设法在这个地区逆流而上，进入云贵，北上川南，再接长江，直流东海，欲同俄罗斯、美国争夺势力范围。

英国在全面占领印度之后，向东进攻缅甸。1824—1885 年期间，英国先后发动了三次侵缅战争。英国政府军首先进入缅甸南部的阿拉干、丹那沙

① ［美］索尔·科恩：《地缘政治学：国际关系的地理学》，上海社会科学院出版社 2011 年版，第 265 页。

林等地，后来利用先进的汽船交通工具，沿伊洛瓦底江航行至八莫，为进入中国奠定基础。英军在1885年占领缅甸全境之后，英国势力直抵云南边卡城池，侵略者铁蹄踏进了中国西南边陲土地。英国人理查德·斯普莱是参加第一次英缅战争的英军军官，他于1831年向英国政府提出了以缅甸为依托进入云南的政策建议[①]，之后还提议建造连接云南的铁路，旨在平衡俄、美在中国北方和中部地区占有的优势。这位英国退役军官还强调，英国皇家政府应以商业名义从靠近孟加拉湾的地方向北建造铁路，直抵"云南一个合适的地点"。[②]

法国修建的滇越铁路（海防—云南）在地缘起点上与英国稍有不同，试图从印支半岛逆向而上，在中国西南地区同英国人争夺地缘战略优势。法国是后起的海权大国，在它图谋到东方进行殖民瓜分的时候，南亚的印度、东南亚的马来半岛及其槟榔屿、马六甲和新加坡都已被英国占据，印尼也早已属于荷兰。面对这一态势，法国以越南等中南半岛国家为其扩张目标。1858年，法国占领越南中部重要港口岘港，随之进军柬埔寨，之后越南、柬埔寨、老挝沦为法国殖民地。法国占领整个印支半岛后，把下一个战略目标投向中国，于是，同中国接壤的中南半岛战略地位就显得非常重要。实际上，从19世纪70年代开始，法国便从越南沿红河水路进入云南，进行过多次公开和秘密调研，对沿线地质地貌进行了全面勘查，作出了详细记录。到19世纪80年代末，法国构建铁路的意图已经明确，试图修建从海防经河内至昆明、连接滇黔、北进宜宾的铁路，以便在华西南建立势力范围，这条铁路同英国计划建设的从缅甸经云贵抵四川的铁路，不仅有重叠，更有竞争。中法战争结束后签订的相关条约提出修建滇越铁路。1898年，滇越铁路"越段"（从越南海防到老街）先于云南段开工完成。1903年，法国强迫清廷签署《中法会订滇越铁路章程》，滇越铁路云南段随即开工建造，最终于1909年竣工，1910年通车，这条铁路以越南海防为起始站，途经河内，接入云

---

① ［英］戴维斯：《云南：连接印度和扬子江的链环》，李安泰等译，云南人民出版社2001年版，第8页。

② 杨梅：《近代西方人在云南的探查活动及其著述》，云南大学博士论文，第61页。

南河口后经蒙自、开远、盘溪、宜良、呈贡，抵达昆明。有学者认为，法国人建成的这条铁路"是中国与东南亚之间现代意义上互联互通的开始"。①从那时候起，互联互通就隐含着地缘经济和地缘政治的双重含义了。

抗战期间，日本侵略者从地缘政治高度看待中南半岛的战略地位。日本向东南亚推进的军事行动由其南方军总司令寺内寿一大将统一指挥，南方军总司令部最初就设立于越南西贡，后来才移至新加坡。日本南进战略重点是切断海外从印支半岛和印度缅甸对中国可能实施国际援助的路径。为此，日本侵略者瞄准了两个目标：一是截断滇越铁路。1940 年 9 月，日本侵占印度支那北部，法国维希政府同意日本在越南北部享有驻扎军队和利用滇越铁路的权利。②日本廓清了从印支半岛进入中国的障碍，也阻断了中国战时利用滇越铁路进出口货物的通道。二是切断中西通路滇缅公路。1938 年 12 月 1日，滇缅公路全线通车，1939 年 1 月 10 日，首批 6000 吨苏联援华军事物资从缅甸转运到云南畹町。这条滇缅公路启用后，外国援华军用物资可以陆续进入我国，有力地支援了我国的抗日战争。这也是国民政府修筑滇缅公路的初衷，旨在保障中国与海外物资互通安全，防止日本侵略军占领东部沿海后封锁西南陆路通道，保障国际援华抗日道路畅通无阻。日本侵略者意识到此条道路的战略意义，在切断滇越铁路后，竭尽全力截断滇缅公路通道。1942 年春，缅甸落入日本之手，滇缅公路全线停运，日军沿滇缅公路侵入云南境内，中国暂时丧失了当时极其重要的一条陆上通道。云南随即从抗日大后方演变为抗日前沿，中国抗日战争因此进入极端困难时期。中美英抗日军事同盟建立后，不得不为打通滇缅公路先后投入几十个师的兵力，在缅北滇西地区协同作战，最后终于夺回了缅北地区，恢复滇缅公路，连接中印通道，为抗战胜利作出了重大贡献。

在当代，美国十分重视东南亚的地缘战略地位。2009 年奥巴马执政以来，美国先是高调宣告"重返"东南亚，全方位扩大它在东南亚的影响，然后改称"转向亚洲"政策，2012 年确定"再平衡战略"，接着又提出"再再

---

① 李晨阳：《你好，中国—东盟互联互通之路》，《世界知识》2015 年第 1 期。
② 梁志明：《论日本对东南亚的占领及其影响》，《世界历史》1995 年第 4 期。

平衡"，着力提升越南和缅甸的战略地位，深化美国同越南、缅甸的伙伴关系，带动东南亚整体力量，以达到平衡中国崛起、继续维护美国领导地位的目的。2010 年以来，缅甸"全国民主联盟"领导人昂山素季"软禁"被解除、缅甸"政治犯"得到释放。与此同时，奥巴马总统及其他美国重量级政客相继访问缅甸，美缅关系急剧升温，中国在缅甸的地缘政治优势面临挑战，经济地位被削弱。随着地缘政治安全风险的增加，中国西南边疆的稳定局面受到冲击。这一连串事件造成的直接后果是互联互通项目中的中缅油气管道能否常态化运营面临考验。

中缅油气管道项目是原油、天然气双管并行的管道工程。始于缅甸西海岸的若开邦皎漂市，途经若开邦、马圭省、曼德勒省等地，斜穿缅甸全境，从南坎进入中国云南边境口岸瑞丽。输油管道全长 2400 公里，其中缅甸境内长达 771 公里，中国境内全程达 1631 公里。其输送能力约为每日 44 万桶，预计每年能输送 2200 万吨原油。中石油发言人表示，管道建成后将缩短近 2000 多公里的原油运输距离，同时有助于降低中国进口原油对于马六甲海峡路线的依赖。天然气管道缅甸段长 793 公里，中国段长 1727 公里，输气能力为每年 120 亿立方米。中缅油气管道 2010 年 6 月在缅甸正式开工，其中天然气管道于 2013 年 5 月底完工并具备投产条件，7 月 15 日开始试运行。[1]管道在贵州安顺实现油、气管道分离，分别通往重庆、广西。据路透社报道，途经缅甸境内的原油管道 2015 年 1 月底启用，中国境内配套炼油厂也将于 2015 年内竣工。境内炼油厂完工前，新输油管道可将石油输送至位于广西的储油槽储存。[2]

如何看待中缅油气管道面临的地缘政治风险？由中国发挥主要作用的互联互通项目——中缅油气管道建立在历史上滇缅山涧马帮小道以及英法日和当代美国极为关注的战略通道基点上，其能否顺利运行必然受到地缘政治逻辑的影响。这一规划提出的前提可能在于疏解"马六甲困局"，出发点良

---

[1] 《中缅油气管道天然气 31 日进入中国，年输气 120 亿立方》，2013 年 7 月 31 日，中新网，见 http://politics.people.com.cn/n/2013/0731/c70731-22393340.html。

[2] 朱惠悦：《中缅油气管道十年终建成，中国第四条能源进口通道将启用》，中国管道商务网，见 http://www.chinapipe/national/2015/23922.html。

好。不过，有报道指出，自中缅油气管道动工始，缅甸一些非政府组织和当地居民就开始表示反对，他们多次聚集在管道起点缅甸西海岸的皎漂市和马德岛示威。非政府组织成员中有不少来自欧美的支持者。2008 年前后，缅甸国内政治出现变动，不久，美国提出重返东南亚政策，缅甸成为地缘政治新的角逐场，美国及其铁杆盟友日本先后跟进，深度介入中南半岛的地缘政治斗争。但是，中国企业对缅甸社会变局和公民诉求缺乏了解，对缅甸政局走势缺乏准确预判，严重缺乏地缘政治概念。在缅甸政局不稳之后，仍有企业进入缅甸，甚至在中电投"密松水坝"事件后，继续扩大投资。这些企业决策者以为这里不是境外，只要继续推行"上层路线"即可解决问题。① 此后，新闻媒体持续出现各种负面报道，直至缅北地区 2015 年年初再次爆发动乱，缅甸政府军飞机向云南境内投射炮弹，给我国边民带来严重的伤亡。

## 二、东南亚海上互联互通的局势分析

从海洋地理特征上看，东南亚坐落在拥有众多狭窄的海上通道且面积相对宽阔的印太海域，这里形成的地缘政治辖区由名副其实的岛屿国家和半岛国家组成。这些由海洋连接而成的地区经济体，既有亚洲经济奇迹的创造者，又有相对落后的不发达地区，如印支半岛上的一些国家。马来半岛上的马来西亚首都圈加上新加坡和印尼爪哇岛一线沿岸，是东南亚经济较为发达的地区，此外，还有众多的欠发达国家和地区。印尼、越南是综合实力较强的东南亚国家。东南亚 10 国组建的东盟共同体将于 2015 年年底成立，它可能会形成具有海洋地域特点的地缘政治影响力。这是东南亚政治安全重要性日渐增长的地理环境背景，其特色就是岛屿、群岛国、犬牙交错的海岸线，以及群岛之间和大洋之间的海峡和通道。

东盟国家的陆上和海上互联互通规划似乎是依照地理特征建设起来的两

---

① 李毅、王宝、杨悦：《重审中缅油气管道》，《财经》2013 年 6 月 16 日，见 http://business.sohu.com/20130617/n379018000.shtml。

大体系：一是陆路系，由陆上公路网铁路线构成；二是海路系，由海上短运和摆渡式船运航线构成。这两大体系——海路系和陆路系之间不设分隔线，形成东南亚互联互通的统一大系统。海路系上的群岛国、大大小小岛屿同陆路系上的港口、沿线公路铁路干线及支线串联起来，蓝色的是海，黄色的是土，岛屿与陆地之间的支点犹如珍珠相互拥抱，形成东南亚地区特有的海上互联互通带和陆上互联互通路，由此形成的海陆互联互通更具东南亚的海洋特色，岛与岛之间是水路，过了岛屿就是海路，船到码头就是陆上公路或者铁路。因此，一定意义上讲，东南亚的互联互通就是海上互联互通。

东南亚海上互联互通基础设施建设项目是基于海上贸易安全设施缺乏、港口设备陈旧、内陆和岛屿之间航运困难的现实提出的。根据2010年《东盟互联互通总体规划》，跨东南亚国家之间需要连接起来的重要港口一共有47个，这些港口无法提供有效的船运网络服务，原因是港口基础设施可以提供的服务水准良莠不齐。比如，有的港口接纳能力不足、处理货物能力有限、陆上转运及后勤处理能力很差。更令人遗憾的是，东南亚一些国家的海关及行政管理相对落后，难以适应突飞猛进的国际海上航运要求。[①]因此，群岛国家内部、东盟国家之间海上运输和港口设施建设是东南亚亟待解决的海上互联互通瓶颈。东盟群岛国家之间的互联互通是东盟互联互通最薄弱的环节。

《东盟互联互通总体规划》关于海上互联互通项目硬件设施建设的最终目标是实现东盟海上运输一体化，建立"东盟航运单一市场"（An ASEAN Single Shipping Market）。作为第一步，东盟提出了建设东盟轮渡式航运系统（Roll-on/roll-off System，以下简称"RoRo"），旨在解决东盟成员特别是群岛国家之间的海上互联互通难题。RoRo被称作是海上交通干线系统（Nautical Highway System），源自亚洲开发银行2010年发表的一份报告——《跨越海洋的桥梁》。[②]该报告认为，RoRo可以降低运输成本、创建海上互

---

[①] "Master Plan on ASEAN Connectivity", Jakarta, *ASEAN Secretariat*, January 2011, p.13.

[②] "Bridges Across Oceans Initial Impact Assessment of the Philippines Nautical Highway System and Lessons for Southeast Asia", ADB, 2010.

联互通新的节点、有助于扩大区域性市场、有效提升货物和人员的海上运输能力等。东盟领导人认为，建立海上交通干线系统，有助于强化东盟国家间的船运服务，其潜在意义在于未来同全球海运系统建立无缝连接。

东盟 RoRo 项目中，2010 年 10 月正式开通启用了第一条轮渡式航运通路，这就是文莱麻拉（Muara）—马来西亚纳闽岛（Labuan）—布鲁克斯波因特（Brook's Point）的海上互联互通项目，全长 520 公里。东盟对另外八项 RoRo 项目进行了可行性研究。其中，文莱麻拉至菲律宾三宝颜的轮渡式航运项目，全长 995 公里，似乎是最长的航运通道。其余均为中短途航运项目。东盟计划于 2015 年优先完成三项 RoRo 海上互联互通项目，它们是：

（1）印尼杜迈—马来西亚马六甲市海上联通项目，这是一项跨越马六甲海峡的海上项目，全程长 107 公里，2015 年货运量日均 150 吨，乘客 350 人。

（2）印尼勿拉湾—马来西亚槟城—泰国普吉海上联通项目。勿拉湾到槟城的距离是 259 公里，2015 年每天海运集装箱为 504 个标准箱（TEU），但是，从印尼勿拉湾到泰国普吉岛连通项目全长 448 公里，海运能力不及勿拉湾—槟城线。

（3）菲律宾达沃／桑托斯将军城—印尼比通海上联通项目，全长 817 公里，2015 年每天海运集装箱为 29 个标准箱（TEU）。

RoRo 是东南亚地区富有潜力的海上互联互通项目，同陆上公路网等基础设施实现联通。如上所述，东盟范围内仅完成了一条跨国界的"海上交通干线系统"，即从麻拉到纳闽岛后，航行穿越苏禄海，抵达菲律宾的布鲁克斯波因特。其他的 RoRo 系统正在建设之中。顺利完成各条 RoRo 航运通道将对地缘经济和地缘政治格局的变动有着重要作用。

## 三、"湄公河—印度经济走廊"的地缘政治含义

根据《东盟互联互通总体规划》，"湄公河—印度经济走廊"（Mekong—India Economic Corridor）互联互通项目是中南半岛越、柬、泰、缅四国与印

度间的合作项目。其路线图是：胡志明市—金边—曼谷—土瓦（Dawei）[①]，出海进入安达曼海，向西直达印度东海岸。从运输路程看，这条经济走廊建成后，越南到印度的路程减少 700 公里，柬埔寨到印度的路程减少 1200 公里，泰国到印度的路程减少 2000 公里。根据 2010 年的规划，这项互联互通中南半岛段的基础设施项目是：

（1）在柬埔寨 1 号国家公路沿线市镇乃良（Neak Loung）建立横跨湄公河的大桥。

（2）2020 年前在缅甸土瓦建立深水港。

（3）2020 年前在泰国北碧（Kanchanaburi）和缅甸土瓦港之间建造一条高速公路。

这一经济走廊同 2000 年建立的湄公河—恒河合作（Mekong—Ganga Cooperation）倡议既有关联，也有新的特色。"湄公河—恒河合作"是在中南半岛和印度佛教文化交流合作基础上建立起来的，湄公河流域五国参加，着重于旅游、教育（人力资源开发）、文化、交通等合作，成立后的最初 3 年，每年召开一次湄公河—恒河合作部长会议，2006 年召开的第四次部长会议没有任何突破，10 年里仅四次部长会议。这一合作倡议未见明显进展，合作机制比较松散。10 年后，东盟 2010 年提出了建设"湄公河—印度经济走廊"概念，将其列入了《东盟互联互通总体规划》之中，似乎有促进湄公河—恒河合作倡议的意图，明确提出了基础设施建设项目，争取印度进一步投资，促使印度在经济上给东南亚最贫困地区提供支持。

印度似乎从中看到推进东向政策遇到了新的契机。这时候，印度与其说进入中南半岛给贫困地区以经济援助，毋宁说印度更加重视这个地区的地缘政治作用。其实，长期以来，中国在中南半岛湄公河流域地区的地缘政治优势是明显的，地缘经济优势也压倒了印度。2011 年，印度同湄公河流域国家的进出口贸易总量是 115.44 亿美元，可这一地区同中国的贸易总量已经超过千亿，达到 1152.43 亿美元。

---

① 土瓦（Dawei）是缅甸南部德林达依省的首府，与泰国西部的北碧府相邻。土瓦也是重要港口，面向印度洋安达曼海，是缅甸从事对外贸易和发展海洋经济的重要港口城市。

印度试图通过"湄公河—印度经济走廊"实现其地缘政治目的，借以从"战略上防范中国"。对于印度而言，中南半岛湄公河流域的地缘战略地位十分重要，这里是东南亚岛屿国家和半岛国家进入亚洲大陆的前沿，也是印度洋南亚地区进入中国大陆的陆地边缘辖区，湄公河下游出海口面向南中国海，东向进入太平洋。印度正在微调其长期实施的"朝东看"的东向政策（Look East Policy），试图从行动上践行东向政策（Acting East Policy）[1]，利用"湄公河—印度经济走廊"把印度洋同南海以及太平洋连接起来，使湄公河地区成为南亚同东亚之间连接起来的地缘板块，其战略谋划十分用心。由此可见，印度与湄公河地区国家关系的提升给中国在这一地区的利益带来了不可避免的负面影响。特别是印度与湄公河地区国家的防务合作对中国周边的安全环境产生了重大影响，也增加了中国解决南海问题的难度和中国发展深海力量的阻力，对中国安全利益构成了威胁。[2]

## 四、互联互通与海上通道安全

海上互联互通的本意在于促进交往、保障贸易安全。实现正常交往、交流或流通的要素和工具除了运载工具、航空通道、巨型港口、运载货物之外，最重要的要素就是运载通道。亚太经合组织 2014 年北京领导人会议提出了实现互联互通蓝图之后，互联互通概念和实施范围已经从东南亚扩大到太平洋和印度洋海域。[3] 因此，海上通道安全对互联互通具有特别重要的意义。

海上通道主要是指海运航线和通航海峡，特别是海运和军事斗争的咽喉

---

[1]　Ranjana Narayan, "India's Acting East Policy to Focus on Timelines, Economic Benefits", Tangerine Digital Entertainment Pvt. Ltd., August 25, 2014.

[2]　宋哲、马丹丹：《冷战后印度同湄公河流域国家关系的发展及其影响》，《印度洋经济体研究》2014 年第 5 期。

[3]　关于 APEC 领导人北京会议提出的相关议题，参阅《亚太经合组织互联互通蓝图（2015—2025）》，《人民日报》2014 年 11 月 12 日。

要地。现在，中国对外贸易总额的 90% 依赖海上运输，海上通道安全特别是印太海上通道安全直接关乎中国全面建成小康、关乎我国的重大经济利益。美国及其盟国很早就关注海上运输通道，对中国海上商业运输和海军军舰进行长期跟踪和监视。当前美国又借用互联互通概念，进入东南亚，特别重视马六甲海峡，强化其对中国周边海上通道的监视和监督。

马六甲海峡是世界上最重要的贸易流通和海上安全的战略通道之一。海峡东边是塞弗里王国，西边是马来半岛，"郑和下西洋"时中国船队进入马六甲海峡时曾经受到海盗袭击，这位明王朝派遣的使节率领船队扫清了横行航道周边的海盗，当地统治者和老百姓对中国使者肃然起敬。这条通道周边国家的古城中至今依然有郑和神像和供奉郑和的庙宇。独特的地缘战略地位使早期西方殖民主义者极其重视马六甲海峡。15 世纪下半叶开始，马六甲不仅同东南亚各国都有贸易流通关系，并且逐渐发展成为亚洲的商业贸易中心。随着郑和下西洋的结束以及明朝开启"海禁政策"，中国船舶从马六甲以及马六甲海峡沿线消失，"西方文明"迫不及待地加以填补，从海上丝绸之路的另一端逆向东进，马六甲因此也成为最早一批西方殖民者觊觎的重要基地。当时，葡萄牙官员皮里士向葡政府提交的报告说，谁主宰马六甲，谁就扼住了威尼斯的咽喉。① 历史上，葡萄牙通过抢占马六甲后进入东南亚。荷兰作为海权大国侵占东南亚的海上航道，进入印尼掠夺香料。英国把印度纳入其殖民体系后，继续向东进入东南亚时，同样是占领马来半岛印度洋一侧的沿岸和马六甲海峡，然后继续向东方推进，这些都是人们耳熟能详的例子。

纵观中国历史，明朝似乎是世界面向海洋时代的开始。② 中国对大海新航路的探索较之欧洲人提前了大约一个世纪，所以，世界面向海洋的时代由中国开启。英国历史学家汤因比指出："在 15 世纪葡萄牙航海家发明之前，这些中国船在世界上是无与伦比的，所到之处的统治者都对之肃然起敬。"③

---

① ［葡萄牙］托梅·皮里士：《东方诸国记》，转引自卢苇：《南海丝绸之路与东南亚》，《海交史研究》2008 年第 2 期。

② 樊树志：《国史十六讲》，中华书局 2006 年版，第 227 页。

③ 樊树志：《国史十六讲》，中华书局 2006 年版，第 227 页。

这是当代学者对欧洲人 15 世纪末开辟世界大洋新航路的一种回应。

其实，在"郑和下西洋"开辟大海新航路前，中国已经开辟了周边海上互联互通之路。这些海上航路有：

（1）早年进入朝鲜半岛，建立联通日本的航线。这是出山海关，经朝鲜半岛至日本本州岛的日本海左旋海流航路，以及从朝鲜半岛南部经对马、远赢（今冲之岛）、中赢（今大岛），到达现今的北九州宗象航路，日本古文献《日本书纪》称之为北海道中或道中航路。[①]

（2）徐福东渡日本开辟的渤海经朝鲜到达日本的海路。[②]

（3）唐朝之后，从中国东南沿海出发的海上丝绸之路，以东南亚地区为中枢，连接马六甲海峡以外印度洋沿岸各国，直抵阿拉伯及北非沿岸。具体港口和海上沿线在古书上记载得十分明确：船只从广州出发后，经屯门（今九龙西南部），再经过海南岛的九州石（海南岛的东北角附近）、象石（海南岛东南岸属岛），然后即沿越南南岸直到军突弄山（鹿含岛），由此穿过马六甲海峡（外国人称作"质"），经过伽蓝洲（今尼可巴群岛）到狮子国（今斯里兰卡国），再沿印度西海岸北上转西经波斯湾到缚达（今巴格达）。[③] 这几条海路是在特定历史条件下形成的中国海上互联互通之道，也是海上通道的战略要地。

## 五、中国应如何确保海上通道安全

时过境迁，这些海上通道似乎正在重现历史上拥挤的景象，但是这种景象绝不是事物简单的叠加。眼下，同我国周边海上运输和海外利益日益相关的海上通道、海峡主要有东北亚地区的大隅海峡、对马海峡、清津海峡、宗

---

① 杨金森：《中国海洋战略研究文集》，海洋出版社 2006 年版，第 7—8 页。

② 《中国古代航海史》，海洋出版社 1989 年版，转引自杨金森：《中国海洋战略研究文集》，海洋出版社 2006 年版，第 9 页。

③ 《新唐书·地理志》，转引自卢苇：《南海丝绸之路与东南亚》，《海交史研究》2008 年第 2 期。

谷海峡等。东南亚海上通道和海峡主要是南中国海航道、菲律宾群岛及海峡、印尼群岛及海峡、马六甲海峡以及印度洋以远地区的海峡和通道，它们是中国能源进口的重要航道。中国海上航道安全面临的战略性挑战是：

第一，海洋地缘环境复杂，我国海上通道安全出路受制于周边国家。我国有 1.8 万海里的海岸线，也有众多出海口，但大都处于封闭或半封闭海域。在我国海上通道分布上，北方向通道只有图们江出海口，面向日本海，出海口由俄罗斯控制；东方出海口受制于日本，航路不仅要通过大隅海峡、土卡拉水道、古宫水道等第一岛链诸海峡，还要在穿越第二、第三岛链时受到美日军舰监视。从某种意义上讲，我国舰船进出海上通道受制于人。

第二，美国主导下的海洋秩序继续约束中国行动。美国创建战后海上国际秩序，美国认为随着中国的崛起，美国的主导地位受到挑战。近些年来，美国实施亚太再平衡战略、纵容日本实施集体自卫权、同日本再次修订防卫指针，给中国施加安全压力。我国东南方向的海上通道，面向南海，受制于菲律宾和其他东南亚国家。这里也是我国大宗物资进口的主要通道。2014年美菲加强防卫协定签订后，2015 年 3 月美国进一步鼓动东南亚国家组成联合舰队巡航南海，南海地区的安全局势日益严峻，更趋动荡不稳定；马六甲海峡以及曼德海峡、红海、苏伊士运河、霍尔木兹海峡等都在美国等西方国家控制下，致使中国同相关国家推进互联互通合作面临不利的地缘政治态势。

第三，中国海上通道安全面临海上非传统威胁。中国现在和未来主要海运航道均处于海盗多发地区，海上航道中，从阿拉伯半岛经印度洋，抵达马六甲海峡，再到南海，是我国进口石油极其重要的航道，我国 60% 的进口能源依赖这条航道，但是，海盗袭击已经对中国海运业、远洋渔业造成一定影响，未来 10 年，这条航道将继续面临海盗袭击的安全威胁。

这些挑战将使中国在推进互联互通合作、建设海洋强国以及维护海外利益过程中遭遇困难和威胁，中国保障海上通道安全战略和策略需在各种压力和复杂的海洋环境中推进并调整。

未来 5—10 年，中国维护海上通道安全的战略旨在服务于全面建成小康社会，促进中国与东盟的互联互通，建设海洋强国，维护和平、发展、合作、共赢的伟大事业。其主要目标是在亚洲新安全观指引下，努力减少摩擦分歧，创造有利于保障海上通道安全稳定发展的海上安全环境。在巩固和发展与邻国、远洋港口国家的双边和多边关系的基础上，通过强化区域合作、海上安全合作，推动周边地区命运共同体建设。

中国应以强大的国防力量有效地保障海权，确保海上通道安全畅通。在中国迫切需要一个和平稳定发展环境的今天，海上通道畅通极其重要，中国不会主动地武力打破目前海上通道相对平衡状态，但是，要解决领土、领海争端问题，维护我国的海上合作法权益，就必须从战略的高度认识到，维持必要的威慑力量才能建设、维护一个安全、稳定的周边海洋环境，确保海上通道安全畅通。

中国应该以近及远、以点及面，保障互联互通基础设施建设。结合推进丝绸之路经济带建设，加强与战略通道所经海域国家的战略合作，在相关国家、地区有条件地发展或合作修建港口基地，为维护海上战略通道提供及时、有力的后勤保障和军事支援。

中国要在探讨制定地区安全行为准则和亚洲安全伙伴计划的同时，促进海上通道安全合作的机制化和效益化。中国要在维护国家主权和领土完整基础上，大力推动亚太地区的共同安全、全面安全、合作安全和可持续安全，把海上安全、海上通道安全机制建设同地区安全制度建设结合起来，管控海上通道安全威胁点，为最终解决热点、难点创造条件。

# 新丝绸之路：从战略构想到现实规则

赵龙跃*

2013 年，中国周边外交工作成就显著。习近平主席出访中亚、东南亚国家时先后提出建设"丝绸之路经济带""21 世纪海上丝绸之路"等一系列重大合作倡议，绘就了拓展我国同周边国家全面合作的宏伟蓝图。"新丝路"战略构想提出之后，相关各方参与的愿望非常强烈，不仅周边一些国家反应积极，而且国内许多地方政府也行动迅速，希望搭乘此次跨区域重大经济合作的顺风车。"新丝路"战略构想的提出恰逢其时，但必须指出，"新丝路"建设是一项长期的系统工程，必然会面临众多参与方之间利益协调难度大、外部势力竞争激烈和基础设施水平参差不齐等多方面的挑战。对于基础设施等"硬件"问题，只要投入足够的财力、物力就不难克服，但是对于利益协调、外部竞争等复杂的"软件"议题，则需要进行充分研究并投入大量外交资源。后者是基础设施和经济合作顺利推进的重要前提，需要更加重视。我们必须注意到，仅仅具有共同利益并不必然导致合作，所以，在"新丝路"建设过程中，既要注重基础设施和经济合作等"硬件"方面的建设，又要进行观念的更新和相应规则的构建，做好"软件"建设，以适应并服务于"新丝路"战略构想。实际上，"新丝路"战略构想所提出的国家政治经济环境，本身就要求"新丝路"建设不仅要注重经济合作的规模，更要注重提升合作

* 赵龙跃：南开大学周恩来政府管理学院教授、博士生导师，中国国际发展研究中心主任，中国国际经济法学会常务理事，中国世界贸易组织研究会常务理事。

的质量、合作的效果和维系合作的机制建设等"软件"的作用。

# 一、"新丝路"战略构想的提出

中国进一步深化改革开放，构建开放型经济新体制，需要适应并创造有利的周边与国际环境。周边国家是中国发展的重要战略依托地带和发展经贸关系的重要伙伴，中国历来非常重视周边合作。2013 年，中央召开新中国成立以来的首次周边外交工作座谈会，确定了今后 5—10 年我国周边外交的战略目标、基本方针和总体布局。其中，"新丝路"战略构想是新时期拓展我国同周边国家全面合作的重大举措。

2013 年 9 月，习近平主席出访土库曼斯坦、哈萨克斯坦、乌兹别克斯坦、吉尔吉斯斯坦等中亚 4 国，并出席了在俄罗斯圣彼得堡举行的 20 国集团领导人第八次峰会和在吉尔吉斯斯坦比什凯克举行的上海合作组织成员国元首理事会第十三次会议。期间，他在纳扎尔巴耶夫大学发表重要演讲，全面阐述了中国对中亚地区的新政策，提出要做和谐和睦好邻居、真诚互信好朋友、互利共赢好伙伴，以及打造互利共赢利益共同体的三个关系和一个共同体的基本定位。在此基础上进一步提出共同建设"丝绸之路经济带"，拓展中国与中亚地区的全面合作。"丝绸之路经济带"的总体思路是"以点带面，从线到片，逐步形成区域大合作"，做到"政策沟通、道路联通、贸易畅通、货币流通、民心相通"。①2013 年 11 月 29 日，李克强总理出席在塔什干召开的上海合作组织成员国总理第十二次会议时进一步提出深化安全合作、加快道路互联互通、促进贸易和投资便利化、加强金融合作、推进生态和能源合作、扩大人文交流等发展与中亚国家关系的"六点建议"。②

---

① 习近平：《弘扬人民友谊，共创美好未来——在纳扎尔巴耶夫大学的演讲》，《人民日报》2013 年 9 月 8 日。

② 李克强：《在上海合作组织成员国总理第十二次会议上的讲话》，《人民日报》2013 年 11 月 30 日。

表 2—1　"新丝路"战略构想的政策要点概览

|  | 中亚 | 东南亚 |
|---|---|---|
| 定位 | 好邻居、好朋友、好伙伴 | 好邻居、好朋友、好伙伴 |
| 政治 | 决不干涉中亚国家内政，不谋求地区事务主导权，不经营势力范围，同俄罗斯和中亚各国加强沟通和协调 | 积极探讨签署中国—东盟国家睦邻友好合作条约 |
| 安全 | 把打击恐怖活动和禁毒作为当前安全合作的重点 | 完善中国—东盟防长会议机制，开展非传统安全领域合作 |
| 经济 | 建设"丝绸之路经济带"，实现"五通"促进贸易和投资便利化，加强金融合作 | 建设"海上丝绸之路"，启动中国—东盟自贸区升级版谈判，推动"区域全面经济伙伴关系"谈判，加强本地区金融合作和风险防范 |
| 交通 | 加快道路互联互通，新亚欧大陆桥和渝新欧国际铁路联运通道建议 | 加快互联互通基础设施建设，成立"亚洲基础设施投资银行" |
| 人文 | 扩大人文交流 | 密切人文、科技、环保等交流 |
| 其他 | 推进生态和能源合作，深化能源领域生产、运输、加工等合作 | 稳步推进海上合作 |

　　出访中亚之后，习近平主席于 2013 年 10 月出访印度尼西亚和马来西亚，在印度尼西亚国会发表题为《携手建设中国—东盟命运共同体》的重要演讲，全面揭示了中国对东南亚国家的新政策，提出做"好邻居、好朋友、好伙伴，携手建设更为紧密的中国—东盟命运共同体"，并宣布中国愿同东盟国家加强海上合作，使用好中国政府设立的中国—东盟海上合作基金，发展好海洋合作伙伴关系，共同建设 21 世纪的"海上丝绸之路"。① 与此同时，李克强总理在第 16 次中国—东盟领导人会议上提出"2 + 7"合作框架，即深化战略互信、拓展睦邻友好和聚焦经济发展、扩大互利共赢的"两点共识"，再加上积极探讨签署中国—东盟国家睦邻友好合作条约、启动中国—东盟自贸区升级版谈判、加快互联互通基础设施建设、加强本地区金融合作

---

　　① 习近平：《携手建设中国—东盟命运共同体——在印度尼西亚国会的演讲》，《人民日报》2013 年 10 月 4 日。

和风险防范、稳步推进海上合作、加强安全领域交流与合作，以及密切人文、科技、环保等交流的"七点建议"。①"新丝路"战略构想的政策要点参见表 2—1。

李克强总理曾经指出，我们要在加强"硬件链接"的同时，进一步加快完善原产地规则实施机制，抓好信息、通关、质检等制度标准的"软件衔接"。② 笔者认为，在"软件衔接"方面，更新观念、积极参与规则制定也是其中的重要内容。③ 因为要保证合作的稳定与质量，不仅需要技术性规则的制定，还需构建从整体上规划和引导合作的机制与规则，更新思想观念，以应对"新丝路"建设所面临的复杂局面和挑战。


## 二、"新丝路"战略构想面临的复杂局面与挑战

"新丝路"建设所面临的国际政治经济环境比较复杂，其中值得关注的有三个方面：一是美国积极推动 TPP、TTIP 和国际服务贸易协定（TISA）等超区域贸易协定谈判，企图继续主导新一轮国际经济贸易规则的制定；二是世界主要大国在亚太地区的战略竞争不断加剧，东亚区域经济合作凝聚力下降、进展缓慢；三是俄罗斯积极推进欧亚联盟建设，意在维持和提升其在中亚地区的影响力。为了应对这些国际与周边政治经济变化的新情况，中国的"新丝路"战略构想不仅要高度关注经贸和交通等"硬件"建设，而且也要高度关注"软件"建设，转变观念，积极参与相应规则的构建。

美国积极推动"超区域"贸易协定谈判，试图继续掌控制定规则的制高点。随着新兴发展中国家经济的迅速增长，特别是发达国家金融危机以

---

① 李克强：《在第十六次中国—东盟（10＋1）领导人会议上的讲话》，《人民日报》2013 年 10 月 10 日。

② 李克强：《推动中国—东盟长期友好互利合作战略伙伴关系迈上新台阶》，《人民日报》2013 年 9 月 4 日。

③ 赵龙跃：《中国参与国际规则制定的问题与对策》，《学术前沿》2012 年 12 月上，总第 16 期。

来，国际经济格局发生了较大的变化。以美国为代表的西方发达国家，为了摆脱经济危机的困扰，最大限度地维护自身利益，不顾多哈回合谈判中发展中国家所关注的发展议题和完善多边贸易体制的需要，将主要精力用于推进 TPP、TTIP 和诸边服务贸易协定（TISA）等超区域（Mega-Regional）贸易协定的谈判。积极推进超区域贸易协定谈判具有双重目标：一方面是竭力圈占市场，目前 TPP 和 TTIP 成员的经济和贸易总量分别占全球总量的 63% 和 59%；另一方面是制定所谓的高标准贸易规则，试图抢占新一轮国际经贸规则制定的主动权。

在全球价值链的时代，双边自由贸易协定、区域自由贸易协定和超区域贸易协定谈判，成为新一轮国际经贸规则制定的战略途径。美国主导的TPP，美欧主导的 TTIP 和 TISA，不同于一般的贸易协定，他们更加关注的是所谓的高标准贸易规则，包括竞争中立、政策协调、劳工标准、环境标准、高水平的原产地规则和知识产权保护等条款。这些议题远远超出了一般贸易谈判议题的范围，开始深入经济、社会等国内法律法规的领域。美欧发达国家试图利用自身在全球价值链上的优势地位，来引领新一代经贸规则的制定，其路径是通过超区域贸易谈判制定新的规则，然后利用其市场占有的优势将区域规则上升为全球贸易规则，从而绕开以世界贸易组织为核心的多边贸易规则制定平台。目前，在新一轮超区域贸易协定谈判中，美欧在一定程度上已经掌握了规则制定权的先机，其他国家若不想被边缘化，只有追随美国参与其中或者与之进行竞争。

在发达国家的压力之下，一些新兴国家也纷纷转向特惠贸易协定（PTAS）。这些因素导致了特惠贸易协定竞相发起与多边贸易体制困局既交织在一起又相互影响的复杂状况。中国作为亚太地区经济和世界经济的主要国家之一，也必须考虑通过 FTA 等机制形成以自己为核心的经济合作区，并在实践中创新规则，避免成为美国主导规则的被动接受者。

大国战略竞争不断加剧，东亚区域经济合作凝聚力下降。美国在亚太地区强力推进 TPP，现在基本谈判完成了 18 轮，已经进入部长级直接谈判阶段，成员国由最初的 5 国发展到现在的 12 国，东亚地区的新加坡、文莱、越南、马来西亚和日本先后加入。2010 年，中国超越日本成为东亚区域第一大经济体之后，大国之间的战略竞争进一步加剧，东亚区域经济合作的凝聚力受到严重影响。日本安倍政府的所作所为，不断激化中日和韩日关系，直接影响了中日韩三国自由贸易区的谈判。大国战略竞争的阴影也妨碍一些东盟国家与中国合作的进一步深化。由我国主导的《区域全面经济伙伴关系协定》（RCEP）能否成功，也将面临严峻的挑战。[①]

东亚地区经济发展潜力巨大，特别是东南亚国家与中国经贸关系密切，是中国重要的对外投资对象。1997 年亚洲金融危机之后，中国一直积极推动东亚区域经济合作，东亚国家之间经济上的联系和发展成为该地区在冷战结束以后保持相对稳定的重要条件。在美国战略东移推行亚太经济方略的大背景下，如何协调中美日的战略竞争，直接影响着东亚区域经济合作的进程。其一，美日都提出了以自己为核心的区域合作设想，并积极争取东南亚国家的支持；其二，大国之间战略竞争的加剧，促使亚太区域合作的核心议题从经济发展转向安全与军事。在此情况下，原有的合作进程难以推进，建设"海上丝绸之路"无疑将有助于探索中国发展与东南亚国家关系的新路径。

俄罗斯推进欧亚联盟建设，以维持和提升其在中亚的影响力。中国与东南亚国家的经贸合作比较密切，中国—东盟自贸区是我国同其他国家建立的第一个自贸区，于 2010 年全面启动，2013 年开始打造全面的"升级版"。与东南亚国家相比，中亚国家与中国的经济合作水平相对较低。2014 年，习近平主席在会见哈萨克斯坦总统时提出"促进贸易多元化，确保实现 2015 年双边贸易额 400 亿美元的目标"[②]，在会见乌兹别克斯坦总统时提出到 2017 年将双边贸易额提升到 50 亿美元，并早日启动中乌自贸区谈判。[③]

中亚国家与俄罗斯的政治经济联系密切。在经济上，中亚与俄罗斯在能源和劳务方面合作最密切，经济互补性强，双方互为重要贸易伙伴。俄罗斯

---

① 赵龙跃:《从参与制定国际规则的角度看〈区域全面经济伙伴关系协定〉的问题与对策》,《国际贸易论坛》秋季号 2013 年 10 月。

② 《习近平同哈萨克斯坦总统纳扎尔巴耶夫举行会谈》,新华网, 2013 年 9 月 7 日, 见 http://news.xinhuanet.com/politics/2013-09/07/c_117272640_2.htm。

③ 《习近平同乌兹别克斯坦总统卡里莫夫举行会谈》,新华网, 2013 年 9 月 9 日, 见 http://news.xinhuanet.com/politics/2013-09/09/c_117295536.htm。

也在努力推动建设欧亚联盟，以整合俄罗斯与东欧中亚国家之间的经济合作关系。有分析认为，俄罗斯在中亚地区最重要的经济目标是占领当地的制造业市场，而中国在该地区的主要目标是进口燃料和其他商品。[①] 中国提出建设"丝绸之路经济带"，不仅仅要推动能源和矿产资源的合作，而且还涉及贸易、金融和交通等领域。这不可避免地会引起俄罗斯的担忧，俄罗斯国际事务委员会发布的一份报告指出，中国在中亚大力投资管道基础设施和连接中亚各国与中国东部省份的交通基础设施建设，"已经使俄罗斯在中亚经济领域中的影响严重下降，使俄罗斯丧失了作为中亚各国优先考虑的主要经济伙伴的地位"。[②] 由此可见，妥善处理与俄罗斯在中亚地区的关系，明确"丝绸之路经济带"与俄罗斯在东亚地区合作机制之间的互补关系，对于中国顺利推进"丝绸之路经济带"建设至关重要。

此外，中国在推进"新丝路"建设的过程中还将面临一些政治与安全问题，例如东海问题和南海问题，有时候关于领土（领海）的矛盾争端还可能激化。周边一些中小国家虽然与中国经济合作关系密切，但是对中国战略上的猜疑从未消失。近几年来，日本安倍政府不顾历史事实，采取种种经济手段争取东南亚国家，将与中国的冲突延伸到东南亚地区。这些都是中国需要认真应对的问题，"新丝路"建设不仅需要关注经济层面的问题，还需要考虑在安全和政治层面上的突破。

## 三、推进"新丝路"建设需要观念更新

"新丝路"建设是在中国成为区域经济增长中心、周边大国战略竞争加剧及地区安全问题凸显的情况下提出的重点发展与中亚和东南亚国家关系的战略构想。推动"新丝路"建设，需要根据中国国际地位的变化和外部环境

---

① 彼得·莫吉亚斯：《中亚地区的俄中关系：合作还是竞争?》，《俄罗斯研究》2009 年第 6 期。

② 俄罗斯国际事务委员会：《俄罗斯在中亚的利益：内容、前景、制约因素》，《俄罗斯研究》2014 年第 2 期。

复杂化等新情况，调整思路，更新观念，以适应现实要求。

从"互惠互利"到"包容惠及"，树立"领导意识"和"责任意识"。党的十八大报告提出"巩固睦邻友好，深化互利合作，努力使自身发展更好惠及周边国家"，2013 年中央周边外交工作座谈会进一步提出"使我国发展更多惠及周边国家，实现共同发展"。"惠及"是在中国成为区域第一大经济体和与周边中小国家力量对比中具有显著优势的情况下适时提出的重大理念创新，以互惠互利为基础的"包容惠及"应该作为中国建设"新丝路"的重要原则。"惠及"理念体现了强国心态，是"强国外交"的理论和实践基础。"惠及"与"互利"并不矛盾，"惠及"是"互利"的进一步提升。对建设"新丝路"而言，道路联通和油气网络等基础设施建设，中国应该在前期投入适当的资金，以吸引和带动更多的投入；对于一些落后地区的资源开发，中国也要更加注意有利于当地经济社会发展的投入和建设。这些看似是中国单方面惠及相关国家发展的举措，实际上将会取得互惠互利的效果，因为道路管网建设是中国发展与这些国家经贸互通和能源合作的基础，适当的发展援助不仅可以提升中国在周边国家的影响力，而且有利于对外直接投资相关合作项目的顺利开展。可以说，"惠及"带来的是中国与"新丝路"周边国家的共同发展，如果我们只关注自己的兴趣，对对方的利益考虑不够，那么就可能出现中国对一些国家的投资越多，越触发当地经济民族主义的情况，最终不利于合作的展开，甚至会引发当地民众对中国合作项目的反感。因此，在"新丝路"的建设中，我们应树立以互惠互利为基础，更注重包容惠及的"领导意识""责任意识"和"强国外交"的理念，着眼于区域整体，关注长远利益，注重合作的有效性和持续性。

从"以经促政"到"政经兼顾"，形成处理政治关系与经济合作的新思路。改革开放以来，我国经济发展的强劲势头有力地带动了周边地区国家的发展，因而在处理与周边国家关系时，往往通过密切经济联系就可以促进政治外交关系的稳定和发展。但是随着我国经济外交等国际地位的凸显，中国在周边国家中的经济影响力与政治外交影响力开始出现一些不太一致的现象。有外国学者的研究发现，中国经济实力的提升并未能同步提高中国政治外交的影响力。有些国家虽然希望与中国保持密切的经济合作，但是在其外交政策的制定过程中却没有充分考虑中国的意愿。① 特别是在进入 21 世纪第二个十年以来，一些周边国家与我国的经济、政治和外交关系变得越来越复杂，经济联系密切并不意味着政治外交关系就必然稳定，有些时候不是经济关系带动政治关系，而是政治关系左右经济关系。

在"新丝路"的建设过程中，中国需要进一步地研究经济、政治和外交的关系，从"以经促政"转变为"政经兼顾"，逐步形成处理政治关系与经济合作的新思路。

一方面要适当优先考虑政治关系，只有在理顺政治关系的基础上，经济合作才能得以顺利有效地推进，一个把中国视为安全威胁的国家，不可能积极参与中国推进的互联互通建设。周边中小国家由于历史和现实原因，对中国的发展存在一些疑虑是可以理解的，这需要中国作出努力，释放善意，展现诚意，"新丝路"战略已经体现了这一点。中国在提出与中亚国家建设"丝绸之路经济带"的同时，就强调了"决不干涉中亚国家内政、不谋求地区事务主导权，不经营势力范围"的原则，而且把提升与中亚国家之间的双边政治关系放在了首位。② 2013 年 9 月，习近平主席访问中亚，先后签署了《中土关于建立战略伙伴关系的联合宣言》《中哈关于进一步深化全面战略伙伴关系的联合宣言》《中乌关于进一步发展和深化战略伙伴关系的联合宣言》和《中乌友好合作条约》以及《中吉关于建立战略伙伴关系的联合宣言》。中国在提出与东南亚国家建设"海上丝绸之路"的同时，也提出愿与东盟国家商谈缔结睦邻友好合作条约。③

另一方面，还要尽量避免通过经济关系达到政治目的。在"新丝路"的建设过程中，可能会出现一些国家在经济上对中国的依赖程度比较高，如果我们由于经济上的优势而表现出政治上的强势，就会影响"新丝路"建设的

---

① 赵龙跃：《关注美国学术界对中国问题研究的新动向——美国政治学学会 2010 年年会侧记》，《中国社会科学报》2010 年 10 月 14 日。

② 习近平：《弘扬人民友谊，共创美好未来——在纳扎尔巴耶夫大学的演讲》，《人民日报》2013 年 9 月 8 日。

③ 习近平：《携手建设中国—东盟命运共同体——在印度尼西亚国会的演讲》，《人民日报》2013 年 10 月 4 日。

深入，甚至会导致一些国家因为政治关系上的敏感而对"新丝路"建设持谨慎态度。特别是面对一些涉及主权领土等敏感议题的政治问题，通过经济施压也很难有效果。所以在"新丝路"的建设过程中，我们既要注重政治关系，也要避免政治化，更要充分发挥经济规律的作用。"新丝路"建设涉及国家多、领域广、跨度大，相关国家经济发展水平和政治状态差别较大，科学恰当地处理好政治与经济的关系至关重要。

从"对外开放"到"塑造开放"，为构建开放型经济新体制创造条件。2013 年中国首次超过美国，成为世界上最大的货物贸易国，进出口总额达到 3.87 亿美元。① 随着中国成为世界第二大经济体、第一大货物贸易国，参与经济全球化和区域经济合作的深化，中国对外开放的国际环境已经发生变化。在进一步深化对外开放的过程中，中国既面临着国内转变增长方式、优化对外贸易结构、国际贸易保护主义、金融市场波动、美元风险和人民币国际化等传统问题，也面临着一些国家出于政治考虑而对中国对外开放的抵制和限制。在这种新的情况下，构建开放型经济新体制不能仅仅依靠国内层面的单方面放松限制，还必须主动为对外开放塑造良好的外部环境，使我国对外开放从"积极推进"阶段发展到"自然融入"阶段。"塑造开放"就是要理顺开放的国际环境，包括促进国际经济秩序更加公平合理，也包括打造经济合作的核心国家和地区。中央提出"构建开放型经济新体制"，"以周边为基础加快实施自由贸易区战略"和"形成面向全球的高标准自由贸易区网络"②，正是适应了塑造对外开放环境的现实需要，而"新丝路"建设正是这一战略部署的重大举措。

## 四、推进"新丝路"建设需要规则构建

21 世纪以来，世界贸易组织多哈回合谈判受阻、多边贸易体制面临挑

---

① 数据来源于国家统计局网站，见 http://www.stats.gov.cn/tjsj/ndsj/2013/indexch.htm。

② 《中共中央关于全面深化改革若干重大问题的决定》，《人民日报》2013 年 11 月 16 日。

战；美欧积极推进超区域贸易协定谈判，力图控制新一轮国际经贸规则制定的主导权；我国周边地区各种特惠贸易协定也在不断出现，使得区域经济关系进一步碎片化；中国在对外开放新阶段，面临的规则、标准限制和争端越来越多。建设"新丝路"为中国推动更新国际合作机制和国际规则构建提供了机遇，研究制定有效的国际规则也为"新丝路"建设提供保证。中国作为"新丝路"建设倡议的发起国，应该在其中积极发挥领导作用，主动承担创新合作机制、构建国际规则的责任。

1. 借倡导丝绸之路之际，提出合作的主流思想和指导原则

"新丝路"相关国家发展水平差别比较大，利益需求也各有不同，将众多国家协调在一起，必须有一个能够保证合作顺利推进以及参与各方都能接受的原则。上海合作组织形成了"互信、互利、平等、协商、尊重多样文明、谋求共同发展"的"上海精神"，而东盟在引领东亚区域合作过程中，形成了照顾各方舒适度和柔性的"东盟方式"。"新丝路"建设也需要有一个能够凝聚各方共识的主流思想，包括处理国家之间经济关系的原则、协调政治关系与经济合作的原则、达成共识的规则、解决争端的原则等。习近平主席指出古丝绸之路留给我们的宝贵启示是"团结互信、平等互利、包容互鉴、合作共赢"[①]，中国可以在此基础上，为"新丝路"建设研究提出更为具体的指导原则。

2. 积极发挥领导作用，引领合作的规则制定与机制建设

在参与东亚区域合作的过程中，中国一直明确支持东盟发挥领导作用，其重要原因是避免因大国之间领导权竞争而影响区域合作的开展，也是为了避免一些中小国家对中国构建自己"势力范围"的担心。现在情况已经不同，在建设"新丝路"的过程中，中国需要积极发挥领导作用。首先是因为"新丝路"是中国发起的合作倡议，地域跨度大，情况复杂，不可能寄希望于其他国家或地区组织来帮助中国推动；其次，中国对"新丝路"有着自己的目标和预期，只有中国引领合作进程，才能保证各项主张的落实；最后，

---

① 习近平：《弘扬人民友谊，共创美好未来——在纳扎尔巴耶夫大学的演讲》，《人民日报》2013 年 9 月 8 日。

作为亚洲东部地区最大的经济体，只有中国有能力承担起"新丝路"建设的成本，也只有中国具有将"新丝路"上不同国家通过经济纽带联系在一起的实力。发挥领导作用，需要在"新丝路"的机制建设过程中，积极提出合作方案、确定行动准则、制定行业标准，也需要中国积极承担相应的成本。亚洲基础设施投资银行等的建设是根本，中国需要对投资银行的宗旨原则、成员构成模式、治理机制、投资标准、保障措施等进行深入的研究，提出可行方案，选拔优秀人才，并承担最大的出资份额。

3. 坚持包容兼顾原则，注重处理新老机制间的复杂关系

在"新丝路"涵盖的区域，已经存在诸多政治经济合作机制。在东欧、中亚地区已经建立有"俄白哈关税同盟"，俄罗斯也在积极推动欧亚联盟的建设，还有发展比较成熟的上海合作组织。在东南亚地区，中国已经与东盟建立起自由贸易区，而且东盟内部区域经济合作机制建设相对比较完善，目前还有美国推进的 TPP 和中国推进的 RCEP 等。推进"新丝路"建设，需要处理好新机制与现有机制之间的关系，总的原则是尊重现有机制，包容兼顾、推陈出新。

# 五、结语

任何大国的发展都必须兼顾国内外的资源和市场。中国发展的过程，也是中国经济融入并走向世界的过程。现在，中国对外开放已经进入了一个新的阶段，外部的政治经济环境也发生了巨大的变化。积极参与国际政治经济规则的制定，不仅能使中国在规则和秩序层面维护和保证自己在全球的利益，而且也满足了国际社会希望中国在国际规则和秩序的重构中发挥更大作用的需要。建设"新丝路"为中国推动更新国际合作机制和国际规则构建提供了机遇，研究制定有效的国际规则也为"新丝路"建设提供了保证。"新丝路"体现了中国整合与自己经济联系密切地区的尝试，中国与"新丝路"相关国家是平等互利的合作关系，"新丝路"不是圈占势力范围。

不同时代的大国崛起，都需要创新出一种处理自己与其他国家之间经济

关系的模式，历史上英国采取殖民模式汲取财富，美国则是通过金融和贸易优势建立起了"中心—边缘"的依附模式。中国已经成为世界和地区经济的增长中心，也需要研究创新出一种新的模式，处理与周边国家之间的经济关系，显然，英国的"殖民模式"和美国的"依附模式"都不可取也不现实，而符合中国发展需求的新模式应该是什么，需要中国在"新丝路"战略构想的建设实践中进行探索。

# "一带一路"亟待弄清和论证的几大问题

贾庆国*

建设"一带一路"意义重大，它既是通过新一轮对外开放实现中国经济升级和再平衡的新战略，又是拓展中国发展空间、促进地区繁荣和稳定的新举措，两者相互补充、相互促进、相得益彰。正因为如此，"一带一路"提出后，即受到各界的赞誉和好评。与此同时，笔者认为，"一带一路"是一个系统工程，需要大量投入和全面细致的研究。推动"一带一路"建设需要对其概念、内涵和外延加以认真界定，明确涉及的领域，搞清楚相关地理情况，分析其经济效益，研究其国际环境，并在此基础上确定项目推动的优先次序和方式方法。只有在充分研究、论证和规划的基础上，才有可能将这样一个很好的战略设想变成现实。笔者仅就建设"一带一路"面临的问题和挑战做一个初步的梳理，然后在分析的基础上，提出建设"一带一路"的几点想法。

## 一、要弄清"一带一路"的确切含义

探讨"一带一路"，首先需要弄清楚其确切含义。不少人将"一带一路"解释为向西、向南开放，也有人强调"一带一路"是向发展中国家开放，还

---

* 贾庆国：全国政协常委、北京大学国际关系学院院长。

有人提出"一带一路"不是一个新的机制，而是新时期合作发展的理念和倡议。人们不仅在地理位置上对"一带一路"有着不同的解读，而且在内涵上也提出不同的看法。有的人认为，建设"一带一路"主要是经济合作。也有的人认为，"一带一路"的意义不仅在于其拓展对外经贸关系，也在于推动与相关国家的人文交流。综上所述，不仅在学者层面，而且在政府层面，人们对"一带一路"的理解也存在不少差异。

## 二、应重视对"一带一路"构成挑战的相关因素

为了能够让"一带一路"的倡议最终给中国和相关国家带来实实在在的好处，有必要把对"一带一路"的论证进一步具体化。

首先，向西、向南建设"丝绸之路经济带"经济效益的论证有待深入。特别是向西开放，无论是经由中亚、俄罗斯走向欧洲，还是经由巴基斯坦走向中东，都路途遥远，沿途很多地区地理条件恶劣、人口稀少。即使某些国家人口多，但大部分国家由于受经济水平的限制，市场规模有限，至少在短期内，通过发展经济带能够产生的经济效益也不会很大。

其次，无论走哪条线，沿途国家大多为发展中国家，因此不同程度地面临着市场经济体制机制不成熟、行政效率比较低等问题。在一般情况下，这些国家的通关效率、营运成本都会比较高。

另外，沿途地缘政治安全状况要引起重视。一些国家政局动荡，宗教极端势力强大，一旦有些国家出现政治动荡，势必影响通道安全；对向西开放涉及的地缘政治问题目前还缺乏论证。比如，"丝绸之路经济带"势必要经过广袤的中亚地区，在该地区如何做到不让俄罗斯感觉地位受到了挑战是一个必须考虑的问题；向东发展"海上丝绸之路经济带"也面临一些问题和挑战。特别是在南海和东海海洋权益争端凸显的背景下，一些国家对中国的戒心上升，这些因素应当引起重视。有关国家内部政局变化也对我国建设"一带一路"构成挑战。

这些问题都是我们建设"一带一路"无法回避的。只有在客观研究和

分析的基础上有效回应这些问题，我们才有可能顺利推动"一带一路"的建设。

## 三、合理区分向东、向南、向西开放的重点

建设"一带一路"需要我们进一步明确目标。笔者认为这个目标应该是通过深化对外开放推动中国经济的升级和再平衡。和以往的对外开放不同，"一带一路"主要不是通过引进外资、技术和管理经验来发展自己，而是通过走出去，对外输出资金、技术和管理经验，推动周边国家的发展和繁荣，从而带动中国自己的经济转型升级和区域发展再平衡，推动以中国经济为中心的地区经济一体化。这是一个全新的对外开放思路，需要进一步明确。

在推动"一带一路"目标时，要合理区分向东、向南、向西开放的重点。就目前的情况看，向东开放的重点在于推动国内经济的转型和升级，也就是通过对外输出资本、装备和管理经验推动国内科技含量较高的经济部门的发展。而向西、向南开放的重点在于发展国家西、南两个区域的经济，实现国家经济发展的再平衡。两者的侧重不同，着力点也应有所不同。

## 四、建设"一带一路"的具体谋划

明确目标后，需要有具体的谋划。首先，需要在充分调研和评估的基础上确定"一带一路"发展的具体线路。确定线路时要充分考虑重要的相关因素：如经济效益、道路安全、地缘政治等。要客观务实，不能一厢情愿。

线路确定后，需要根据线路建设具体情况进行规划。规划不仅需要对解决项目、资金和技术问题提出具体方案，也需要对解决和管控有关安全、地缘政治等问题提出可操作办法。项目要可行，要有重点，做法上可先易后难、由近及远。在处理安全和地缘政治问题上，外交上要积极配合，有所作为。

要鼓励民营资本参与。民营企业充满活力，非常灵活，投入也更有针对性，对投资效果更加敏感，且不存在国有资产流失问题。和以往不同，民营资本应当成为这一轮对外开放的重要力量。

要从制度上保证这一轮对外开放有序进行。加快制定相关法律法规，加强对外投入和经营的管理。

要积极争取相关国家的合作和投入，使它们成为这一轮对外开放的利益相关者和坚定支持者。为此，要充分尊重它们的意愿，考虑相关国家的利益，最大限度地争取它们的投入。只有得到它们的真心支持，"一带一路"才能建设得更好，走得更远、更安全。

无论是向哪个方向开放都需要有效解决有关对外关系问题。西部开放需要我们从道理上和实践上说服有关国家真心接受这一双赢的做法。向南开放需要加强与缅甸、印度、孟加拉国、巴基斯坦合作，让这些国家尝到合作的甜头，从而真心支持和参与我国建设丝绸之路经济带的建设。另外，这里特别需要加强和印度一起共同维护边界稳定的努力。

向东开放需要妥善处理南海、东海领土和海洋权益问题。过去30年"主权属我、搁置争议、共同开发"的做法为中国赢得了相对和平的国际环境和集中精力从事发展与改革的宝贵时间。现在，中国的实力增强了，在推动共同开发问题上可以更主动一些了，也就是说，中国现在有了更大的能力说服有关国家与中国一起实现"搁置争议、共同开发"这个良好的愿景。海上油气开发是一个风险很大的事情，即使是自行开发，也需要跨国公司参加来分担风险，如果有更多国家参与，大家可以共担风险、共享利益。在没有争议的领土上都这样做，在有争议的领土上更应该这样做。

最后，要加强东盟"10＋3"自由贸易区升级版的谈判，尽快签署协议。区域贸易自由化有利于我们推动新一轮对外开放，实现我们"一带一路"战略的宏伟目标。

# 三、"一带一路"下的区域合作前景

# 中国向欧亚大陆延伸的战略动脉

## ——"丝绸之路经济带"的区域、线路划分和功能详解

冯宗宪*

## 一、丝绸之路：从古时到今日

"丝绸之路"是一条绵延数千多公里、持续两千多年的贸易和文化交流之路。公元前2世纪到16世纪，东起中国长安，西到东罗马君士坦丁堡（今土耳其伊斯坦布尔城），并连接、延伸中亚、南亚、西亚和欧洲各国的漫漫长路，这就是举世闻名的"丝绸之路"——一条伟大的中西贸易商道，一座辉煌的"人类文化桥梁"，对华夏文明乃至世界文明的发展产生了重要而深远的影响。

古代"丝绸之路"的陆上通道主要有两条：一条是西北"丝绸之路"；一条是南方"丝绸之路"。西北"丝绸之路"指的是自长安出发，从新疆出境经过中亚到达欧洲的线路。西北"丝绸之路"自新疆出境后分为三条路线：北线——沿咸海、里海、黑海的北岸，经过碎叶、怛罗斯、阿斯特拉罕等地到伊斯坦布尔；中线——自喀什起，经费尔干纳盆地、撒马尔罕、布哈拉等到伊朗的马什哈德；南线——自帕米尔山，可由克什米尔进入巴基斯坦和印度，也可从白沙瓦、喀布尔、马什哈德、巴格达、大马士革等前往欧

---

* 冯宗宪：西南交通大学经济与金融学院教授，博士生导师。

洲。南方"丝绸之路"主要指的是自成都出发，从云南腾冲出境经缅甸至印度的贸易路线。

1877 年，德国地理学家李希霍芬①在他写的《中国》②一书中，首次使用"丝绸之路"一词，替换了"玉石之路""佛教之路"等名称。

20 世纪末，全球化进程加速，特别是冷战的结束，为"丝绸之路"的复兴创造了必要条件。20 世纪 90 年代以来，在古代"丝绸之路"上，多条铁路、公路及管道相继投入运营或建设，这些新的"丝绸之路"在促进沿途国家经贸和文化交流的同时，也对欧亚大陆的地缘政治产生了重要的影响。特别是 20 世纪 90 年代，我国陇海—兰新铁路与哈萨克斯坦土西铁路接轨，标志着东起中国连云港、西至荷兰鹿特丹的新亚欧大陆桥全线贯通，被称为"新丝绸之路"的陆路交通大动脉至此成形。与之相伴，在丝绸之路沿线地区，以沿线中心城市为骨干，以霍尔果斯、阿拉山口等陆上口岸为窗口的经济带，也迎来了快速发展。

## 二、"丝绸之路经济带"范围及其区域划分

习近平主席提出的"丝绸之路经济带"是在古丝绸之路基础上扩展而形成的一个新的经济发展区域。总面积约 5000 万平方公里，总人口约 30 亿，能源、矿产、旅游和文化及农业资源丰裕；沿线国家经济互补性强，在交通、金融、能源、通信、农业、旅游等各大领域，具有互利共赢合作的巨大潜力；潜在市场规模全球独一无二。其东边倚重活力四射的亚太经济圈，西边连着发达的欧盟经济圈，被认为是"世界上最长、最具有发展潜力的经济大走廊"。

从空间来看，我们可将"丝绸之路经济带"分为国内段和国外路段两大

---

① 费迪南·冯·李希霍芬男爵（Ferdinand von Richthofen），德国旅行家、地理和地质学家、科学家。

② China: The Results of My Travels and the Studies Based Thereon.

部分。"丝绸之路经济带"建设运行的初始阶段将主要涉及中国和中亚各国；未来将会逐步扩展至南亚、西亚和中东欧国家，辐射作用还可延伸至北非与其他欧洲地区。

丝绸之路国内路段部分。在交通通道方面，形成了在空间走向上以新欧亚大陆铁路桥为主的北线、以石油天然气管道为主的中线、以跨国公路为主的南线三条线。① 目前国内路段包括哪些区域尚不清晰。国内区域的狭义范围是以古丝绸之路为基础的西北地区和河南省。然而目前讨论中，不仅包括了西北五省区，还加入了重庆、四川、内蒙古，还有可能扩展到其他省区。在西北五省区中，陕西、甘肃和新疆曾作为古丝绸之路的重要构成部分，有着深刻的历史渊源和地域贡献。在"丝绸之路经济带"建设中，这三省都试图起到前沿、桥头堡或核心区域的作用。然而就经济实力而言，西北地区不仅相对全国发达地区、即使相对西南省份也都有差距。

"丝绸之路经济带"国际地段。国外路段可分为三个主要地段：中亚地段、南亚地段、中东欧地段以及相关的俄罗斯和西欧、北欧地段。

中亚位于欧亚大陆中心，也是丝绸之路的枢纽，地缘位置显要，能源资源丰富，发展潜力很大。中国与中亚国家有长达3300多公里的共同边界。可以说，同中亚国家的关系是中国周边外交的重要组成部分。中亚五国都是典型的内陆国家，其中哈萨克斯坦、吉尔吉斯斯坦、塔吉克斯坦与中国边界相接。中亚地区东临中国，西至里海，北起俄罗斯，南接伊朗、阿富汗等伊斯兰国家，总面积近400万平方公里，总人口5560万。按照麦金德的地缘战略理论，该地区位于欧亚大陆的"心脏地带"，是影响世界格局的枢纽地区。②

南亚地区指亚洲南部地区，介于东南亚与西亚之间。南亚共有8个国家，其中阿富汗、尼泊尔、不丹为内陆国，印度、巴基斯坦、孟加拉国为临海国，斯里兰卡、马尔代夫为岛国。巴基斯坦、印度、尼泊尔、不丹和克什米尔地区同中国相邻。南北和东西距离各约3100公里，面积约503万平方千米。人口15亿以上，使用210余种语言。

---

① 李秀中：《丝绸之路经济带"扩容"多地竞入》，《第一财经日报》2013年11月19日。

② ［英］麦金德：《民主的理想与现实》，商务印书馆1965年版。

中东欧 16 国位于欧洲中东部，总面积 133.6 万平方公里，接近中国面积的 1/7，人口 1.23 亿。中东欧国家主要包括三大区域共 16 个国家。狭义的中欧国家（波兰、捷克、斯洛伐克、匈牙利、斯洛文尼亚）、波罗的海三国（爱沙尼亚、立陶宛和拉脱维亚）和巴尔干国家（罗马尼亚、保加利亚、克罗地亚、塞尔维亚、黑山、马其顿、波黑、阿尔巴尼亚）。中东欧国家面积约为欧盟的 3/10，人口约为欧盟的 1/4，经济总量不足欧盟的 1/10，也日益被视为欧洲发展的潜在增长点。①

## 三、"丝绸之路经济带"上的亚欧区域合作

"丝绸之路经济带"构想，首先体现了引领新时期西部大开发，实施向西开放的升级版，凸显了国家对西部大开发的战略升级期望；符合上海合作组织框架下的经济合作发展新方向。"丝绸之路经济带"若得到"西部大开放"战略的支持，无疑将更好地得到全面实施，并造福于本地及相关国家和地区。其次，这一构想展示了中国以走廊经济、带状经济推进欧亚次区域经贸发展的新抱负和新举措，推动中国自贸区战略的新蓝图。

中国和中亚地区区域合作。按照麦金德的地缘战略理论，中亚地区位于欧亚大陆的"心脏地带"，是影响世界格局的枢纽地区。②

中亚所在的里海地区，是世界重要的油气资源产地。油气资源开发也是中亚经济的最大支柱。中国则是中亚油气资源最稳定、最可靠的长期用户。2012 年，中国全年天然气使用量是 1270 亿立方米，来自中亚的天然气供应达到了 250 亿立方米，占据中国天然气全年使用量的 18%。目前，已经有两条连接中国和中亚的输气管线正在运营，连接中国和哈萨克斯坦的第三条输气管线 2013 年年内竣工，2014 年年初投入运营。目前中国和土库曼斯坦

---

① 外交部：《中方始终将中巴关系置于中国外交优先方向》，人民网，2013 年 5 月 23 日，见 http://politics.people.com.cn/n/2013/0523/c1027-21593527.html。

② 《中巴宣布原油运输合作项目 建设中巴经济走廊》，腾讯网，2013 年 7 月 3 日，见 http://finance.qq.com/a/20130706/000824.htm。

已就建设第四条输气管线达成了协议。一旦第四条输气管线开通运营，土库曼斯坦将每年向中国输送 650 亿立方米天然气，再加上沿途的乌兹别克斯坦和新开通的哈萨克斯坦管线，中国每年将从中亚三国进口天然气 800 亿立方米。中国与中亚长期稳定的能源合作关系对于双方的能源战略来说，都具有不可替代的重大战略价值。

自 1992 年建交以来，中亚五国已全部成为中国的战略伙伴。在贸易方面，中国已经成为哈萨克斯坦、土库曼斯坦的第一大贸易伙伴，乌兹别克斯坦、吉尔吉斯斯坦的第二大贸易伙伴，塔吉克斯坦的第三大贸易伙伴。随着上海合作组织成立，中国与中亚地区能源、交通等各方面开展广泛合作，采矿业、建筑业、制造业、批发和零售业、金融业、航空运输业等产业，是中国企业对中亚五国直接投资的主要产业。这形成了面向西部开放的现实基础。然而也面临西部地区进出口总额小，经济外向度远低于全国水平，外贸市场对中亚的出口量偏低；产品竞争力较弱，外商投资规模小等问题，需要清醒认识和亟待提高。

中国的南亚大陆次区域经济合作战略构想。李克强总理 2013 年访问巴基斯坦，这对进一步增强新时期中巴全天候战略伙伴关系意义重大。中方始终将中巴关系置于中国外交优先方向，推进全面合作，实现共同发展。①

中巴经济走廊是指连接位于中国西部和贯穿巴基斯坦南北的公路和铁路主干道，将从新疆的喀什一直通至巴基斯坦的西南港口城市瓜达尔港。中巴经济走廊旨在进一步加强中巴互联互通，促进两国共同发展。中巴经济走廊规划不仅涵盖"通道"的建设和贯通，更重要的是以此带动中巴双方在走廊沿线开展重大项目、基础设施、能源资源、农业水利、信息通讯等多个领域的合作，创立更多工业园区和自贸园区。

中巴两国将对中巴经济走廊进行共同规划，在中巴经济走廊远景规划当中，巴方希望与中国开展"四位一体"，也就是公路、铁路、油气管道、光缆的通道建设合作。根据这一规划，将设计并建设长达 2000 公里（1200 英里）的运输路线，将连接中国西北部的喀什和巴基斯坦的瓜达尔港，项目开

---

① 张喆：《中印倡建中印缅孟经济走廊》，《东方早报》2013 年 5 月 21 日。

始时将以公路进行运输，之后还可能增加铁路运输。规划还将建设中国边境通往巴基斯坦拉瓦尔品第的光纤电缆，以期提高巴基斯坦对国际通讯网络的接入。中国将会对这个三年期项目提供 4400 万美元预算中的 85%，巴基斯坦自行承担剩余部分。①

中巴经济走廊是具有针对性的"双赢"战略。经济走廊的建设贯通，一方面可以扩大中巴两国的货物进出口和人员交往，促进巴基斯坦转口贸易；另一方面，能有效增加中国能源的进口路径。可以绕过传统咽喉马六甲海峡和存在主权纠纷的南中国海，把中东石油直接运抵中国西南腹地，同时也能降低对正在建设中的中缅油气管道的依赖。从更宏观的角度看，中巴经济走廊贯通后，能把南亚、中亚、北非、海湾国家等通过经济、能源领域的合作紧密联合在一起，形成经济共荣，同时强化巴基斯坦的桥梁和纽带作用，连接欧亚及非洲大陆。巴基斯坦总理谢里夫认为："中巴经济走廊沿线设有经济特区，这为中巴两国各行业的企业提供了一个巨大的机遇。"谢里夫同时也指出，中巴经济走廊不仅将使中国中西部受益，而且还将使巴基斯坦和整个南亚地区受益。

当然，我们也不能排除中巴经济走廊建设的困难。虽然此前中巴已在两国开设自贸区，也有打通经济走廊的尝试，但由于安全、交通、电力等问题阻碍，并未实现真正的互联互通。以连接巴基斯坦和中国的主要陆上"生命线"喀喇昆仑公路为例，该公路建于 20 世纪 60 年代，年久失修，加之春季融雪、夏季降雨等原因时常形成堰塞湖阻断交通，有时一年之中有半年时间无法通行。面对困难，中巴将采取措施积极应对。中方将鼓励中企在巴基斯坦投资，深化两国在常规能源、可再生能源和民用核能领域的合作，升级改造喀喇昆仑公路、加强交通基础设施建设合作，以及航空航天、海洋等领域的合作。特别是在基础设施、能源、电信、农业等合作领域加强合作，也符合巴基斯坦当前最为迫切的发展要求。

近年来，中印经贸合作成效显著。目前，中国是印度第二大贸易伙伴，印度是中国在南亚的最大贸易伙伴。中印都不愿使局部边界争端影响两国关

---

① 储信艳：《中印倡议建中印缅孟经济走廊》，《新京报》2013 年 5 月 21 日。

系发展。中印两国相互增信释疑，谋得"龙象共舞"，双方一致认为，中印作为世界上人口最多、市场潜力最大的两个邻国，是天然的合作伙伴，应把对方的发展视为己方的重大机遇。两国共同利益远大于分歧。双方表示要一起努力，共同掀开两国关系新篇章，培育亚洲合作新亮点，打造世界经济新引擎。

值得注意的是，中印两国领导人共同倡议建设"中印缅孟经济走廊"。中、印、缅、孟山水相连，友好往来源远流长。四国物产丰富，资源能源富集，经济互补性强，合作潜力巨大。四国邻近地区是连接亚洲各次区域的重要枢纽，入有中、印、缅广袤腹地，出有加尔各答、吉大港、仰光等著名港口，有连接南亚和东南亚的明显区位优势。四国经济走廊覆盖到的地区面积约165万平方公里，人口达4.4亿，有自然资源、农产品富足的优势，也有基础设施薄弱、政治因素影响等劣势。中印缅孟经济走廊属次区域经济合作，包含昆明（中国云南省）—缅甸—孟加拉国—加尔各答地带。在这一次区域相邻区域内，已经存在昆明（中国）—缅甸—老挝—泰北湄公河次区域经济合作圈、新加坡—柔佛（马来西亚）—廖内（印尼）的三角经济带、槟城（马来西亚）—棉兰（印尼）—普吉（泰国）三国经济带。成型后的中印缅孟经济走廊，占据着有利的地缘地位，会促成以中南半岛为核心并向四周辐射的地缘经济格局。直接辐射东亚、南亚、东南亚、中亚几个大市场。

根据云南大学国际关系研究院提供的研究报告，在能源领域四国可以优势互补：孟缅天然气资源丰富，中缅水能资源丰富，中印煤炭资源丰富；孟缅缺能源开发资金、技术，中印在此方面优势比较明显。因此，中印缅孟加快能源合作的步伐，有利实现能源资源互补，促进四方能源产业快速发展。其中，中缅油气管道的建设，是中印缅孟在油气管道建设领域成功合作的范例。此外，产业园区、基础设施建设和合作将成为这个经济走廊的两个支撑点。中印双方一致同意开展在产业园区以及基础设施等领域的大项目合作，这将推动中印孟缅经济走廊的发展进程。①

---

① 《建设孟中印缅经济走廊　助力中国南亚合作》，中国经济网，2013年5月31日。

整体上看，中国与其他三国经济有一定的互补性。例如，中国的制造业和农业设施设备，相对发达。印度制造业相对落后，但是印度在智能化、个性化的设计和制作方面有优势。如果在产业园区内，中印在这两方面形成互补和示范，那么"中印制造"潜力十分巨大，既有价格优势，又有科技含量，而且依托印度的语言优势，产品与欧美客户更容易对接。此外，印度的软件和文化影视产业相对较为发达，有望为中国做强做大软件外包产业奠定一定的基础，印度也是人口大国，未来市场增长潜力非常巨大。从文化行业来看，中国有望通过经济走廊的建设，加强与这些国家的文化旅游方面的合作，促进中国文化旅游产业进一步发展。

与中亚地区丝绸之路经济带偏重于能源不同的是，处于南亚、东南亚丝绸之路经济带"新茶马古道"走廊地带的国家，相对稳定并致力于经济增长。二者结合，可使丝绸之路经济带意义更加广泛和深远。所以，在看待中印孟缅四国经济走廊之时，不能仅以现时经济收益、互补性或市场容量来取舍，应该从战略的高度把握这一难得机遇，加紧实施和推进。

尽管有些学者担心它的"构想尚浮在空中，还没有落到地面"，但孟加拉国一名经济学家认为："在中印缅孟经济走廊背后，有各方的考虑，既有政治因素，也有经济因素。但我希望，现实经济利益能最终主导它的决策过程。""孟中印缅经济走廊"是中国同周边互联互通以及东亚与南亚相互对接的重点项目。

中国和中东欧地区的区域合作。2012 年，中东欧 16 国 GDP 总额为 1.4 万亿美元，人均 GDP 为 1.14 万美元。2012 年，中国与中东欧 16 国进出口贸易总额 521 亿美元，其中，中国出口 388 亿美元，进口 133 亿美元；中国对其贸易顺差最大的国家是波兰，达到 103.9 亿美元；对中国贸易顺差最大的国家是斯洛伐克，达到 12.4 亿美元。截至 2013 年 3 月底，中国企业在中东欧 16 国投资额 6.29 亿美元，累计完成工程承包营业额近 24.9 亿美元，中东欧 16 国在华实际投资 11.8 亿美元。

2013 年 11 月 26 日，中国—中东欧国家领导人会晤在罗马尼亚布加勒斯特举行。与会各方共同制定和发表《中国—中东欧国家合作布加勒斯特纲要》，而"投资"被视为纲要的关键词之一。数据显示，中国企业目前在中东欧国家投资已超 35 亿美元，中东欧 16 国在华投资逾 11 亿美元。

《纲要》遵循三大原则，涵盖六大领域。出席会议的中国总理李克强指出，这将有力促进中国与中东欧国家的合作。"纲要有利于中国推进向西开放的政策，也契合欧洲向东看的需求，将推进中欧关系平衡、持续发展。"

## 四、"丝绸之路经济带"展望：西部大开发与向西开放

在"丝绸之路经济带"区域合作中，中国应当处理好国内路段区域和国外路段区域的发展合作关系。在国内路段的建设中，要通过产业转移等政策引导，加快国外和东部先进地区的产业、技术向国内路段区域，特别是向西北区域的转移态势，以在当地形成更多的产业集群、城市集群和新的比较优势，对外产生更大的经济影响力和辐射作用；从而真正使西部大开发与向西开放有效地结合起来。

在"丝绸之路经济带"区域合作的国外路段部分，要处理好各区域段的优先顺序、相互需求、比例关系和侧重点。由于各路段区域发展阶段、技术经济条件和邻近距离远近不同，中国也应采取不同的区域合作策略。如中亚地区，显然是当前中国在丝路经济带的优先区域和发展重点，但与其合作重点是能源、原材料领域和机械、农业等领域之间的产业贸易。而对于中东欧地区，人均收入相对比较高，16 国中已有 11 个国家加入欧盟，成为中国与欧盟形成更大市场的重要通道。且由于其被称为"欧洲工厂"，因此中国和这一地段的重点领域是机械装备、农业、能源、金融等方面的产业内贸易和双向投资。而中巴和中印孟缅经济走廊则一方面是中国连接印度洋的战略通道，另一方面，也是将丝路经济带与东南亚和南亚及中亚等结合起来的重要纽带。中国对基础设施的投资带动十分重要。

# 互联互通：经济新常态下的国家战略

彭　刚　任奕嘉*

刚刚过去的 2014 年，以其"新常态"发展时期的定位和"一带一路""互联互通"发展战略的提出与落实，在中国改革开放与经济发展的历史进程中留下了浓墨重彩的一笔，成为以习近平同志为总书记的党中央治国理政和"改革开放再出发"的标志性战略时点，无论是对于后危机时代世界经济的复苏与发展，还是对于正处于结构转变提质增效的中国经济，都具有极其重要的战略意义与政策影响。

## 一、"一带一路"与"互联互通"

2013 年 9 月，习近平主席在哈萨克斯坦纳扎尔巴耶夫大学发表演讲时首次提出共同建设"丝绸之路经济带"的设想。

2013 年 10 月，习近平主席在印度尼西亚国会发表重要演讲，提出了中国愿同东盟国家加强海上合作，共同建设"21 世纪海上丝绸之路"的倡议。

"一带一路"的积极倡议，是以习近平同志为总书记的党中央提出的惠及东南亚、南亚、西亚、北非、欧洲沿线各国，应对全球金融危机，谋求经

---

\*　彭刚：中国人民大学经济学院教授、博士生导师。
　　任奕嘉：中国人民大学经济学院博士研究生。

济持续发展的宏大战略构想，这一战略覆盖了 60 余个国家，涉及近 50 亿的人口，影响重大，意义深远。

根据世界银行 2015 年 1 月 13 日发布的《全球经济展望》报告预测：全球经济增速在 2015 年有望达到 3%，高于 2014 年的 2.6%，但是低于世界银行 2014 年 6 月作出的 3.4% 的预测。处于后危机时代的全球经济，重疴在身，复苏乏力，许多国家都面临着不同程度的危机和挑战。面对错综复杂的国际环境和动荡不已的经济形势，中国政府开创性地提出了"一带一路"的战略构想，通过凝聚丝路沿线国家的力量，打造互利共赢的"利益共同体"和共同发展繁荣的"命运共同体"，抱团取暖，共御寒冬，开拓经济复苏发展的新局面。

"一带一路"战略构想是一个宏伟的工程，随着越来越多的国家加入到这项工程中，"一带一路"逐渐进入务实阶段，如何有效迈出第一步具有非常关键的意义。作为推进"一带一路"战略的有力抓手，习近平主席进一步提出了"互联互通"的倡议。在 2014 年 11 月亚太经合组织（APEC）领导人非正式会议第一阶段会议中，习近平主席 9 次提到亚太"互联互通"，他指出："面对新形势，我们应该加快完善基础设施建设，打造全方位互联互通格局。"作为此次 APEC 会议重要成果之一的《亚太经合组织互联互通蓝图》对硬件、制度、人员全方位互联互通进行了谋篇布局，并设立了至 2025 年亚太地区的互联互通目标。

根据 2014 年世界经济论坛发布的《2014—2015 年全球竞争力报告》统计，全球基础设施竞争力指数平均水平为 4.2，在"一带一路"沿线的国家中，亚洲只有少数国家基础设施竞争力指数超过全球平均水平，部分国家的基础设施建设非常落后，而俄罗斯的基础设施竞争力指数为 4.1，也未达到全球平均水平。① 所以，"互联互通"的倡议大有可为，以"互联互通"作为"一带一路"战略实施的突破口是非常可行的。

中国有一句古老的民谚："要想富，先修路！"这是中国老百姓自古以来美好的企盼，更是改革开放以来，中国亿万民众脱贫致富的经验之谈。在这

---

① 数据来源于《2014—2015 年全球竞争力报告》。

里，"修路"只是一个形象的比喻，实际上代表着基础设施建设。要想通过"一带一路"的战略构想，实现互利共赢的战略目标，积极有效地推进"互联互通"就成为丝路沿线和经济带国家的当务之急。

## 二、"互联互通"的战略构想与基本内涵

2014 年 11 月在由习近平主席倡议召开的"加强互联互通伙伴关系对话会"中，习近平主席完整阐述了"互联互通"的内涵，他指出："我们要建设的互联互通，不仅是修路架桥，不光是平面化和单线条的联通，而更应该是基础设施、制度规章、人员交流三位一体，应该是政策沟通、设施联通、贸易畅通、资金融通、民心相通五大领域齐头并进。这是全方位、立体化、网络状的大联通，是生机勃勃、群策群力的开放系统。"[1]

互联互通的内涵不仅仅包括基础设施的联通，还扩展到制度规章、人员交流的联通。这表明，在当今的国际环境中，亚洲各国需要的不仅仅是贸易的联通，更重要的是形成一个全方位多领域相互融合的命运共同体，实现亚洲区域经济的共赢。

互联互通的经济学要义就是要为资本、劳动力、技术、信息、服务等生产要素的通畅流动创造条件。古典经济学家威廉·配第、魁奈、斯密、李嘉图等都对要素流动做过详尽的阐述，要素在不同国家或者地区之间的流动会增加资源的配置效率，提高一国或地区民众的福利水平。不同国家间的政策壁垒、基础设施薄弱所导致的运输成本差异等因素，都会导致要素的国际流动成本要明显高于在一国之内的流动。"互联互通"的倡议就是要在减少要素流动成本的基础上，促进各国经济的交流与合作发展，提升参与国人民福利水平。

实际上，中国与周边各国的基础设施互联互通建设早已开始。在 2009

---

① 习近平：《联通引领发展　伙伴聚焦合作——在"加强互联互通伙伴关系"东道主伙伴对话会上的讲话》，《人民日报》2014 年 11 月 9 日。

年 10 月，第十二次中国与东盟领导人会议中就曾提出应加大中国与东盟国家基础设施互联互通的合作力度。2011 年，在第十四次中国与东盟领导人会议时曾倡议成立中国—东盟互联互通合作委员会，加快推进互联互通。中国一直致力于加强与周边各国互联互通，但并未将其上升到国家战略层面。习近平主席将"互联互通"的倡议作为亚太经济发展的长期规划，得到了亚洲各国的积极响应，这说明"互联互通"对于中国以及周边各国经济、政治发展都具有重要的战略意义。

互联互通为新常态下的中国经济增长增添动力。2014 年 5 月在河南考察时，习近平主席第一次提及"新常态"。他说："我国发展仍处于重要战略机遇期，我们要增强信心，从当前我国经济发展的阶段性特征出发，适应新常态，保持战略上的平常心态。"在 APEC 工商领导人峰会上，习近平主席指出，新常态主要有几个特点：速度——"从高速增长转为中高速增长"；结构——"经济结构不断优化升级"；动力——"从要素驱动、投资驱动转向创新驱动"。2014 年中国的经济增长速度为 7.4%，再一次创下历史新低。而 IMF 发布的《世界经济展望》报告称，预计 2015 年中国经济增长将放缓至 7.1%，相较 2014 年下调 0.3%。同时，2014 年是全面深化改革的起步之年，2015 年则是全面完成"十二五"规划的收官之年。如何在新旧交替的时刻走稳步伐成为经济发展的一大问题。在中国经济年会（2014—2015 年）中，国务院原副总理、中国国际经济交流中心理事长曾培炎指出："从时间维度上看，新常态指的不是短期的一两年，也不是长期的二三十年，而是一个中期的概念。"面对新的形势，我们不仅仅要看到未来一两年的发展目标，还要在中长期内做好战略部署。互联互通的倡议在我国新的经济背景下，正好符合了当下的发展要求，既有利于短期经济的增长，也符合长期的经济规划。

首先，互联互通的倡议从基本层面上有利于解决我国工业产能过剩的问题。我国的产能过剩问题在经济结构亟待转型的时期显得尤为重要，这一方面需要淘汰落后产能，最根本的是进行技术升级，增强企业创新能力。但是，企业创新是一个长期的战略举措，并非一蹴而就，那么如何在当下解决严重过剩的产能，就需要扩大国际市场，拓展对外投资。在互联互通的倡议中，基础设施建设是最根本的一个环节，这对于解决我国部分行业的产能过剩问题提供了一个契机。各国之间互联互通的加强更有利于打开国外市场，促进贸易往来。例如，大量修建铁路的合作有利于解决我国钢铁行业的产能过剩问题，印度尼西亚的港口建设为我国船舶业的出口提供了良好的前景。

其次，基础设施项目建设都是与各国政府相关联的大型项目，从政策、贸易等方面都对我国开拓国外市场，加强与周边国家的互利合作，稳定经济增长速度具有重要的意义。

再次，从长远考量，有利于促进西部经济的发展，解决我国经济东西部发展不平衡的问题。长期以来，我国东西部经济发展差距较大，西部是连接我国和中亚五国的桥梁，"一带一路"构想是我国西部发展的重大机遇。互联互通的倡议正是西部发展要迈出的第一步，切实加强与中亚、欧洲的互联互通，对于促进经贸合作、文化交流、社会安定具有重要意义。

互联互通进一步加强了中亚的交通枢纽作用。中亚五国地处内陆，各国之间地理环境有所差异，但矿产资源均非常丰富，且都是发展中国家。长期以来，中国与中亚五国的贸易主要集中于农业和能源，中国的能源大量从中亚国家进口，中亚对于中国经济的稳定发展可谓意义重大。此外，中亚也是中国重要的出口国家。据统计，2013 年，中国同哈萨克斯坦、乌兹别克斯坦、塔吉克斯坦、吉尔吉斯斯坦中亚四国贸易额达到 402 亿美元，比 2012 年增长 13%。可见，中国同中亚的经济关联性日益加强。

在漫长的历史岁月中，中亚在古丝绸之路中就占有重要地位，中亚作为亚洲和欧洲的交通枢纽，联通着亚洲和欧洲的贸易。"一带一路"的构想给中亚五国的经济发展带来了新的机遇。但是，中亚五国受经济发展水平、技术、人员的限制，国内的基础设施建设一直比较落后，也制约了中亚的贸易发展。在基础设施建设中，中国一直致力于与中亚的合作，许多中国公司参与建设的公路、铁路、电网等都已建成，为中亚的经济发展注入了动力。中国和哈萨克斯坦的道路建设合作由来已久，2011 年，继阿拉山口口岸实现中哈铁路接轨后，中哈第二条跨境铁路——新疆霍尔果斯至哈萨克斯坦阿腾科里铁路实现了接轨。塔吉克斯坦是高山国家，境内主要以公路为主，由于受战争的影响，许多公路处于年久失修的状态，外加修建难度较大，给塔吉克斯坦人民生活带来了不便，经济发展也受到制约。2006年，中国路桥公司进入塔吉克斯坦，并先后承建了塔吉、塔乌和塔中公路，这些公路的建成一方面改善了塔吉克斯坦国内的交通状况，更重要的是将塔吉克斯坦与欧亚通道连接起来，极大带动了塔吉克斯坦的经济。据北京市政府新闻办公室消息，我国拟建设莫斯科至北京的高速铁路，该铁路全程超过7000公里，沿途经过中国、哈萨克斯坦和俄罗斯三个国家，列车运行时间两天，项目投入预计1.5万亿元人民币。此外，已规划建成的渝新欧、汉新欧、蓉欧、郑新欧、西新欧等铁路都经过中亚地区，促进了中亚各国的贸易发展。

随着互联互通倡议进入人们的视野，中亚各国都给予了积极的回应，通过互联互通的建设，进一步巩固中亚的交通枢纽作用，加强与欧洲、亚洲各国的经贸往来，有利于解决各国在后危机时代所面临的经济困境。

互联互通强化东南亚各国开放，引领太平洋、印度洋上贸易。东南亚各国作为"一带一路"中海上丝绸之路的沿线国家，与中亚各国不同的是，东南亚原有的基础设施已比较完善，互联互通会进一步加强东南亚国家之间的联通、市场的进一步开放，促进各国之间的贸易往来，从而加强太平洋、印度洋上的贸易往来。泰国境内原有的铁路比较陈旧，且都为窄轨铁路，脱轨事件频发。2014年11月，中国与泰国签订了长达800多公里的铁路合作项目，如果泰国政府通过加宽铁路的提议，那么该铁路修通后，将可以与缅甸、印度、中国、柬埔寨等国的铁路相连，也与中国倡议的泛亚铁路不谋而合，这对于加强亚洲各国的互联互通具有重要的意义，也将加快各国之间贸易、金融、服务等方面的合作。2014年3月，由中国港湾工程有限责任公司和马来西亚共同建设的马来西亚槟城第二跨海大桥通车。中国路桥公司与印度尼西亚公司合作建成印度尼西亚泗水—马都拉大桥，该桥连接经济最发达的爪哇岛和资源丰富但经济基础薄弱的马都拉岛。在建设过程中，中国路桥公司还为当地培训了一批技术人才，促进了印度尼西亚桥梁技术的进步。

此外，中国的高铁近年来备受关注，高铁技术引进吸收国外的经验，并根据国情、地理环境等进行了更大的创新，具有技术全面、成本优势、建设速度快的优点，在李克强总理的积极推广下，开辟了国外广阔的市场空间。中国的高铁技术与东南亚国家的合作将为各国的互联互通打开新局面。

中国和泰国已经成立了中泰高铁联合研究中心。2014 年 7 月 31 日，据泰国《曼谷邮报》报道，泰国军政府维稳会已通过两项投资总额达 7414 亿泰铢（1 人民币约合 5.1 泰铢）的高铁规划，而这两条高铁线路分别经过泰国北部的清孔和廊开穿过老挝，最终与中国境内的铁路相连。

## 三、"互联互通"的实施重点与对策分析

在"加强互联互通伙伴关系对话会"中，习近平主席指出了"互联互通"发展的五大领域：政策沟通、设施联通、贸易畅通、资金融通、民心相通。这五个发展层面相互融合、相互依存，任何一个层面的缺失都会有碍互联互通目标的达成。

政策沟通是互联互通的前提。互联互通建设是政府间合作的大型项目，项目合作首先需要各国政府间加强沟通交流，提供政策支持。各国政府间协商解决影响互联互通的制度和标准问题，切实降低人员、商品、资金跨境流动的成本与时间。在此过程中，应尊重各国主权和领土完整，照顾各方舒适度，不强人所难，不干涉他国内政。在互联互通倡议得到各国积极响应的同时，应该更加广泛地开展各国政府间的对话交流，在不损害各国利益的基础上开展经贸合作，实现共同发展的亚洲梦。

互联互通的展开应该首先找准着力点，从有政策优势的国家入手，再依次扩展到其他国家。中国与东盟国家早已达成"中国—东盟自由贸易区"，在此基础上开展互利合作会相对容易。除此之外，据泰国媒体报道，泰国经济特区委员会批准选择五处边境地区，作为建设和发展首批经济特区。

设施联通是互联互通的出发点。在互联互通的倡议中，各国之间的基础设施联通是出发点。长期以来，亚洲各国经贸的往来受制于基础设施的不联通。中国公司对外承包的项目涵盖了道路、桥梁、电站、港口、通信、水利等基础设施建设的各个领域，正是要为互联互通的实现消除短板、夯实基础。同时，基础设施的联通也是一项惠及民生的项目。国务院总理李克强在博鳌亚洲论坛开幕大会上指出："实现亚洲共同发展，根本出路在于经济融

合。而基础设施互联互通是融合发展的基本条件。"

贸易畅通是互联互通的最终目标。中国倡议亚洲各国互联互通，是希望通过加强各国之间的经贸合作，共同促进经济的发展，实现共同繁荣的亚洲梦。政策沟通、设施联通都是贸易畅通的基础。

根据中国商务部提供的数据，2013 年，中国与中亚四国贸易额达到 402 亿美元，其中中哈贸易额达到 286 亿美元，中乌贸易额首次突破 40 亿美元大关，增幅分别为 11.3% 和 58.3%。习近平主席与哈萨克斯坦、乌兹别克斯坦总统达成了 2015 年中哈双边贸易额达到 400 亿美元、2017 年中乌双边贸易额达到 50 亿美元的目标。通过互联互通倡议的实施，这个目标有望完成。中国与东盟国家在 2010 年已经建立了中国—东盟自由贸易区，实现了 7000 种产品取消关税。2015 年，新加坡也将加入零关税协议。在配合互联互通倡议的基础上，我们有理由相信亚洲各国贸易会上一个新的台阶。

资金融通是互联互通的保障。长期以来，中亚、东南亚各国基础设施的建设均受到资金不足的制约。基础设施的投资，一方面需要大量的资金，据世界银行研究报告，发展中国家基础设施投资每年的需求在 1 万亿美元左右。亚洲开发银行预测，2010—2020 年，亚太地区约有 1 万亿美元的基础设施建设资金需求。另一方面，由于基础设施的建设一般工期较长，造成大量的资金投入后在短期内难以获得回报，投资风险较大。亚洲开发银行和世界银行能够为亚洲各国基础设施建设提供的资金有限，同时，亚洲各国亟待进行互联互通建设，在这样的背景下，中国出资 400 亿美元成立的丝路基金和由中国倡议成立的亚洲基础设施投资银行意义非比寻常。

2014 年 10 月 24 日，包括中国、印度、新加坡等在内的 21 个首批意向创始成员国的财长和授权代表在北京人民大会堂签约，共同决定成立亚洲基础设施投资银行。中国财政部部长楼继伟指出，"亚洲基础设施投资银行将是一个政府间性质的亚洲区域多边开发机构，按照多边开发银行的模式和原则运营，重点支持亚洲地区基础设施建设"。一方面，中国主导成立亚投行旨在与亚洲开发银行和世界银行形成互补。世界银行行长金墉表示，"仅靠世行提供的资金不能满足亚洲庞大的基础设施建设需求，目前有足够大的市场让各方都有发展空间；世行和亚投行将是互补和合作伙伴关系"。另一方面，亚投行建立后，秉持着开放包容的发展理念，通过联合融资等方式将有利于不断深化亚洲各国之间的互利合作。

但是，亚投行的成立并未获得亚洲各国的全力支持。韩国、日本均未签署《筹建亚投行的政府间框架备忘录》，韩国经济副总理崔炅焕表示"对于支配结构和保护条款问题上存在不同意见，正一直与中方持续进行协商"。而日本方面拒绝的理由是，新银行与现有的亚洲开发银行分工不清。日本媒体则表示，日本担心中国通过金融援助对亚洲国家施加影响力。以日本为主导的亚洲开发银行总裁中尾武彦周也表示不欢迎亚投行的成立。面对质疑，应该申明的是，首先，中国倡议成立亚投行是以互利共赢为前提的，中国历来是一个主张不称霸的国家，中国的发展也不是建立在打压别国的基础上。但是，获得所有国家的认可是有难度的，我们需要认清自己的发展路径和目标，坚定自己的发展理念。其次，亚投行是否会成为中国对亚洲各国施加影响的工具，需要通过亚投行在各国经济建设中发挥真实的作用来证明。

民心相通是互联互通的纽带。互联互通不仅仅是基础设施、贸易的联通，还有各国人民之间文化的交流。民心相通，可以增加各国相互理解包容，才能在更广阔的领域内实现互联互通。数千年以前，古丝绸之路已为东西方人民的文化交流作出了巨大贡献。从魏晋到隋唐，西亚的拜火教、摩尼教、景教、伊斯兰教先后传入中国，外来文化技艺也大量涌入中国，包括制糖、酿酒工艺，造船缝合技术，以及东罗马、阿拉伯、波斯、中亚诸国、印度的医药、音乐、歌舞、天文、历法等。同时，中国的造纸术、印刷术、火药等也通过丝绸之路传到西方。

现代的中亚五国包含着多民族、多宗教文化的融合，伊斯兰教为主，还有部分民族信奉东正教、佛教、基督教、犹太教等；而在东南亚地区存在更丰富的宗教信仰：天主教、佛教、高台教、伊斯兰教、基督教、拜火教等。在不同的宗教信仰之下，我们应该求同存异，避免因为信仰不同带来文化的冲突。

除了宗教文化的交流，各国之间还应该共同分享教育、科技的成果，在基础设施互联互通的基础上，加强技术人员的培训和交流，以共同促进技术创新。习近平主席提出："未来 5 年，中国将为周边国家提供 2 万个互联互通领域的培训名额，帮助周边国家培养自己的专家队伍；同时，在教育方面，加强大学之间的专家学者、留学生的交流。"①

通过上述分析表明，"互联互通"的战略构想，目标明确，领域广阔，内容丰富，路径清晰，既利于己，又惠于人，尤其是在全球经济低迷、中国经济下行的新常态下，成为我们实施"一带一路"战略的核心机制。令人欣慰的是，新年伊始，在前几年提前布局的基础上，我国各沿线省份已进入实际操作阶段。根据《上海证券报》的报道，在近期陆续召开的地方"两会"上，沿线省区市浓墨重彩地将"一带一路"写入政府工作报告中，对2015年的推进工作作出具体安排。全国有20个省份在2015年政府工作报告或高层会议中明确了各自在"一带一路"战略中的定位及发展重点。一些核心区内的上市公司更是"闻鸡起舞"，整合资源投身其中。

目前，"一带一路"核心区域有16个省份，其中，"丝绸之路经济带"包括新疆、青海、甘肃、陕西、宁夏等西北5个省份，重庆、四川、广西、云南等西南4个省份，以及最新扩围的内蒙古；"21世纪海上丝绸之路"则囊括江苏、浙江、福建、广东、海南等东部沿海5个省份以及最新扩围的山东省。此外，黑龙江、辽宁、河南和湖北也明确表态，积极融入"一带一路"建设。从地方政府工作报告对"一带一路"工作部署来看，交通基础设施互联互通都是首要强调的一点，公路、铁路、港口、机场等项目建设是未来发展重点。② 与此同时，中国政府的这一战略构想和政策安排也正在得到越来越多的国家和政府的欢迎和认同，"一带一路"与"互联互通"正在国际范围内开始进入实际操作的阶段。我们相信，在中国政府的不懈努力和相关国家的积极参与下，一个繁荣和谐的新丝路经济带与一个合作共赢的新局面指日可望，福祉四方。

---

① 习近平：《联通引领发展 伙伴聚焦合作——在"加强互联互通伙伴关系"东道主伙伴对话会上的讲话》，《人民日报》2014年11月9日。

② 《20个省份会战"一带一路"》，《深圳商报》2015年1月28日。

# 亚太共谋发展，重在互联互通

## ——浅析习近平主席互联互通战略思想与亚太经济未来

张建平　李秋平*

自习近平主席在 APEC 第二十一次领导人非正式会议上，提出构建覆盖太平洋两岸的亚太互联互通格局①以来，亚太区域经济的全新发展路径、多层次协调、多领域融合的"互联互通"思想备受瞩目。特别是在 2014 年北京 APEC 会议上，亚太互联互通战略蓝图的提出，与亚太自贸区北京路线图共同开启了亚太经济合作的新篇章和新的历史阶段。如何理解"互联互通"同亚太经济发展的相互关系，如何更好地将"互联互通"思想融入亚太经济合作，使所有亚太经济体共同合作、应对挑战，推动亚太经济不断向前发展，需要开展深入研究。本文重点探讨"互联互通"思想与亚太经济合作之间的互动关系，并探讨互联互通对亚太经济合作长期发展路径的作用。本文所言"亚太经济合作"的行为体所涉范围，以 APEC 包含的 21 个亚太区域经济体为准。"互联互通"思想，则以 2014 年 11 月 5—11 日 APEC 第二十二次领导人非正式会议批准的《亚太经合组织互联互通蓝图》所阐释的

*　张建平：国家发展和改革委员会对外经济研究所国际合作室主任、研究员，南开大学和首都经济贸易大学兼职教授、对外经济贸易大学博士生导师，太平洋经济合作委员会（PECC）中国委员。

李秋平：北京大学国际关系学院研究生。

① 王成至：《构建互联互通格局有利于亚太繁荣》，《解放军报》2013 年 10 月 12 日。

含义为准。①

## 一、"互联互通"的思想内涵与行动方案日趋丰富包容

过去，"互联互通"的含义主要是指基础设施的互联互通和人与人的互联互通。近年来，"互联互通"已成为亚太经济合作的关键领域，这与我国在改革开放进程中所形成的"要想富、先修路"经验异曲同工。而在亚太经济合作框架下，2014 年，由于习近平主席倡导的"一带一路"元素的注入，互联互通上升为一种更加全方位、多层次的思想理念和联动模式。"一带一路"所涵盖的部分经济体，包括俄罗斯、东盟、澳大利亚、新西兰等国家和地区也是我国在 APEC 平台上的合作伙伴。新的互联互通理念，包含了参与经济体之间的政策沟通、设施联通、贸易畅通、资金融通及民心相通。在我国一体两翼的大开放战略格局中，亚太地区与"一带一路"作为左右两翼，互联互通至关重要。无论在亚太地区还是在"一带一路"合作平台上，我国都强调通过一种全方位、多层次、宽领域的"互联互通"，顺应全球化时代下产业边界日益模糊、区域限制日益削减的时代大趋势，根据各个国家经济发展的现实需要，为各国之间的贸易投资、人员往来、政策相通提供更丰富的便利条件与更自由的合作空间。这种"互联互通"的新理念使互联互通的思想内涵变得更加丰富、更加包容。

在亚太地区经济体合作进程中，"互联互通"战略受到了 APEC 所涉 21个经济体的高度关注。在 2014 年 11 月北京 APEC 第二十二次领导人非正式会议中，21 个亚太经济体通过了《亚太经合组织互联互通蓝图》，为亚太地区的互联互通描绘出愿景蓝图，各方决心在 2025 年前实现硬件、软件和人员交流互联互通，在亚太地区构筑起互联互通网络，为亚太长远发展夯实基础。② 在这次 APEC 会议上，我国宣布出资 400 亿美元建立丝路基金，习近

---

① 钟实：《互联互通，APEC 共筑亚太梦》，《经济》2014 年第 12 期。

② 钟实：《互联互通，APEC 共筑亚太梦》，《经济》2014 年第 12 期。

平主席于 2014 年 11 月 8 日发表了题为《联通引领发展　伙伴聚焦合作》的重要讲话，大力推进"一带一路"合作，加强该领域的"互联互通"。这样的重大举措体现出中国不仅重视互联互通的思想，同时也重视相关的行动方案。未来丝路基金与亚洲基础设施投资银行将共同为推进亚太地区的互联互通提供投融资支持。在北京 APEC 期间，许多"一带一路"的非 APEC 成员国领导人受邀访问北京，共同签署亚洲基础设施投资银行成立协议，预示着未来中国要成为联通亚太与"一带一路"的桥梁。

《亚太经合组织互联互通蓝图》所提出的 2025 年亚太经合组织互联互通远景，将硬件联通、软件联通与人员交往互联纳入同一战略体系之中。若这一蓝图能够在未来十年内顺利实现，那么"互联互通"在更大地缘范围内、更广阔经济区域内的实行、在更多新兴行业领域之间发挥功效，甚至在制度规范、人员互动、生产流通，乃至监管统筹等多个层面上构筑一个完整的体系都将成为可能。

"互联互通"思想是推进亚太经济合作的一条路径，但更是一个可以进一步推广、应用于不同国际经济组合之中，通过经济圈联动最终实现全球"互联互通"网络的宏伟战略蓝图。而亚太经济合作的加深，亚太经济的整体发展，恰是"互联互通"大战略实施过程中的重要一环。站在国际格局的角度，从宏观经济分析的角度来看，"互联互通"思想与亚太经济合作的进一步加深、亚太经济的进一步发展之间存在着双向推进的关系，采取合理的方式，共同推进此二者，其成效将是相得益彰的。

## 二、"互联互通"是亚太经济合作与发展的客观、现实需要

从宏观经济角度看，用"互联互通"思想和行动深化亚太各经济体之间的合作与发展是亚太整体经济发展的客观需要。随着经济全球化不断深入和区域经济一体化进程不断加速，亚太地区所有的经济体正在谋求更高层次、更高水平的合作。这不仅是各经济体自身的发展需要，也是着眼于带动区域和全球经济稳定发展的现实需求，更是提升亚太地区全球竞争力的现实需要。

互联互通是亚太各个经济体自身发展的需要。历史经验表明，基础设施建设是撬动一国或地区发展最行之有效的利器。加强基础设施建设互联互通首先是每个亚太经济体国家战略的重要内容和发展的现实需要。许多亚太经济体都有自己雄心勃勃的建设规划。例如，印度尼西亚是世界上最大的海岛国家，自然资源丰富，盛产石油、天然气、煤、铝土矿等。但岛际交通落后，缺乏大型船舶，对造船业、钢铁业建设需求量大。2011年印尼政府曾发布《2010—2025年加速与扩大印尼经济建设总规划》。2014年印尼政府又提出了海上之路建设目标，包括新建深水港、改善现有的港口设施，建设连接东西两端的海上通道，增添大型船只及开采海上资源等。据估算，印尼在基础设施建设领域的资金需求高达1600亿美元。根据新的国家经济规划，印尼政府已开始投入大量资金修建铁路、公路，以及改善港口。

总体而言，各经济体的基础设施投资建设都受到了广泛关注。发展中经济体基础设施投资建设需求旺盛，以房屋、公路、电力建设等为代表的"民生项目"有待建设；发达经济体逐渐进入基础设施更新改造期，部分国家地铁、机场、港口等基础设施需要进行维护。

互联互通是亚太区域经济合作的客观需要。亚太地区作为目前全球经济增长最快的区域，在经济全球化浪潮中区域合作不断深化。特别是以垂直专业化分工为基础的东亚生产网络使亚太经济体在制造业领域发展迅猛，全球竞争力不断提升。在北京APEC会议上，"全球价值链"得到了亚太21个经济体的共同高度重视，这也是亚太产业分工高度发展的必然结果。随着现代科技和通讯技术突飞猛进，以垂直专业化分工所主导的全球供应链正在不断延伸。以往由一国企业独立生产的某种产品，如今生产流程可分布在各经济体之间。以苹果手机为例，一部苹果手机的各部件可分别由美、日、韩、德及中国台湾制造，集聚在中国大陆加工组装，最终销往世界各地。这种产品内部的分工模式，为每个参与到其中的经济体都提供了难得的发展机遇。[①]而这种模式得以发展的重要基础在于互联互通，包括硬件、软件的互联互通

---

① 张建平：《亚太自贸区建设启动 APEC 经济合作的新征程》，《中国经济周刊》2014年11月17日。

和人与人的互联互通。

区域内各经济体的互联互通是个复杂系统工程，涉及不同的主权国家和利益主体，并需要综合考虑贸易投资关系、产业互补性、生态环境、地缘政治风险等未来挑战。在亚太区域合作中，《亚太经合组织互联互通蓝图》将成为深化垂直专业化分工、构筑全球供应链的重要保障之一。通过深化亚太国家之间的"互联互通"，亚太区域内各国间的商品、服务、资金和人员流动都将加强，各经济体将更好地融入国际分工当中，寻求适合自身的发展机遇。随后，各经济体才能获得产品生产链中的附加值，推进自身经济的发展，同时也为亚太地区经济作出更大贡献。

互联互通是亚太区域经济一体化、实现亚太自贸区的需要。在区域经济合作达到足够的广度和深度基础上，区域经济一体化进程就会成为相关经济体的共同需求。目前亚太地区的区域经济一体化进程明显加快，地区内的双边、诸边自由贸易协议不断增加，已建成自贸区达 56 个，如果加上 2014 年谈判基本完成的中韩自贸区和中澳自贸区，数量达到 58 个。随着日澳、韩澳与加韩之间自由贸易谈判达成一致[①]，拥有 13 个经济体的 TPP 谈判在内容上已完成 80%，正朝着达成协议的目标迈进；而涵盖 16 个经济体的 RCEP 谈判也已完成 3 轮，预计 2015 年年底将基本达成一致。[②]

亚太经济体之间双边、三边与多边自由贸易协定的达成，无论从谈判经验的积累，还是从经济体相互间协调的角度来讲，都为亚太自贸的建设奠定了深厚基础。"意大利面条碗效应"在亚太区域经济一体化的进程中悄然形成。这些自由贸易协定在促进区域内各经济体贸易创造、投资创造以及共同发展方面贡献良多，但也不可避免地陷入了碎片化困局中，区域内的每个经济体、每个企业都要受到来自多个双边贸易协定的权责限制，对各个比较相似却不尽相同的协定建立正确的认知将耗费大量交易成本，而对每一处海关而言，针对不同交易主体设定不同关税，也会使其运营成本大大增加。这

---

① Zhang Jianping, "The New Stage of Asia Pacific Economic Integration", CSIS-JETRO Conference, June 10th 2014, Washington D.C.

② 张建平：《APEC 贸易部长会议确立 APEC 新起点》，《中国对外贸易》2014 年第 6 期。

种状态，无疑会构筑一个高成本的经济体系。

为解决碎片化问题，未来亚太地区经济建设中很重要的一个方向就是融合所有关税协定，建立一个范围广泛、制度全面的亚太自贸区，将亚太地区21个经济体都容纳其中，在贸易制度、合作形式与关税政策等众多方面实现所有经济体之间的"互联互通"，以降低成本、提高效率，从根本上破除"意大利面条碗效应"，从而使所有经济体享受到贸易投资自由化、便利化所带来的好处。①

亚太经济一体化对亚太地区"互联互通"的实现提出了新的现实需求。除公路、铁路、港口、机场等"硬件"之外，互联互通也孕育在无形的制度创新、贸易投资安排、融资渠道和人文交流等"软件"对接之中。二者相得益彰，将最终实现亚太经济无缝对接，形成全方位的互联互通和一体化，谋求"联动发展"，形成"亚太命运共同体"。

## 三、"互联互通"已成为亚太经济合作的关键领域

亚太地区作为全球为数不多的大型经济区域，具有十分鲜明的经济特征。亚太地区包括加拿大、美国、中国、日本、澳大利亚等21个经济体。统计显示，APEC成员人口总计28亿，经济总量占全球的57%②，堪称占有全球经济的半壁江山。但亚太经济体在发达程度、经济体制上却展现出相当大的差异性，既包括以美国、日本为首的发达经济体，也包括韩国、智利、墨西哥等新兴经济体，同时有越南、菲律宾这样的典型发展中经济体。此外，基于经济体制的千差万别，亚太各经济体的市场化程度也不尽相同。

亚太所有经济体已经认识到，基础设施的互联互通和人与人的互联互通是推动自身经济发展和企业经济一体化的重要前提与基础条件。基础设施直

---

① 张建平：《亚太自贸区建设启动 APEC 经济合作的新征程》，《中国经济周刊》2014年11月17日。

② 秦庚：《基础设施互联互通助推亚太合作》，《国际商报》2014年11月6日。

接决定着经济活动的效率和经济效益，同时也影响着每个经济体的投资环境。基础设施的改善会带来经济与社会发展的良性循环，帮助摆脱贫困，加快工业化进程，吸收利用外国资本，融入区域产业链和供应链体系，获得宝贵的发展机遇，进而通过发展解决矛盾和问题。相反，如果基础设施建设滞后，经济和社会发展便会受到严重制约，甚至难以摆脱贫困。这也会导致难以吸收利用国际资本，工业化和城镇化进程进展缓慢，进而陷入基础设施与经济发展的恶性循环。可以说，基础设施对亚太每个经济体的经济与社会发展都具有决定性作用。亚太经济体之间的相互贸易与投资的密切程度，也取决于基础设施的互联互通。

目前，亚太各经济体的基础设施发展差异很大。总体而言，发达经济体和新兴工业化国家基础设施较为发达，发展中经济体由于缺乏资金和技术，基础设施则相对落后，一些最不发达国家基础设施最差。但即使美加等亚太发达经济体也面临着老旧基础设施更新换代的难题，发展中经济体存在巨大的基础设施建设需求。

在 2014 年北京 APEC 会议宣言《北京纲领：构建融合、创新、互联的亚太》中，加强全方位基础设施与互联互通建设作为其中重要组成部分，被提到了前所未有的高度。宣言批准了《亚太经合组织互联互通蓝图（2015—2025）》，决心在 2025 年前完成各方共同确立的倡议和指标，加强硬件、软件和人员交往互联互通，实现无缝、全面连结和融合亚太的远景目标。这是亚太地区首次对互联互通设立长期战略发展目标。2014 年 APEC 的三个重要议题之一就是，加强全方位互联互通和基础设施建设。回溯 2013 年在印尼召开的 APEC，会议的主要成果之一也是加强各经济体间基础设施的连接和通达，因为互联互通可以减少生产和运输环节的成本，增强地区经贸联系，也会增加更多就业机会。东盟在 2010 年就通过了"东盟互联互通总体规划"文件，促进东盟地区全方位联通，并为东亚地区互联互通铺平道路。

亚太互联互通的巨大需求与中国的强大供给能力构成了明显的互补关系。中国的基础设施建设在改革开放进程中突飞猛进，取得了举世瞩目的成就。目前中国在能源、通信、铁路、高铁、公路、港口、机场、口岸等各个领域的建设取得了明显成果，在高铁、机场等许多领域都已处于世界先进水平，甚至超越了发达经济体。在此过程中，中国形成了空前强大的基础设施供给能力。从基础设施项目的规划、设计、施工到相关机械设备和自动控制系统的安装、运营与管理，乃至设备维护和人员培训，中国的优势贯穿基建全产业链。中国的成本控制能力也很强，并在开展海外工程建设的过程中，积累了丰富的国际经验。

亚太经济体，无论是需要更新基础设施的发达国家，还是亟待建设的发展中经济体，客观上都对中国的基建能力有着巨大的需求。例如泰国的铁路、东盟国家的港口建设、美国目前轨道交通设施的更新改造、墨西哥的高铁工程、秘鲁的跨洋铁路，很多都是中国企业在投资、规划或施工建设。中国的高铁拥有国内成熟高铁网络的运营和管理经验，在世界上首屈一指。南美两洋高铁、泛亚高铁、俄罗斯高铁都在等着中国建设者。在与日、德、法等国的企业竞争中，中国的优势非常突出。

中国拥有雄厚的外汇储备和强大的基建能力，更有着与周边国家实现繁荣共享的良好意愿。中国的供给能力与亚太的需求十分匹配，有利于促进中国转方式和调结构。近年来，我国金融机构对对外承包工程业务的支持力度不断加大，资金支持达到了前所未有的力度，2012—2013 年信贷项目的规模达到 300 亿美元左右。英国《经济学人》指出，没有中国的参与，不少国家显然难以完成耗资巨大的相关工程。

加强互联互通已成为亚太各经济体的重点合作领域。要真正实现互联互通，需要建立政府、私营部门、国际机构、行业协会等广泛参与的伙伴关系，秉持互利互惠、优势互补理念，坚持开放透明、合作共赢原则，在区域和国际合作框架内推进互联互通和基础设施建设。从这个意义上讲，"互联互通"思想顺应了亚太地区历史性的发展需求，为区域经济一体化进程提供了切实保障和可行路径。

## 四、以互联互通推动亚太共谋发展与合作的三层次路径

APEC 涵纳的经济体达 21 个之多，存有经济体制、发展程度、历史问

题、政治关系等众多方面的差异与矛盾。在此区域内推进一种求同存异的"互联互通"并非易事。因此，在对亚太联动战略的推进过程中，既要有战略，也要讲究策略，尤其要注重逐步推进三层次的递进路径。

1. 金融支持互联互通

尽管世行和亚洲开发银行在该领域努力多年，但由于资金规模问题，难以满足亚太地区未来 10 年高达 8 万亿到 9 万亿美元的巨额资金需求。而亚太经济体在基础设施的互联互通方面存在着供给与需求的相互配合。2014年 10 月 24 日，包括中国在内的 21 个国家共同签署筹建亚投行备忘录，中国发起并同这些国家合作建立亚洲基础设施投资银行就是要为"一带一路"有关沿线国家的基础设施建设提供资金支持，促进经济合作。11 月 8 日，在 APEC 会议期间，中国又宣布将出资 400 亿美元成立丝路基金，彰显了中国利用资金实力实质性推动亚太合作与"一带一路"建设的决心。习近平主席在 2014 年 G20 峰会的演讲中又再次提出中国支持世行成立"全球基础设施基金"。所有这些金融措施对促进亚太基础设施建设及互联互通具有重要现实意义。亚投行、全球基础设施基金等将为中国发挥庞大的外汇储备优势、改善世界基础设施、实现互利共赢提供重要平台。亚投行、丝路基金、全球基础设施基金等都将是开放包容的国际性开发金融机构，欢迎来自世界各国的参与和支持。目前亚投行仍有一段筹备期，中国率先行动，主动推出400 亿美元的丝路基金，以期尽快推进一些重大基建项目，体现了中国人的实干精神，也为推动亚太乃至世界的基础设施建设和互联互通树立了榜样。当然，上述金融机构也远远不能满足庞大的互联互通建设资金需求，未来APEC 所强调的公私合作伙伴（PPP）计划将会在所有亚太经济体得到普及应用，利用这种模式，公共资金、金融机构将与私人资本紧密结合起来，共同推进互联互通。

2. "互联互通"推进亚太地区全球价值链构建

在全球化浪潮的推动下，世界经济已经处于垂直化分工阶段。东亚地区已建立起著名的东亚生产网络，日本、韩国、中国台湾、新加坡各自负责其擅长领域的零部件生产，而中国大陆负责这些元件的最终组合。参与此生产网络的各经济体都有明确分工定位，通过这种工序分工，东亚各经济体强化了区域内部工业合作，在全球市场建立起强大的竞争力。苹果手机等产品的生产就是典型案例。

互联互通对区域经济发展具有"牵一发而动全身"的影响力。这不仅体现在其对经济效率以及经济效益的决定性作用上，更体现于其对每个经济体的投资环境的影响之中。互联互通不仅可帮助亚太发展中经济体脱贫致富，加快工业化进程，更可以助其合理吸收外国资本，融入区域产业链和供应链体系，抓住全球化机遇，实现经济与社会发展良性循环。在经济发展各环节中，互联互通既是不可忽视的基础，又是把握机遇的关键。

未来，亚太的铁路、公路、机场、港口等硬件基础设施都将实现无缝连接，形成立体、综合的交通运输网络，形成一系列经济带和经济走廊。各经济体经济政策、口岸管理、通关程序、检验检疫等管理手段将趋于一致，电子口岸和单一窗口模式得到普及，贸易与投资便利化程度将得到极大提高。随着物流、人才流、资金流和信息流的畅通无阻，亚太经济体生产要素配置效率将得到大幅提升，亚太地区的全球价值链将组成亚太生产网络，亚太经济增长将获得新动力。

3. 以全球价值链深化区域内相互贸易与投资关系

亚太各经济体要根据现有经济状况和技术水平明确各自定位，基于产业长期合作构建起不同经济体之间的产业链、价值链以及供应链，在此过程中逐步推进由农业向工业化、由工业化向服务业的产业转型，借助亚太地区的全球价值链实现长期的、可持续的区域经济发展，增加区域内投资与区域内贸易。而只有从"互联互通"起步，逐步建立起多个经济体协作的亚太"全球价值链"，才能实质性降低各经济体之间的关税与非关税壁垒，真正减少和规避贸易摩擦，推动亚太区域内贸易与投资自由化、便利化。

但也必须承认，实现亚太贸易与投资的自由化、便利化是一个长期、艰苦的过程。首先，这需要利用 APEC 合作平台与机制提供保障。在亚太地区，尊重差异、鼓励多元化合作的亚太经合组织为推进互联互通提供了一个重要平台。在这个平台上，互联互通已经具备了多重含义，既有基础设施的互联互通、人和人之间的互联互通，也有 APEC 经济体之间产业与产业的互联互通。如果中国能够在 APEC 提供的合作机制下不断延伸产业链、扩大生产网络、完善流通环节，对我国新一轮改革开放、实现可持续的创新驱动型的经济增长模式，将起到一种相当可靠的机制性保障作用。

综上所述，在亚太地区推行"互联互通"战略，既需要通过基础设施建设"互联互通"与亚投行基础设施融资的改善来奠定基础，也需要通过生产协作分工来塑造和发展"全球价值链"，进而通过坚持不懈的努力实现贸易与投资自由化、便利化这一终极目标。以上三者之间逐层递进，且每一个层级对于亚太地区"互联互通"的实现而言都是不可或缺的。

## 五、在互联互通中推进亚太经济一体化和实现亚太梦

2014 年 APEC 北京宣言所确立的"亚太自贸区路线图"和"亚太互联互通战略蓝图（2025）"共同构成亚太梦的两大核心。APEC 主推的亚太自贸区建设，是未来加强亚太联动、增强亚太区域综合竞争实力的必要路径，互联互通则是实现亚太梦的基础保障。亚太 21 个经济体之间全方位的"互联互通"是一个长期宏伟蓝图。只有在互联互通基础上，才能消除目前阻碍亚太自贸区的各种障碍，实现亚太各个经济体的共同繁荣，实现"同一个目标，同一个梦想"。

通过亚太所有经济体共同努力，我们期待在未来实现这样一种愿景：在亚太地区建成亚太自贸区，统筹现存 56 个双边、三边、多边自由贸易协定，实现贸易制度的"互联互通"；建设包含区域全面经济伙伴关系协定（RCEP）及跨太平洋战略经济伙伴关系协定（TPP）等当下亚太区域内的全部大型自由贸易协议，实现亚太合作格局上的整体联通；容纳美国为首的发达经济体、中国为首的新兴经济国家以及其他中小型欠发达经济体，实现全方位、多层次之间的相互沟通；并且与世界贸易组织的多哈多边贸易体制相互支持、相互补充，实现亚太与世界格局之间的互联互通。

目前促进亚太地区各国全方位"互联互通"的战略方向和建立亚太自贸区已经在 APEC 21 个经济体之间达成共识。但对于如何走向亚太自贸区，不同经济体有不同利益诉求。美日等发达经济体希望以 TPP 扩围为路径，

中国与印度尼西亚等发展中经济体希望以 RCEP 为路径。而在未来启动亚太自贸区建设，则很有可能需要 TPP 和 RCEP 两条轨道的融合模式。无论走向哪种模式，通过互联互通，缩小不同经济体之间的发展差距，改善投资环境，促进相互贸易与相互投资，都是走向亚太自贸区的必经之路。

特别是亚太地区贸易与投资自由化、便利化属于一个多领域逐层拓展的过程。从双边、诸边、多边自由贸易协定到亚太自贸区（FTAAP）的建立，从环境产品清单、信息产品协议等专项协议，到经济政策信息和自贸区谈判信息共享机制的建立，坚持政策领域的"互联互通"，坚持基础设施软硬件的互联互通，坚持人与人的互联互通，坚持产业与产业之间的互联互通和全球价值链的建立，亚太地区才能逐步实现贸易与投资的自由化与便利化，并在此基础上进一步走向亚太自贸区。同时，推进亚太一体化，也需要与世界贸易组织的多边协作，需要亚太区域一体化与全球化相互促进和相互推动。

中国是全球第二大经济体、全球最大货物贸易国家。顺应时代的发展、考虑我国国情的需要，我国迫切需要转变经济发展方式和调整经济结构。"新常态"下，中国的转方式和调结构必须在区域经济合作与一体化的平台上、在全球化平台上才能实现。我国实施更加主动的全方位开放战略，构建开放型经济体系，也必须推进亚太合作，必须加快亚太互联互通进程，利用二者的积极互动关系，实现我国经济转型升级。

而所有的亚太经济体应意识到，互联互通是一项关乎亚太地区成员共同发展命运的大战略。只有用开放包容的精神，卸下零和游戏思维定式，做好互联互通这篇大文章，充分释放区域经济一体化的红利，才能为亚太经济一体化奠定基石，才能使 21 世纪真正属于亚太。

# "丝绸之路经济带"的战略性与可行性分析

## ——兼谈推动中国与中亚国家的全面合作

丁晓星*

## 一、全球化视野下的"丝绸之路经济带"

"丝绸之路经济带"是具有全球视野的战略倡议，应将其放在全球化的时代大背景下去观察与分析。冷战时期，社会制度的竞争、意识形态的对抗、东西方之间的对立是时代主题，欧亚大陆被人为地分割成两大阵营，地缘政治的争夺贯穿整个冷战时期。随着苏联的解体和冷战的结束，欧亚大陆地缘版图发生了巨变，对抗与斗争被全球化所取代，且全球化浪潮迅速波及世界每个角落。在全球化的助推下，新兴国家的发展与崛起成为冷战后国际格局演变的最主要趋势之一。1999年，全球十大经济体中，中国排在第七位，其余均是发达国家。到2012年，全球十大经济体中，中国、巴西、俄罗斯、印度占到四席，欧亚大陆的经济版图也明显变化。西边的欧盟从2008年起陷入严重的债务危机，但其经济发展水平仍居世界前列；东边的中国经济快速发展30年，已成为全球第二大经济体；中间的大多数国家经济总体发展水平不高，但发展的愿望强烈，发展潜力巨大。近年来，中东欧国家、土耳其、伊朗、哈萨克斯坦等国经济增长势头良好。"丝绸之路经济带"

---

\* 丁晓星：中国现代国际关系研究院中亚研究室主任、研究员。

可进一步推动欧亚大陆各国的经济合作，促进各国经济发展，进一步改变整个欧亚大陆的经济版图。对中国来讲，建设"丝绸之路经济带"具有多重战略意义。

### 1. 可形成全方位对外开放的新格局

中国改革开放三十多年来，经济合作的重点是发达国家，中国从发达国家引进大量资金与技术，成立大批合资企业，生产出的产品以西方国家和周边为主要市场。从 1999 年到 2012 年，中国的前七大贸易伙伴始终为欧盟、美国、日本、东盟、中国香港、韩国和中国台湾。随着全球金融危机的爆发，中国与欧盟等发达国家和地区的贸易难有大幅增长，一是发达国家的经济增长乏力，二是中国与这些国家和地区的贸易额规模已经很大，合作潜力需要深挖。2012 年中国与欧盟贸易额达 5460 亿美元，同比下降 3.7%。中日贸易额为 3294 亿美元，下降 3.9%。但近年来，中国与俄罗斯、印度、沙特阿拉伯、伊朗、土耳其、哈萨克斯坦等国的贸易额迅速增长，且潜力巨大。2012 年，中俄贸易额为 881 亿美元，增长 11%，中俄计划到 2015 年使贸易额达到 1000 亿美元，2020 年上升到 2000 亿美元。2012 年，中国与沙特双边贸易总额达 734 亿美元，同比增长 14%，再创历史新高。中国继续为沙特第一大贸易伙伴。"丝绸之路经济带"将推动中国向西开放，深化中国与广大欧亚地区国家的经济合作，形成全方位对外开放的新格局。

### 2. 可进一步推动西部大开发

长期以来，由于自然、历史和社会等原因，西部地区在经济发展方面相对落后。为推动西部地区的发展，减少东西部差距，2000 年中国正式提出"西部大开发"战略。十多年来，国家不断加大对西部的支持力度，以基础设施、生态环境建设为突破口促进西部地区经济发展。建设"丝绸之路经济带"将为西部省份带来历史性的发展机遇。如果说中国改革开放前 30 年，我们主要向发达国家开放，主力军是东部省份，那么今后建设"丝绸之路经济带"，扩大向西开放的主力军将是西部省份。目前，西部各省对建设"丝绸之路经济带"的热情空前，纷纷希望利用区位优势，积极参与"丝绸之路经济带"的建设。陕西已经提出打造"丝绸之路"的"新起点"，新疆则要做"丝绸之路经济带"建设的"桥头堡"。

3. 可促进产业结构转型，推动企业"走出去"

当前，中国加快转变经济发展方式，推动产业结构优化升级的任务艰巨。实施"走出去"战略对于我国转移过剩的生产能力，调整产业结构具有重要意义。中国对外投资规模不断扩大，2012 年中国对外直接投资达 878亿美元，成为全球三大对外投资国之一。未来五年，对外投资总额达 5000亿美元。丝绸之路经济带沿线一些国家经济相对落后，发展的愿望强烈，急需资金与技术，可成为中国对外投资的重点地区。

4. 有利于保障能源安全

2012 年，中国成为全球最大的能源消费国，原油进口量达 2.7 亿吨，对外依存度突破 60%。在中国的十大原油进口国中，西亚、俄罗斯、中亚国家占有 8 席，与这些国家加强能源合作，对中国保障能源安全意义重大。"丝绸之路经济带"将进一步加强中国与油气出口国的能源合作。目前，中国原油进口主要是通过海运穿过马六甲海峡，存有较大安全风险。而来自俄罗斯、中亚国家的油气通过管道进口，大大降低了运输风险。

## 二、"丝绸之路经济带"将全面联通欧亚大陆

"丝绸之路经济带"范围广阔，将涵盖三十多亿人口，涉及近四十个国家。"丝绸之路经济带"的范围将不仅仅局限于中亚地区，还应包括南亚、西亚、中东欧和俄罗斯。历史上，古丝绸之路就分为北、中、南三线，将欧亚大陆众多国家连接在一起。而今天，中国与欧亚大陆国家的合作日益密切，"丝绸之路经济带"可通过灵活的合作方式，将更多的国家紧密联系在一起。

中亚地区与中国毗邻，有着 3000 多公里长的边界，中亚五国总面积400 万平方公里，人口约 6600 万。中亚国家独立二十多年来，在国家建设方面取得了重要成就，发展经济的愿望强烈，与中国的合作快速发展，2012年中国与中亚国家的贸易额达 460 亿美元，人文领域的合作也不断深化。

南亚地区人口众多，近年来与中国的合作不断深化，2012 年中国与印

度贸易额接近 700 亿美元，中印提出将贸易额达到 1000 亿美元的目标。中国与巴基斯坦的贸易额为 125 亿美元，潜力还远未充分发掘。今后中巴经济走廊、中缅孟印经济走廊的建设将促进中国与南亚地区的经济合作，推动各国经济发展。

中国与西亚国家通过丝绸之路进行友好交往的历史源远流长，近年来中国与西亚国家的合作日新月异。2012 年，中国与海湾合作委员会 6 国贸易额达 1550 亿美元，中国是沙特最大的贸易伙伴，西亚地区是中国能源的主要进口来源。2013 年上半年，中国与土耳其贸易额达 138 亿美元，同比增长 18%。中国与伊朗的贸易额已突破 400 亿美元。随着西方对伊朗的贸易制裁，中国已成为伊朗的主要经济合作伙伴。

2012 年，中国与中东欧国家贸易额达 500 亿美元；2013 年 11 月底，中国—中东欧领导人会晤通过了《布加勒斯特纲要》，提出加强中国与中东欧国家在经贸、金融、基础设施、人文等领域合作的具体措施，中国与中东欧国家的合作极具潜力。

俄罗斯是"丝绸之路经济带"上的重要国家，建设"丝绸之路经济带"必须加强与俄罗斯的合作。当前中俄关系处于历史上最好的时期，两国建立了面向 21 世纪的全面战略伙伴关系。中俄贸易额接近 900 亿美元，在能源、交通、科技、农业等领域的合作潜力巨大。俄罗斯作为连接欧亚大陆的重要国家，"丝绸之路经济带"的建设也必将促进俄罗斯经济的繁荣和中俄经济合作进一步深化。

## 三、中亚是建设"丝绸之路经济带"的第一环

中亚地区地处欧亚大陆的中心地带，是欧亚大陆东—西、南—北交通要道，具有极其重要的战略意义。同时，中亚地区与中国相邻，是我国向西开放的必经之地。因此，笔者认为，尽管"丝绸之路经济带"范围广大，包括众多国家和地区，但中亚是建设"丝绸之路经济带"的第一环，具有基础性和示范性效应。

当前，我国与中亚国家的合作已进入全面发展的新时期，建设"丝绸之路经济带"可从中亚着手。中国与中亚的合作已具有良好基础，表现在：

1. 中国与中亚国家政治互信程度高

苏联解体后，中亚五国独立，中国是第一批与中亚国家建交的国家。二十多年来，中国与中亚国家关系健康发展，中国坚决支持中亚国家的主权独立和领土完整，尊重中亚国家自主选择适合本国国情的发展道路。目前，中国与中亚国家 3300 多公里的边界已全部划定，中国和中亚国家不存在任何难以解决的政治问题。2013 年 9 月，习近平主席访问中亚四国并出席上海合作组织比什凯克峰会，与中亚国家领导人建立起良好的个人友谊，有助于进一步推进中国与中亚国家的政治互信。目前，中国已经与中亚五国建立起战略伙伴关系，这在中国的周边地区是绝无仅有的。中国与中亚国家在上海合作组织框架下的合作也日益密切，共同打击"三股势力"，维护中亚地区稳定。

2. 中国与中亚国家的经济合作快速发展

中亚国家独立之初，五个国家与中国的贸易额仅有 4 亿多美元，2012年中亚五国与中国的贸易额达 460 亿美元，增长近 100 倍。2012 年中国与哈萨克斯坦贸易额约 250 亿美元，中国成为哈萨克斯坦第一大贸易伙伴。中国与土库曼斯坦贸易额突破 100 亿美元，中国也是土库曼斯坦的第一大贸易伙伴。近年来，中国和乌兹别克斯坦的经济合作增长迅速，中国已成为乌兹别克斯坦第二大贸易伙伴，2013 年 1—10 月，中乌贸易额约 37 亿美元，同比增长 63%。

3. 互联互通已粗具规模

事实上，中国与中亚之间已经由一条条铁路、公路和油气管道相连。2012 年年底，中哈霍尔果斯口岸铁路正式开通，中哈之间已有两条铁路连接。2006 年，中哈原油管道建成，通过该管道已累计对华供应原油 6000 多万吨，是中国第一条陆上石油进口管道。2009 年年底，中—土天然气管道建成，已累计对华供应天然气 700 多亿立方米，对我保障天然气消费意义重大，堪称中国与中亚国家合作的典范。2006 年中国与土库曼斯坦达成天然气供销协议，管道还需经过乌兹别克斯坦和哈萨克斯坦，在两国的长度达

1800 多公里。2008 年夏，中国与乌兹别克斯坦、哈萨克斯坦两国达成协议，开始修建管道，到 2009 年年底已完成这一浩大的工程，全线贯通，被中亚人称为"中国奇迹"。

4. 中国与中亚的人文交流不断扩大

中国与中亚国家山水相连、文化相通。在中国的新疆，有上百万哈萨克族，还有塔吉克、柯尔柯孜、乌孜别克族等。近年来，中亚国家来华的留学生数量迅速上升。目前，哈萨克斯坦在华的留学生数量已接近 1 万人，中亚五国在华留学生约 1.5 万人。中国在中亚开设了众多的孔子学院，中亚国家的年轻人学习汉语的积极性高涨。

## 四、中亚国家普遍支持"丝绸之路经济带"的战略倡议

中亚国家独立后，均经历了艰难的转型期，20 世纪 90 年代各国经济都出现大幅下滑。进入 21 世纪以来，中亚国家总体形势稳定，经济增速较快，各国"求稳定、谋发展"的愿望迫切，希望进一步融入世界经济和全球化进程，摆脱边缘状态；希望加速本国工业化和现代化步伐，摆脱对能源经济的依赖；希望提高民众生活水平，摆脱贫困落后。中亚国家支持建设"丝绸之路经济带"的战略倡议，认为通过建设"丝绸之路经济带"可促进本国经济发展，带动基础设施建设，发掘中亚地区过境运输的潜力。

哈萨克斯坦在纳扎尔巴耶夫总统的领导下，多年来政局保持稳定，经济持续发展，民生不断改善。进入 21 世纪以来，哈萨克斯坦迎来了"黄金发展期"，年均 GDP 增速接近 10%。金融危机虽然对哈萨克斯坦经济产生一定冲击，但从 2010 年起，哈萨克斯坦经济逐步摆脱金融危机的影响，当年 GDP 增长 7.3%。加之 2010 年开始实施的"加速工业创新发展纲要"的作用，截至 2012 年，哈萨克斯坦 GDP 总量已突破 2000 亿美元，全球排名第 49 位，人均 GDP 1.2 万美元，已提前实现了 2030 年战略中提出的进入前 50 强的战略目标。随着国家经济的发展，哈萨克斯坦民众的生活水平不断提高，十多年来，平均工资增长了 8 倍多，贫困人口的比例大幅下降。哈萨克

斯坦奉行多方位开放政策，据世界银行公布的 2014 年营商环境报告，哈萨克斯坦营商环境在 189 个经济体中列第 50 位，有助于其成为"欧亚大陆在外资和技术转化方面最具吸引力的地区"。

哈萨克斯坦面积达 272 万平方公里，地处欧亚大陆的中心地带，纳扎尔巴耶夫总统早在 20 世纪 90 年代就提出建立欧亚联盟，积极参与地区一体化的设想。哈萨克斯坦近年来积极落实"欧洲西部—中国西部"高速公路计划，2013 年哈萨克斯坦在该计划框架下修建了 806 公里的公路，目前共完成 1720 多公里的建设与改造，计划于 2015 年完成哈萨克斯坦全境 2200 多公里的建设规划。2012 年，纳扎尔巴耶夫总统提出"哈萨克斯坦—新丝绸之路"计划，旨在加强基础设施建设，发挥中转运输潜力，可以说，纳扎尔巴耶夫总统的想法与习近平主席提出的"丝绸之路经济带"倡议不谋而合。

乌兹别克斯坦是中亚人口最多的国家，2013 年人口总量突破 3000 万。独立后，乌兹别克斯坦总统卡里莫夫提出国家转型的五项基本原则，即"经济优先于政治、国家在转型过程中的重要作用、法律至上、渐进式改革、重视社会保障"。在这五项原则的指导下，乌兹别克斯坦逐渐摸索出一条适合本国国情的发展道路，即"乌兹别克斯坦模式"。近年来，乌兹别克斯坦社会稳定，经济持续发展。乌兹别克斯坦经济已多年保持 8% 以上的增幅，受金融危机的冲击较小。传统上，乌兹别克斯坦经济发展的主要支柱为黄金、白金（棉花）、黑金（石油）、蓝金（天然气）。随着乌兹别克斯坦本国工业的发展，制造业的比重不断上升，目前机械制造业已占到工业产值的 17%，纺织业由独立之初的 40% 下降到 13% 以下。独立 22 年来，乌兹别克斯坦经济总量增长 4 倍，人均 GDP 增长 3 倍。近年来，乌兹别克斯坦扩大对外开放，建立了纳沃伊、安格连、吉扎克三个经济特区，出台一系列对外资的优惠措施，加大引资力度。得益于经济的持续发展，乌兹别克斯坦民众生活水平不断提高，独立以来居民收入增长了 8 倍。乌兹别克斯坦地处中亚的中心地带，自古就是东西方交通的要道。近年来，为充分发挥乌兹别克斯坦过境运输的优势，乌兹别克斯坦政府加大对基础设施的投入，"丝绸之路经济带"的建设符合乌兹别克斯坦发展经济和交通运输的规划。

土库曼斯坦天然气资源丰富，目前各方对天然气含量的评估不一，根据土库曼斯坦官方的数据，其天然气储量约 25 万亿立方米，居全球第四。土库曼斯坦独立后，奉行"能源立国"战略，加大天然气开采量，并积极推行天然气出口多元化战略。长期以来，土库曼斯坦天然气只向俄罗斯出口，但 2009 年随着土—中天然气管道、土—伊天然气管道的建成，土库曼斯坦实现了能源出口多元化。近年来，土库曼斯坦经济快速发展，2008 年土库曼斯坦 GDP 增幅达 14%，2009 年受天然气出口量下降的影响，经济增幅下降到 6.1%。近两年来，天然气出口量不断上升，经济恢复高增长率，2012 年 GDP 增长 11%，2013 年有望达到 10% 左右。除能源产业快速发展外，政府大力推动经济多元化战略，石油加工、化工、纺织等产业均得到较快发展。土库曼斯坦社会福利较高，民众不仅享受免费的教育、医疗，还有价格低廉的电力、天然气、汽油供应。目前，土库曼斯坦国内平均月工资达 320 多美元。土库曼斯坦自古是东西方重要的交通枢纽，土库曼斯坦政府非常重视铁路、公路的建设。土库曼斯坦国内铁路布局已基本形成横贯东西、连接南北的铁路网络。土库曼斯坦重视"丝绸之路"的复兴，2013 年 3 月土库曼斯坦在首都阿什哈巴德主办"丝绸之路复兴"国际研讨会，土库曼斯坦总统亲自向研讨会发去贺信，表明土库曼斯坦领导人对丝绸之路复兴的高度重视。

塔吉克斯坦独立后，经历了长达五年的内战，国民经济遭受严重损失，处于崩溃的边缘。内战结束后，21 世纪以来塔吉克斯坦政局保持稳定，经济保持稳步发展。2000—2008 年，塔吉克斯坦经济年均增长 7% 以上，2009 年受出口商品价格下跌的影响，塔吉克斯坦经济增幅下降到 3.9%。2010 年以来，塔吉克斯坦经济增速回升到 7.5% 的水平。总体上讲，尽管塔吉克斯坦经济保持多年中速发展，但经济总体发展水平较低，2012 年 GDP 总额 70 多亿美元，人均 GDP 不到 1000 美元，在中亚国家中属经济落后的国家。塔吉克斯坦民众的主要生活来源是在俄罗斯等国打工者的侨汇，2012 年塔吉克斯坦侨汇共 38 亿美元，几乎占塔吉克斯坦当年 GDP 的近 50%。长期以来，制约塔吉克斯坦经济发展的主要有两大问题：一是能源困境；二是交通封闭。塔吉克斯坦缺乏油气资源，虽然水资源丰富，但尚未开发利用。塔吉克斯坦山地面积占到全国面积的 90%，交通落后。塔吉克斯坦发展交通运输的愿望十分强烈。为摆脱交通困境，塔吉克斯坦近年来努力改善交通状况，通过贷款修建了首都杜尚别至第二大城市胡占德的高速公路。2013 年 3 月，塔吉克斯坦、阿富汗、土库曼斯坦三国元首签署了修建土—阿—塔铁路的备忘录，6 月该铁路土库曼斯坦段开工，这条铁路对改善塔吉克斯坦交通状况有着极其重要的作用。

吉尔吉斯斯坦经济发展落后，政局持续动荡对经济影响较大。2005 年 GDP 负增长 0.2%，随后开始恢复性增长。但 2010 年经济下滑 0.5%。2012 年受库姆托尔金矿减产和政局等因素影响，吉尔吉斯斯坦经济再次负增长 0.9%。为实现国民经济的稳定增长，2012 年年底，吉尔吉斯斯坦总统阿坦巴耶夫提出 "2017 年稳定发展战略"，旨在发展国民经济，稳定国家形势。吉尔吉斯斯坦将集中精力优先发展以下经济领域：交通、电力、采矿、农业、轻工业、服务业等。吉尔吉斯斯坦将交通列为优先发展方向之一并非偶然，吉尔吉斯斯坦国内多山，公路交通发挥着主要作用，但道路老化和损毁严重，因资金短缺，公路建设停滞不前。吉尔吉斯斯坦铁路运输不发达。铁路总长 426 公里。目前北部有一条连接哈萨克斯坦的跨国铁路，南部有长约 100 公里的铁路，吉尔吉斯斯坦国内几乎没有铁路客运。在 2017 年战略中，吉尔吉斯斯坦决定加大对交通领域的投入，改善 5 条国际级公路的道路状况，尽快启动中国—吉尔吉斯斯坦—乌兹别克斯坦铁路建设工程。

## 五、多元合作方式与前景展望

"丝绸之路经济带"的建设符合沿线国家发展经济、改善民生的根本利益，受到中亚国家的普遍欢迎，对华合作积极性较高。"丝绸之路经济带"不是机制化的国际组织，不谋求建立超国家机构，其合作方式灵活多样。"丝绸之路经济带"应高举 "合作、共赢"的大旗，在国际舞台上可提出以 "平等合作、互利共赢、开放包容、和谐和睦"为主要原则的新型合作观、发展观。在具体落实层面，应按习近平主席所讲，丝绸之路经济带可先 "以点带面、从线到片"，以 "五通"为主要合作领域，逐步推进。

### 1. 树立合作共赢的理念

丝绸之路经济带的推进，主要依赖沿线国家自愿、积极的参与，这就需要各国确立合作共赢的理念。同时，该经济带也需要使沿线各国受益，推动各国基础设施建设，促进其经济发展，唯有如此，沿线国家才会有更高的参与积极性。因此，需要找准"利益契合点"，应加强各国在经济发展战略和政策上的交流，协商制定推进区域合作的规划和措施。当前，中亚国家均提出了中长期的发展规划，中国需要将自己的发展规划与这些国家的发展战略相衔接，发挥各自优势，取长补短，通过加强互联互通建设，促进地区经济融合，提升中国与中亚国家的经济合作水平，打造"利益共同体"和"命运共同体"。

### 2. 大力推动互联互通建设

现代版的丝绸之路已绝不仅限于贸易通道，它将是公路、铁路、航空、油气管道、光纤、通信等综合在一起的立体、多维的通道。中国需要与沿线国家共同推动互联互通等基础设施的建设。在油气管道方面，中—土天然气管道C线即将建成通气，应尽早启动过境塔吉克斯坦和吉尔吉斯斯坦的D线管道建设。铁路方面，加强与吉方的磋商，尽早启动中吉乌铁路建设。近日，哈萨克斯坦出台《2020年交通与基础设施发展规划》，将维修和新建3万公里公路，对11个大型机场进行改造，新开辟75条国际航线。中国可以与中亚国家加大在交通领域的合作，中国可向中亚地区推广中国的高铁等技术，帮助中亚国家改善交通状况。

### 3. 加大农业技术和节水技术的合作

中亚人口快速增长，一些国家粮食安全问题突出。各国农业就业人口众多，总体发展水平不高。哈萨克斯坦在"2050年战略"中明确提出，大力发展农业现代化，增加种植面积，提高产量。塔吉克斯坦粮食需要进口，保障粮食安全的任务艰巨。各国均提出发展"现代化农业"，提高粮食产量，发展农产品加工。中国与中亚国家可在农业技术、农业机械方面开展合作，在中亚国家建立农业合作示范园区。中亚各国在水资源利用方面的矛盾突出，已严重影响中亚国家关系和地区一体化进程。中国西部省份同样属缺水地区，可以在节水技术方面进行合作，尤其是加强节水灌溉和现代节水农业方面的合作，提高水资源的利用率。

### 4."绿色"能源合作

中亚国家虽然油气资源丰富，但也高度重视可再生能源的开发。哈萨克斯坦"2050 年战略"提出，哈萨克斯坦将大力开发可再生能源，积极引进太阳能和风能技术，到 2050 年可替代和可再生能源的比重应不少于全部能耗的一半。2013 年在乌兹别克斯坦首都塔什干召开了亚洲太阳能论坛，乌兹别克斯坦太阳能资源丰富，政府计划在撒马尔罕州建立中亚最大的太阳能发电站，建设功率约 100 兆瓦。中国近年来在可再生能源开发方面投入巨大，目前新能源利用的规模已居世界前列，中国与中亚国家在该领域的合作前景广阔。

### 5.深化人文、教育合作

习近平主席在谈到建设"丝绸之路经济带"时，特别强调了"民心相通"，国之交在于民相亲。"丝绸之路经济带"的建设应当使沿线国家的民众受益，应当得到沿线国家民众的支持，应当推动沿线国家人民之间在文化、旅游、教育等方面的交流，应当成为欧亚大陆各国人民友好交往的纽带。中国领导人提出"丝绸之路经济带"的倡议，但中亚各国人民对这一概念还不甚了解，对中国的战略意图也不清楚，中国官方机构、学者、媒体有必要加大此方面的宣传。

### 6."丝绸之路经济带"的建设是长期过程

"丝绸之路经济带"范围广阔，其落实的客观困难较多，阻力不小，实施过程将是长期的，应逐步推进。第一，"丝绸之路经济带"沿线国家在政治制度、决策机制、经济规模、发展模式、宗教文化等方面都存在着巨大的差异，各国的政策、利益协调起来势必会相当复杂和困难。第二，中亚国家在边界问题、水资源问题上的矛盾突出，各国之间的关系复杂，也会影响到"丝绸之路经济带"的建设。第三，中亚地区面临的安全风险上升。2014 年阿富汗局势的发展将对中亚安全形势产生较大负面影响，地区面临的恐怖主义、毒品走私威胁上升，会对"丝绸之路经济带"的建设产生不利影响。

# 从分歧到契合:"一带一路"下俄罗斯的战略调整与选择

杨 闯*

2014 年以来,俄罗斯处于受西方制裁和国际油价下跌的特殊时期,经济遭到重创。但俄罗斯总统普京在 2014 年 12 月 5 日的国情咨文中传递出的信号是:尽管面临巨大外部压力,但俄罗斯依然强大而充满自信。普京的支持率居高不下,显示其掌控俄罗斯内政与外交的能力。普京不仅以军事演习向西方显示俄罗斯强硬立场和实力,而且在外交上频频出手,不断深化中俄战略协作伙伴关系的内涵。2014 年 5 月,普京总统明确宣布俄罗斯支持中国"一带一路"的倡议。2015 年 4 月 14 日,俄罗斯政府宣布以创始会员国身份加入亚洲基础设施银行。这一系列决策,既有审时度势的战略考虑,也有经济重心转移到东部的需要。

## 一、强国富民:普京主政以来的核心关切

进入 21 世纪,普京执掌了俄罗斯的大权。俄罗斯经历了十年的经济转型和 1998 年亚洲金融危机,与 1990 年相比,经济实力下滑 40%,外债相当于国内生产总值的 140%。而且社会两极分化十分严重,车臣分离主义势力

---

* 杨闯:外交学院教授、博士生导师,中国俄罗斯东欧中亚学会理事。

异常猖獗。用普京自己的话说，俄罗斯面临着沦为二三流国家的危险。2000 年 3 月 26 日，普京当选为俄罗斯联邦第三任总统后，着力稳定社会政治形势。他逐步在全国建立起垂直权力体系，同时改造并巩固统一俄罗斯党，使其执政基础日趋壮大。他在 2000 年开始的第一个任期内大力肃整，在内政外交上都采取了一系列政策，提出经济翻番的发展目标。到了 2004 年 3 月开始的第二个总统任期，俄罗斯已经发生巨大变化。俄罗斯政府不仅提高在职人员的工资和退休人员的退休金水平，而且抑制金融寡头对政治权力的侵蚀。在 2004 年 9 月"别斯兰中学"人质事件发生后，普京进一步加强联邦中央对地方的控制，加大打击分离主义和金融寡头的力度，使俄罗斯从叶利钦时代的"权贵资本主义"道路转向政治上"可控民主"和经济上的"国家资本主义"发展道路。

普京强国经济的首要的战略考虑就是"强国富民"。他要做一位庇护 80% 老百姓利益的总统。他说："每一个政权都应该承担起道德责任和政治责任，无论它所依靠的是什么"，"造福于人民，是每一个政权的最终目标"。① 加快经济发展，增加居民收入，消除贫困，改善民众生活，停止资本原始积累，反对腐败，制止投机与掠夺，打击经济犯罪，把提高居民实际收入作为俄罗斯政府政策的优先方面。而俄罗斯居民收入增加的基础是俄罗斯经济的振兴与增长。2004 年，俄罗斯经济增长率达到 6.8%。2005 年，俄罗斯国内生产总值达到 7658 亿美元，增长 6.4%。经济增速虽然没有达到 8% 的预期目标，但明显高于美国、欧盟和日本等发达国家和地区的经济增长率。2005 年俄罗斯的经济总量恢复到 1991 年的 70%，军事力量恢复 80%。到 2006 年年底，俄罗斯宣布已恢复到 1990 年的经济实力，国内生产总值已超过 1 万亿美元，比 2005 年增长 6.7%，重回世界前十大经济体行列。

普京在 2006 年年底向俄联邦会议提交的国情咨文中，胸有成竹地再次重申 10 年内（到 2010 年）国内生产总值再翻一番的目标。普京用自己的务实精神，将俄罗斯民众的注意力凝聚到加快发展经济的目标上来，以"经济

---

① 潘德礼主编：《俄罗斯十年——政治 经济 外交》下卷，世界知识出版社 2003 年版，第 606—607 页。

建设为中心"，实现从"苏联帝国"向"民主强国"的转型。不过，应该实事求是地说，普京威望的上升，得益于第二次车臣战争获胜，它防止了俄罗斯联邦的进一步分裂；而俄罗斯经济回升与增长则与国际石油价格上扬密切相关。普京任总统以来制定的"能源复国战略"适应了当时的国际形势和能源需求，从而拉动了俄罗斯经济快速增长。在坚持俄罗斯经济向市场经济转型的过程中，他重申，俄罗斯无意让国有企业垄断石油天然气行业。实际上，普京总统从不放松国家对涉及国计民生的军事工业和国有能源企业的控制。

但是俄罗斯的经济结构并没有调整到位，单纯依靠能源输出拉动经济增长的好景不长。2008 年以美欧为中心的国际金融危机爆发以后，俄罗斯也受到金融危机的冲击和影响。2009 年经济下滑，世界银行的估计是俄罗斯经济负增长 4.5%，俄罗斯自己的数字是负增长 2.2%。在 2009—2012 年的 4 年中，俄罗斯经济一直维持低速增长。

在外交领域，俄罗斯依然以大国的地位和联合国安理会常任理事国的身份在国际舞台发挥作用，并将独联体看作是俄罗斯的传统势力范围。但实际上，俄罗斯独立后的外交一直面临着美国北约东扩和欧盟东扩在战略空间上的挤压，美俄争夺独联体国家的矛盾十分突出。1999 年的科索沃战争明显可看出俄罗斯在事关传统盟友——塞尔维亚的国家核心利益问题上是那么力不从心。美国策动的"颜色革命"在格鲁吉亚、吉尔吉斯斯坦和乌克兰相继得手。因此，普京力图在独联体内建立军事上的集体安全组织和经济上的欧亚经济关税联盟。

"欧亚联盟"是哈萨克斯坦总统纳扎尔巴耶夫提出的，但是哈萨克斯坦没有这个经济实力，当时的俄罗斯总统叶利钦对此反应冷淡，普京总统则对此给予积极响应。普京希望以此为核心在独联体范围内树立一个示范区，既要作为俄罗斯经济增长的一个点，也要借此维护俄罗斯在独联体的影响力。普京担任总统不久，就与白俄罗斯、哈萨克斯坦、吉尔吉斯斯坦、塔吉克斯坦领导人讨论关税同盟升格的问题。2000 年 10 月 10 日，在原来五国关税同盟的基础上，诞生了欧亚经济共同体，以图抱团取暖，共谋发展。自 2010 年起，俄白哈三国在欧亚经济共同体框架下建立关税同盟，随后于

2011 年取消了相互之间的海关，形成统一关税区。2012 年 1 月 1 日起，三国启动统一经济空间并运行至今。

欧亚经济一体化进程并非一帆风顺。哈萨克斯坦的质疑从未停止。哈萨克斯坦对成员国之间进出口呈现不平衡态势持批评态度，抱怨俄罗斯商品大量涌入哈萨克斯坦，对当地产业造成一定的冲击。2014 年 5 月 29 日，俄、白、哈三国领导人在阿斯塔纳签署了《欧亚经济联盟条约》，其目标是建立类似于欧盟的经济联盟。2015 年 1 月 1 日正式启动，计划到 2025 年，俄白哈三国实现商品、服务、资金和劳动力的自由流动。

可以预见，欧亚联盟建设并不会顺利。普京所设想的欧亚联盟核心成员是苏联的核心国家，即俄、白、哈、乌四国，但乌克兰对此并不感兴趣。乌克兰在库奇马当政时期就推行左右平衡的外交政策，并在美国支持下，在纽约宣布成立古阿姆集团。乌克兰在独联体范围内，另外搞起一个与俄罗斯分庭抗礼的组织，利用格鲁吉亚、阿塞拜疆、摩尔多瓦、乌兹别克斯坦与俄罗斯的矛盾，将这些独联体国家与乌克兰绑在一起。其根源固然有政治上东西选边站的问题，也有历史与现实的矛盾。乌克兰、格鲁吉亚和摩尔多瓦与俄罗斯领土归属纠结不断。乌克兰不加入欧亚联盟，而在 2013 年 11 月选择加入欧盟，不能不被看作独联体一体化构想的缺憾。俄罗斯外长拉弗罗夫 2007 年 3 月 21 日在俄罗斯国家杜马听证会上说，独联体不可能成为完全有价值的统一体，也不能成为有实际影响的、有效的国际组织。这是因为独联体在一开始就有许多成员国不听从俄罗斯多边行动的协调。

普京主导的欧亚经济联盟，通过制定自由贸易政策、确定统一的关税和非关税调节设施、统一的优惠制度、统一的商品与劳务流通规定、共同的外汇调节和外汇监督规定，建立起支付和结算的有效机制，成员国在经济流通诸多方面有了宏观调控。从欧亚经济共同体到欧亚经济联盟发展，标志着其在一体化道路上取得进展，但是欧亚联盟的政策协调和法律制度的统一涉及各成员国的核心利益，因此建立统一的经济空间仍然需要 10 年的磨合时间，到 2025 年才能实现俄、白、哈三国的商品、货物、资金、劳动力的自由流通，可谓进展缓慢。

## 二、中俄关系：政治与经济的不平衡

中俄关系在 20 世纪 90 年代经历了三级跳，从 1993 年的"好邻居、好伙伴"到 1994 年确定为睦邻友好关系，再到 1996 年确立为"面向 21 世纪的战略协作伙伴关系"，两国两次发表关于国际新秩序的联合声明。①2001年签订《中俄睦邻友好合作条约》，在上海五国机制的基础上建立上海合作组织。两国对国际格局与国际形势的看法相同或相近。在国际舞台，特别是在联合国安理会，双方密切协调各自立场，在全球范围内积极开展合作。俄罗斯外交部发表声明称："莫斯科和北京主张建立一个以集体立场、平等、公认原则和国际法准则为基础的公正、民主的世界秩序。"中国外长王毅在与俄罗斯外交部长拉夫罗夫会谈时表示："中俄全面战略协作伙伴关系已成为维护地区以及全世界安全和稳定的重要保障之一。"在目前国际关系体系不平衡的情况下，俄中两国正发挥着稳定国际格局的"定海神针"作用。最近，中国与俄罗斯在叙利亚问题上密切合作，在安理会密切协商，否决了美国奥巴马政府要强行干涉的冒失提案，防止国际关系体系进一步失衡。

从 20 世纪 90 年代到 21 世纪初，中俄两国在经贸领域的合作虽然一直向前发展，但是由于缺乏大项目的合作，双边贸易额较小，与中国同美国、欧盟的贸易额相比，差距较大，不足以反映两国政治关系水平。尽管中俄高层频繁互动，双方全球战略相互协调配合，但在经济合作和双边贸易上两国仍有较大分歧。在对外军售领域，俄罗斯向印度出售先进飞机和向越南出售潜艇，也令中国难以理解，意识到俄罗斯还是有牵制和制衡中国的战略目标。

俄罗斯远东地区资源丰富，但人力资源有限，自然条件艰苦。21 世纪头一个十年，俄罗斯吸引劳动力的移民政策主要面向独联体国家，而对中国保持警惕。普京在 2004 年的国家安全会议上，就提出远东地区"会不会变

① 参见 1997 年《关于世界多极化和国际新秩序的联合声明》，2005 年《关于 21 世纪国际秩序的联合声明》。

成不讲俄语的地区"的安全问题。2004 年，普京总统访华期间，在回答远东石油管线走向问题时，直言不讳地说，俄罗斯石油管线的走向是从俄罗斯的国家利益出发考虑的。这就不难理解，为什么俄罗斯的石油管线一波三折，要经历十年的时间，为什么要从"安大线"（安加尔斯克到大庆）改为"安纳线"（安加尔斯克到太平洋沿岸的纳霍德卡）。除了保护贝加尔湖的环境和防止日本的竞争与搅局等因素外，俄罗斯"能源出口多元化"是主要的决策因素。

在俄罗斯商品匮乏时期，中国的廉价服装和日用品在俄罗斯市场十分受欢迎。但是，莫斯科却不断发生俄罗斯警察对中国公民非法搜身的事件，以及强行关闭中国商品集中的市场和仓库，并将传统形成的包机货物"灰色通关"视为偷税漏税，使中国商人货品损失惨重。更为严重的是，2009 年 2 月 13 日，俄罗斯的武装拖船将中资货船"新星号"在纳霍德卡的外海击沉。事件发生后，8 名船员失踪遇难，8 人获救，获救的包括 3 名中国船员（船上共有 16 名船员，其中 10 人为中国船员，6 名为印尼船员）。这些负面事件的发生，极大挫伤了两国民众的互信与感情。

2004 年 10 月中俄两国签订《中俄东段边界补充协议》之后，中国东北地区与俄罗斯远东地区之间的合作有了积极进展。但历史问题与领土归属问题仍一直困扰两国关系。在西方"中国威胁论"甚嚣尘上之时，俄罗斯也发出不和之音。俄罗斯《独立报》在 2007 年发表文章，就两国能源合作问题发出"俄罗斯将沦为中国的能源附庸"的杂音。

## 三、中俄关系深化推动俄罗斯东部开发

随着中俄两国关系的深化，俄罗斯对中国发展的猜疑逐渐减弱。俄罗斯的远东开发是其整体发展振兴不可或缺的部分。俄罗斯联邦政府也认识到，必须把俄罗斯远东地区开发与国际合作结合起来。2012 年第二次担任俄罗斯总统的普京，想借俄罗斯地处欧亚大陆的地缘优势搭上亚太经济发展的快车，将东西伯利亚地区和远东地区作为俄罗斯经济发展的重心。

习近平在 2013 年担任中国国家主席后，首次出访选择俄罗斯，将中俄战略协作伙伴关系提升到全面战略协作伙伴关系。中俄关系在两国高层的推动下，向纵深、全面方向发展。中俄政治关系深化，特别是中俄边界问题解决后，也推动双边经济合作更为务实。"合作共赢"的思维推动边境地区合作深化，各个领域的合作项目都在开工建设。黑龙江上五座公路铁路大桥相继开工，俄罗斯到中国境内的石油管道和天然气管线也在铺设。

俄罗斯是世界主要经济体之一。进入 21 世纪，中俄经贸合作发展之快令人难以想象。两国在 2000 年的双边贸易额只有 80 亿美元，而据中国海关总局公布的数据，2013 年双边贸易额为 892.1 亿美元，2014 年达到 952.8 亿美元。2013 年、2014 年与 2000 年相比，双边贸易都增长了十多倍。这表明中俄经济合作具有高度的互补性，有着非常广阔的发展空间和潜力。

中俄之间的一些具体经济合作项目，从提出到达成共识，往往都要经历长时间的谈判过程。但在对合作共赢的判断和最终利益的评价上，双方还是会达成共识的。

乌克兰危机客观上推动了中俄关系深化。在 2013 年 11 月乌克兰爆发危机以来，特别是 2014 年克里米亚回归俄罗斯之后，俄罗斯受到西方国家制裁，国内经济面临重大压力。在国际石油价格大幅跌落之后，依靠石油出口拉动经济增长的俄罗斯，经济严重下滑。俄罗斯与中国密切双边经济的合作，是摆脱俄罗斯经济困境的唯一出路。

俄罗斯官方对中国在乌克兰问题上的支持表示感谢。而中国的立场是一贯的，中国外交部长王毅在接受俄罗斯记者采访时说："考虑到乌克兰所处的独特地缘位置以及同俄罗斯的传统密切联系，中方认为危机的最终解决需要把握好两个平衡，一是平衡好乌克兰国内不同地区、不同民族的正当合理利益诉求；二是平衡好乌克兰与俄罗斯和欧盟的关系。这一方向符合明斯克协议的精神，也符合国际社会和世界上大多数国家意愿。"[①] 中方一贯反对在国际关系中动辄实施制裁，或以制裁相威胁，主张各方通过对话谈判和友好

---

① 王毅接受全俄广播电视公司"俄罗斯—24"频道记者普里马科夫采访，2015 年 4 月 9 日。

协商，政治解决有关分歧和争端。实践证明，乌克兰危机以来，西方对俄罗斯的制裁，不但解决不了问题，反而会使问题更加复杂，局势更加紧张。中国对法、德、乌与俄四国在明斯克采取对话谈判方式寻求双方均能接受的解决办法，最终签订两个《明斯克协议》的做法，是完全支持的。

乌克兰危机之后，俄罗斯明显强化了进一步密切俄中关系的东方政策。美国、欧盟对俄罗斯的经济制裁，促使俄罗斯加快了中俄战略合作的步伐。中国是俄罗斯远东最大、最密切的邻国，可以成为俄罗斯最可靠、最理想的合作伙伴。两国领导人和政府为两个最大的新兴经济体的合作发挥了主导协调作用。俄罗斯政府制定其东部地区的开发政策使中国资本进入俄罗斯远东地区更加规范化、制度化和具有可持续性。中国在工业化方面取得很大成就，一大批优质产能企业在满足中国西部开发条件下仍可以"走出去"，寻求新的市场。而俄罗斯希望实现工业生产本地化，这为两国产能合作创造了难得机遇。两国在工程设备、电力冶金、建材、资源、能源加工等方面开展互利合作，都具有各自客观需求，双方之间有利益的契合点。

两国国家元首与政府首脑形成定期会晤机制，推动总体关系发展顺利。中俄两国领导人的频繁互动，有助于中俄经贸关系的快速发展。在两国元首战略引领、顶层设计和亲自推动下，双边关系保持高水平运行。2013 年以来的短短两年，普京总统与习近平主席达成了 107 项重要的合作共识，其中 55 项已经得到落实，21 项涉及中长期的战略合作项目，正在按计划落实当中，31 个合作项目正在积极地推进。其中，最关键的项目当属在上海亚信会议期间中石油与俄罗斯天然气公司于 2014 年 5 月 21 日签订的为期 30 年、合同总额达 4000 亿美元的天然气合同大单——《中俄东线供气购销合同》。该合同在 2014 年李克强总理访问俄罗斯期间已经上升为两国政府间的协议。按照规定，从 2018 年开始，俄罗斯通过该管线向中国提供天然气，年供气量 380 亿立方米，可以使中国东北与华北的能源环境和能源需求得到根本改善。双方还达成中国与俄罗斯修建高铁的共识，中国已经明确表示参与莫斯科到喀山的铁路建造计划。习近平主席 2015 年 5 月访问莫斯科期间，中俄签署系列重大合作文件。

## 四、亚投行与"一带一路"推动中俄利益的契合

在中国国家主席习近平 2014 年访问中亚国家提出"亚欧丝绸之路经济带"构想后，俄罗斯没有置身度外，并且把亚欧丝绸之路建设、亚洲基础设施银行的设立看作是远东地区发展的机遇。"丝绸之路经济带"构想与俄罗斯要实施的跨欧亚大通道建设是中俄利益的契合。两国把俄罗斯远东开发在对接双方发展战略的框架下向前推进。

2014 年 5 月，普京总统成功访华并同习近平主席签署了《中华人民共和国与俄罗斯联邦关于全面战略协作伙伴关系新阶段的联合声明》，明确宣布俄罗斯支持"一带一路"的建设。

2015 年 3 月 28 日，在博鳌亚洲论坛 2015 年年会开幕式上，俄罗斯第一副总理伊戈尔·舒瓦洛夫表示，俄罗斯总统普京决定俄罗斯将加入亚洲基础设施投资银行，俄罗斯不认为亚投行与欧亚经济联盟是竞争关系。舒瓦洛夫明确表示，俄罗斯欢迎中国关于"丝绸之路经济带"的倡议，并且相信，发展欧亚伙伴关系和"丝绸之路经济带"，将为由俄罗斯、白俄罗斯、哈萨克斯坦和亚美尼亚组成的欧亚经济联盟以及中国的发展创造更多机遇。

根据《筹建亚投行政府间框架备忘录》，亚投行的法定资本为 1000 亿美元，初始认缴资本目标为 500 亿美元左右，实缴资本为认缴资本的 20%。运行后的亚投行是一个政府间性质的亚洲区域多边开发机构，按照多边开发银行的模式和原则运营，重点支持亚洲地区基础设施建设，这与俄罗斯开发亚洲部分的经济政策是十分吻合的。俄罗斯加入中国倡议成立的亚投行，将为中国对俄罗斯投资提供政治信用，为俄罗斯企业参与亚洲基础设施项目提供可能。

现有的世界银行和亚洲开发银行都不能满足包括俄罗斯在内的亚太发展中国家的巨大资金需求。中国主导设立亚洲基础设施投资银行（AIIB），是对现有的国际金融体系的有益补充。在金砖国家内成立金砖银行，以及俄罗斯加入亚投行，是中俄对建立公平正义的国际金融秩序的共识，也是新兴市场国家参与国际经济金融治理的正当愿望的具体落实。

俄罗斯经济发展部副部长斯坦尼斯拉夫·沃斯克列先斯基说，亚投行的资金有可能被用于投向俄罗斯的基础设施建设。由于西方对俄罗斯金融、能源、国防等关乎经济命脉的领域实施制裁，俄罗斯经济下行风险不断加大。对俄罗斯来说，无论是"一带一路"的建设，还是亚投行的筹建，都将为其走出经济困境创造有利条件并提供有力支撑。

2015 年 4 月 14 日，俄罗斯对外正式宣布，决定加入亚洲基础设施投资银行。俄罗斯专家评论，这是未来俄罗斯与亚洲地区加强联系的又一个工具。俄罗斯是 2015 年金砖国家峰会轮值主席国。俄联邦议会已经批准成立金砖国家开发银行协议。但俄罗斯专家认为，这与俄罗斯宣布加入亚投行并不矛盾，而是表明，俄罗斯会将注意力集中在更富成效的项目上。俄罗斯作为创始成员国加入亚投行，可以使其获得一些特惠，包括获得项目融资方面的优惠，而且还为其充分参与银行的管理提供了可能。俄罗斯借此再次证明，自己不仅是一个军事强国，而且也是个经济大国。

俄罗斯加入亚洲基础设施银行目的十分明确，就是要借助这一新的金融机构，获得更多金融支持，以开发俄罗斯的远东地区，以及能在亚洲和俄罗斯基础设施项目之间找到结合点。"丝绸之路经济带"的开发与亚欧高铁建设的推进，必将推动俄罗斯经济走出目前的低迷，使俄罗斯西伯利亚以东地区得以开发与发展。

对于俄罗斯决定加入亚投行的决策，是"政治成分多，还是商业成分多"这一问题，俄罗斯远东研究所专家基斯塔诺夫认为："或许也有一定的政治成分。俄罗斯同中国的关系很好，无论是经贸关系还是政治关系。中国是我们的战略伙伴，在同西方国家关系恶化的背景下，它给予我们支持。政治因素或许存在，但不是主要的。主要原因还是实用主义，就像亚洲国家和美国在欧洲和亚洲的盟友加入的原因一样。日本，尽管也是美国的亲密盟友，但也在考虑是否加入。那些加入亚投行的国家迅急落入'主流'。这里，经济利益占优势。"[1]

中国对俄罗斯决定加入亚投行表示欢迎。中国深信，这是亚投行具有广

---

[1] 《专家析俄为何加入亚投行：经济实用是主因》，人民网，2015 年 3 月 31 日。

泛代表性、开放性和包容性的新信号。在 2015 年博鳌论坛期间，中国领导人宣布，对北京至莫斯科的高铁项目极感兴趣，愿意向其投资。

俄罗斯科学院远东研究所副所长、经济学博士安德烈·奥斯特洛夫斯基在接受俄罗斯卫星新闻通讯社采访时表示，俄罗斯加入亚洲基础设施投资银行（AIIB）将为完善远东基础设施提供机会。他认为，俄罗斯加入亚投行的主要目的是获得资金，发展俄罗斯远东。他说："发展这个地区的主要问题在于，目前没有资金在那里创建基础设施，而现有基础设施十分薄弱：边境口岸没有运作，没有跨阿穆尔河（即黑龙江）和乌苏里江的桥梁，机场发展不充分，因此加入亚投行对俄罗斯来说十分重要。"他说："许多欧洲伙伴希望加入这个项目，因为大家都明白，中国方面向该项目投入巨额资金，不加入亚投行则让大国和大型伙伴无法参与这个领域的工作。"他强调，由于"目前世界经济在东方不断发展，亚洲市场，首先是亚太地区市场发展速度更快"，因此加入亚投行具有更加现实的意义。他认为，亚投行可能与世界银行竞争，"这取决于中国经济发展状况以及中国投入这个项目的资金数额"，他指出："亚投行法定资本为 1000 亿美元，这已经构成巨大的竞争。"①

亚投行定位在为公路、铁路和电力项目建设筹集资金的金融机构，因此成为美国主导的世界银行之外的另一个融资途径。亚投行与日本主导的同类贷款机构——亚洲开发银行（ADB）既是竞争关系，也是互补关系。欧美对俄罗斯的持续制裁、从中东到北非的不稳定因素、全球各地的不平静，加之美国尝试与欧盟达成综合贸易协议来减轻本国国民的经济负担，这一切都破坏了美国主导的金融机构的信誉。在应对 2008 年国际金融危机的北京峰会已经达成协议要提高中国及新兴经济体在国际货币基金组织的话语权，但美国国会的横加阻碍，使协议无法落实。此次中国主导筹建的亚投行得到57 个国家的广泛支持。

---

① 《俄加入亚投行将为完善远东基础设施提供机会》，中国新闻网，2015 年 4 月 1 日。

# 五、中俄共同打造利益共同体

中国的发展进入了新的历史阶段。中国是世界 130 多个国家的最大贸易伙伴，年对外贸易额达到 5 万亿美元，有 2.5 万多家中国企业在世界各地开展业务。中国在大量吸引外资的同时也在加大对外投资，2014 年对外投资超过 1000 亿美元。这就需要中国实行更加积极的外交政策，更加积极地维护世界和平，更加积极地向世界提供公共产品，更加积极地保护中国在世界各地的正当合法权益。

面对持续低迷的国际经济形势，中国经济发展速度不仅继续在全球独占鳌头，而且继续为世界发展提供"中国机遇"。2014 年中国对世界经济的贡献率达到 27.8%，对亚洲的贡献率更保持在 50% 以上。中国同周边国家经济的融合度空前之高。正因为"一带一路"沿线国家经济发展程度不同、经济结构不同，这与快速发展的中国形成了有益的相互补充。亚太地区先后建立了亚信、东盟地区论坛、亚欧会议、中日韩、中国—东盟"10 + 1"和"10 + 3"、上海合作组织、中俄印等多边机制。这些框架为中俄加强经济合作提供了更多的沟通机遇和有效平台。

中俄经济关系是完全平等互利的，并一致追求合作共赢。俄罗斯是技术强国，也是资源富有国，因此，中俄双方经济互补性强。两国建立稳定的战略合作伙伴关系，不断推动科技、军工、农业、森林加工、能源等领域的密切合作。军事工业是俄罗斯的强项，中国的经济实力和科技水平也在不断提升，双方各有长短，完全可以加强合作。在共同研发远程宽体客机上，俄罗斯可以发挥其发动机的优势。中国可以在修建高速铁路、和平利用核能等方面发挥自身的优势。两国在航天领域开展联合研发生产，共享知识产权，可以共同提升两国国际竞争力。

中俄油气管道和天然气管道建设，从成都到新疆，再到圣彼得堡的"渝新欧"铁路，从中国西部西安、兰州开始，途经哈萨克斯坦、俄罗斯，最终到欧洲西部高速公路，中方参与俄罗斯东西伯利亚以东开发，中俄跨界河桥梁建设和跨界河水资源利用等，都可以跟"一带一路"建设结合起来，不仅可实现自身发展，又可增添双边务实合作的亮点。

中国有广阔市场和长期需求，中国每年从国外进口大量粮食、牛羊肉、蔬菜，如果俄罗斯远东开发起来，完全可以实现互利双赢。而俄罗斯远东的发展需要大量基础设施，包括铁路、公路、桥梁等。中国企业在这方面具有很强的经济实力和技术优势。俄罗斯为外国企业创造更加良好的投资环境，提供更多便利和优惠条件，拟建立十几个跨越式开发区。中国的发展就是从建立开发区和特区开始的，中国愿与俄罗斯分享这方面的经验，并积极参与俄罗斯远东开发进程。

不仅中国东北地区与俄罗斯远东地区的合作取得积极进展，中国长江中上游地区与俄罗斯伏尔加河流域的合作也在积极推动。中国企业家已经开始租赁俄罗斯远东地区的土地，经营农业项目，包括粮食、蔬菜和养殖业。在高科技领域也有成果。据 2015 年 4 月 15 日俄罗斯"卫星新闻"网报道，中国陕西省与俄罗斯的合作已经落实。占地 4 平方公里的"中俄丝路创新园"第一期工程已在开工建设。创新园有 2 个基地，分别位于陕西的西咸新区沣东新城科技统筹示范基地和俄罗斯的斯科尔科沃创新中心。两个基地可将两国的科研成果转化为产品，使两国科研单位和企业在园区内进行科技创新与合作。中国的北斗集团有限公司和中兴通讯股份有限公司已报名加入。

中国吉林省参与俄罗斯远东大扎鲁比诺港改造项目，是合作共赢的另一个生动体现。大扎鲁比诺港从一个小渔港经过现代化改造和新的基础设施建设，成为黑海新罗西斯克之后的俄罗斯第二大货港。改造完毕后，每年货物吞吐量为 8000 万吨，港口吞吐量将增加到 1 亿吨。俄罗斯远东地区发展部副部长马克西姆·舍列伊金在中俄会晤时指出，计划将扎鲁比诺港列入正在创建的符拉迪沃斯托克自由港区域，或者赋予扎鲁比诺港超前发展区地位。不管选择哪种方式，都将给投资商提供优惠的条件。中国吉林省承诺在扎鲁比诺港和珲春之间，还要创建地面和海上运输走廊，其中包括在珲春—扎鲁比诺港和符拉迪沃斯托克之间建设高铁。中方还建议在珲春和符拉迪沃斯托克及哈巴罗夫斯克之间直接通航。这样，吉林省也为货物出口找到了方便的途径。

从长远看，双方还可借助共建"一带一路"，进一步加强同沿线国家的经济融合，促进本国经济结构调整，提高抗击金融风险能力，增强经济发展后劲。中俄两国已经抓住共建"一带一路"的难得机遇，2015 年双边贸易额达到 1000 亿美元，2020 年达到 2000 亿美元的目标，是完全可以实现的。

俄罗斯远东地区已经为中俄之间的大项目合作开启绿灯，包括土地出租和经营，并准备给投资商提供最大限度的优惠条件。中俄关系的互利共赢的良好发展势头，不仅有力助推了两国经济发展振兴，也促进了亚太地区及世界的和平、安全与稳定。

2015 年两国高层交往十分频繁。两国领导人相互出席对方举办的世界反法西斯战争胜利 70 周年庆祝和纪念活动，还将在金砖国家和上海合作组织峰会、二十国集团峰会、亚太经合组织领导人非正式会议等国际场合保持接触。两国总理定期会晤、立法机关合作委员会和政府各级别磋商合作机制都将高效运转，不断为中俄关系发展注入新的动力。

中国不会走传统发展的老路。中国坚持独立自主的和平外交方针，将严格遵守联合国宪章的宗旨和原则，致力于同俄罗斯在内的世界各国一道，推动构建以"合作共赢"为核心的新型国际关系。换句话说，就是要突破传统大国关系的后起大国与守成大国必有一战的旧模式，建立"不对抗、不冲突、相互尊重、合作共赢"新型中俄关系。这是中国对当代国际关系的重大理论贡献，其具体运作的原则就是，"以合作取代对抗，以共赢取代零和，以负责任的大国担当履行应尽的国际义务"。中俄全面战略协作伙伴关系已经为大国间关系提供了有益经验，也正在成为构建新型国际关系的成功实践典范。

# 印度如何看待"一带一路"下的中印关系

杨思灵*

2013 年 9 月、10 月,中国国家主席习近平先后在哈萨克斯坦及印度尼西亚提出建设"丝绸之路经济带"和"21 世纪海上丝绸之路"的倡议,国际社会应者云集,很多国家纷纷表示将积极参与"一带一路"建设。在这样的背景之下,位于"一带一路"发展倡议核心枢纽的印度却对此没有积极响应,显得颇为刺眼。国内舆论对印度没有正面回应表示不甚理解,甚至猜测印度将会成为"一带一路"发展的阻碍。笔者认为,这样的理解与看法既不符合客观事实,也不利于推进中印关系的健康发展。

客观来看,中印关系发展还是很有成效的。在伙伴关系方面,1996 年提出建立面向 21 世纪的"建设性伙伴关系";2003 年提出"建立新型关系"的构想;2005 年宣布"建立面向和平与繁荣的战略合作伙伴关系";2014 年确定要发展更加紧密的伙伴关系。在经济合作方面,两国贸易额从 2000 年的 29.14 亿美元增加到 2014 年的 706 亿美元,相互投资从无到有,2012 年中国对印度非金融类直接投资金额达 7.25 亿美元;印度对中国非金融类投资金额为 4.86 亿美元。同时,两国在人文交流合作方面的积极探索也可圈可点。经过多年的发展,形成了青年互访、名人论坛、主题年活动等丰富多彩的人文交流机制与合作内容。

既然中印关系发展的主线条卓有成效,为什么印度对中国所提"一带一

---

＊ 杨思灵:云南省社会科学院南亚研究所副所长、研究员。

路"发展倡议没有积极响应呢？其中原因，既与印度追求大国地位的历史传统紧密相关，也与印度如何看待中国有所关联。印度国内对中国所提"一带一路"倡议充满疑虑，但这就必然导致中印两国在"一带一路"的新情景下停止合作吗？或者说由于中国推进"一带一路"建设构想，印度就会放弃与中国在相关领域或项目上的合作吗？答案显然是否定的。对于中印合作的未来，我们认为，尽管印度并没有正面回应中国所提"一带一路"发展倡议，但通过得当的措施，两国在新情景下的经贸合作仍然会进一步加强。

## 一、为什么印度没有积极响应"一带一路"发展倡议

印度对中国所提"一带一路"发展倡议避而不应，且提出了"跨印度洋海上航路与文化景观"进行应对，之所以作出这样的选择，主要原因如下：

### 1. 追求世界大国的心理在作祟

成为世界大国一直是印度挥之不去的梦想。早在印度独立之前，尼赫鲁就道出了那段家喻户晓的话："印度以它现在所处的地位，是不能在世界上扮演二等角色的。要么就做一个有声有色的大国，要么就销声匿迹。中间地位不能引动我。我也不相信任何中间地位是可能的。"[①] 不过印度的大国梦先是被印巴分治折断羽翼，后又在 1962 年的中印边境战争中受挫，尔后由于在冷战格局中虚从苏联，国际声誉更是一落千丈。不过，最为关键的是，印度的大国梦想长期缺乏强有力的经济后盾，其蜗牛似的经济增长速度一度被外界讥讽为"印度式增长率"（印度独立后的 30 年时间里经济年均增长速度仅为 3.5%[②]）。随着 20 世纪 90 年代以来印度经济逐渐有所起色，大国梦似乎重新开始起航，1998 年印度核试验成功更是增加了其成为世界大国的底气。时任印度国防部长的费尔南德斯宣称："由于印度已经掌握了核武器，

---

① ［印］贾瓦哈拉尔·尼赫鲁：《印度的发现》，齐文译，世界知识出版社 1958 年版，第 57 页。

② ［英］戴维·史密斯：《龙象之争：中国、印度与世界新秩序》，丁德良译，当代中国出版社 2007 年版，第 64 页。

所以在克什米尔问题上巴基斯坦必须向印度让步。"时任总理瓦杰帕伊也公然称:"印度现已成为核武器国家,在必要时将毫不犹豫地动用核武器。"①然而,随后以美日为代表的国际社会对印度的制裁还是使其受挫。不过,随着亚太地区政治格局的变化,尤其是随着中国经济体量日益庞大,美日对印度的态度发生了180度的大转弯,由过去的鄙视、不屑一顾、制裁转向大肆吹捧印度,美国甚至承诺要帮助印度成为世界大国。而且颇为值得注意的是,21世纪初的印度经济表现良好,年平均增长率超过了8%。在这样的背景下,印度离世界大国梦想似乎又近了一步。

今天的印度是否已成为世界大国,并不是本文需要讨论的主题。我们想要指出的是,因为印度拥有大国梦想,因此不会轻易地在外交战略或选择上完全依从别的国家。以印美关系为例,尽管21世纪以来印美关系快速发展是不争的事实,但印度并没有完全满足美国在地区或全球战略中的需求。比如在2011—2012年美国对伊朗进行能源制裁期间,印度并未完全听从美国的指示。2012年1月29日,时任印度财政部长普拉纳布·穆克吉在美国芝加哥表示,虽然美国和欧盟相继对伊朗追加了制裁,但印度不会停止从伊朗进口石油。②2012年2月10日,时任印度总理辛格强调,解决伊朗核问题最好的办法是外交途径,实际上表明印度不愿意配合美欧在石油领域制裁伊朗。2012年2月14日,美国国务院发言人维多利·纽兰说:"希望印度与世界其他国家一道,减少从伊朗进口石油。美国已经就此与印度进行对话,对话还将继续。"2012年2月20日,美国前国务卿尼古拉斯·伯恩斯在日本《外交学者》撰文批评印度:"在伊朗核问题上,印度让美国失望。"他表示,印度决定在伊朗问题上不与国际社会合作不只是"打了美国一记耳光",更令人质疑印度在国际社会的领导能力。"所有人都在谈论印度正崛起成为一个全球大国,印度政府的行为却不符合这一身份。印度总是盯着自己的那一小片地方,鲜见在那些推动国际体系顺利运行的艰难问题上提供具体的领导

---

① 周卫平:《百年中印关系》,世界知识出版社2006年版,第397页。

② 《印度不会停止从伊朗进口石油》,证券时报网,2012年2月28日。http://kuaixun.stcn.com/content/2012-02-28/conten_4883471.html。

能力。"伯恩斯说，奥巴马和前总统布什都给予印度领导权，不幸的是，印度没有相应的回报。印度对美国表现出来的这种自大给予了回击。同日，印度石油部长迪欧拉表示，将继续从伊朗进口石油。印度一些网民甚至如此讽刺伯恩斯的言论："那又怎么样？你们想制裁我们吗？来吧。"另外一个例子是美日均希望联合印度遏制中国，但印度的大国外交战略很明确，既与美日发展全面伙伴关系，也与中国同样有来有往，尽管牵制中国也是印度的重要打算，但从未像美日那样轻易表态。当然，在追求世界大国的道路上，印度也日益清醒。印度的有识之士认为，没有全球大国曾经帮助过另一个有野心的国家成为全球大国，这点对美国和印度来说也是如此。美国可以帮助印度成为大国，但它不会帮助印度成为如美国那样的全球大国。像印度这样渴望成为全球大国的国家需要实现多极外交，以便提供灵活的战略选择。为了实现这一目标，印度学者甚至提出了"战略自主权"（Strategic Autonomy）的概念，这一概念的核心就在于保持与美国友好关系的同时，维护印度外交政策的独立性。[①] 换位到中国，印度对美国尚且如此，那么以"准世界大国"的心理不正面回应中国所提"一带一路"发展倡议也是在情理之中了。

2. 视中国为竞争对手

中国的发展成就无疑令印度内心复杂。事实上，中印之间的角力早就开始了。印度独立前，尼赫鲁将对中国民族"生活力"的羡慕宣诸于口："中国人的生活力使我感到惊奇，我不能想象这样一个赋有基本力量的民族还会没落下去。"对印度，尼赫鲁不确信是否有中国这样的活力："如果它们有这种生活力，那好极了，它们一定会有好的表现。如果完全都没有的话，那么我们一切的政治努力和呼声都是自欺欺人枉费心机了。"[②] 真正让印度夜不能寐的是中国经济上的巨大成就。按照一般的看法，在新中国刚成立之时，经济水平比印度尚有所不及，但到了印度开启经济改革之时，其经济已经被中国远远甩在了背后。决心崛起的印度将中国视为其发展的参照系。比如前印

---

① Guillem Monsonis, India's Strategic Autonomy and Rapprochement with the US, *Strategic Analysis*, Vol. 34, No.4, July, 2010, pp.611-624.

② [印] 贾瓦哈拉尔·尼赫鲁：《印度的发现》，齐文译，世界知识出版社 1958 年版，第 56—57 页。

度总理曼莫汉·辛格在谈到印度吸引外资问题时这样讲过:"虽然我们可能难以达到目前中国引进外资的水平,但是我们不能因此妄自菲薄,放弃争取那样的成果。"①2005 年 1 月 16 日,辛格再次表示,印度必须在能源领域迅速赶超中国,他说:"中国政府已经开始在能源安全领域制订相应计划,比我们超前很多,我们不能满足于现状。"2008 年 11 月 2 日,印度外长普拉纳博·慕克吉访问伊朗时对中国大放厥词,宣称中国将在外太空开发、地缘政治、原材料与资源等方面对印度崛起构成挑战。2009 年 11 月辛格发言表示中国已表现得过分自信,他认为虽然中国经济增长表现得比印度好,但印度在对人权、法律法规、文化多样性、民族多样性和宗教多样性的尊重上优于中国。有意思的是,2014 年印度大选中莫迪的胜出,被外界认为是印度要走中国式经济崛起之路的标志性事件。在 2014 年 9 月访问美国前夕,莫迪声称,印度有机会崛起,与中国并驾齐驱,成为世界强国。但当被要求与中国进行对比时,他又宣称印度不需要成为任何其他国家,必须成为唯一的印度。②

通过印度政要的言论不难看出,随着经济实力的不断增长,印度已经自觉地将中国视为竞争对手。③ 因此,印度对中国所提"一带一路"发展倡议态度有所保留也是正常的,试问你怎么能苛求对你羡慕嫉妒恨的追赶者毫无保留地支持你呢?

3. 将印度洋及南亚地区视为禁脔

印度洋的地缘战略重要性不必多言,国内很多学者对此均进行过研究。独立后的印度非常重视印度洋的作用,潘尼迦指出:"对印度来说,印度洋是唯一重要的海区。印度的生命线集中在这里,它的未来有赖于保持这个海区的自由。除非印度洋长享自由,除非印度两岸充分得到保障,否则,什么

---

① [英]戴维·史密斯:《龙象之争:中国、印度与世界新秩序》,丁德良译,当代中国出版社 2007 年版,第 64 页。

② 《莫迪拒绝将印度与中国对比:印度必须成为唯一的印度》,《环球时报》2014 年 9 月22 日。

③ [英]戴维·史密斯:《龙象之争:中国、印度与世界新秩序》,丁德良译,当代中国出版社 2007 年版,第 64 页。

振兴工业，发展商业，稳定政局等等，一切都谈不上。"①需要指出的是，独立以来的印度实际上是把印度洋及南亚地区视为其后院，本能地排斥中国与印度洋及南亚地区国家的合作。这种排斥情绪早在印度独立初就由潘尼迦种下了："日本之被摒除于海军强国之外，这还不能解决问题，因为很难设想中国将来会不注意它的海上地位。中国的基地往南直到海南岛，形势比日本更胜一筹。再则，整个南部地区到处都有人多势众的中国人聚居之地，一旦中国动手发展起来，也不能排除它从陆地南下进行扩展的可能。"②也正是基于这样的认识，印度对中国与任何南亚国家的经贸合作均持小心戒备的态度。比如印度对中国与巴基斯坦保持良好的关系耿耿于怀，怀疑中巴发展关系是针对印度并抱怨中国对印度的"安全关切"缺乏"足够敏感"。③同时，印度对中国参与巴基斯坦的瓜达尔港项目建设也掺杂了过多的政治安全因素。中巴民用核技术的合作也是印度非常关心和怀疑的领域，一直牵动着印度的神经。《印度快报》发文称，北京不愿意尊重新德里的安全关切，将会严重压缩印度扩大与中国互利往来的国内政治空间，北京不在乎印度在巴基斯坦的安全关切，"中国威胁论"在印度会越来越有市场，从而损害中印伙伴关系的前途。1983 年英迪拉·甘地提出了"印度版门罗主义"的"英迪拉主义"，明确提出要维护印度在南亚地区的管理人角色。她表示，印度只有在被要求的前提下才会干涉南亚地区的内部事务，印度也不允许域外大国有这样的干涉行为，如果其他南亚国家需要帮助解决其内部危机，应当首先从南亚地区来寻找援助。④"南亚是印度的南亚"是这种主义的核心内容，它不仅要求外部大国力量不要涉足南亚地区，而且要求南亚国家只能向印度寻求解决危机的帮助。近年来，虽然印度在团结南亚国家时改变了以往只使用大棒政策的做法，但并未改变南亚是印度后院的思维与看法。在这样的背

---

① ［印］潘尼迦：《印度和印度洋：论海权论对印度历史的影响》，德隆、忘蜀译，世界知识出版社 1965 年版，第 82 页。

② ［印］潘尼迦：《印度和印度洋：论海权论对印度历史的影响》，德隆、忘蜀译，世界知识出版社 1965 年版，第 82 页。

③ 马加力：《关注印度——崛起中的大国》，天津人民出版社 2002 年版，第 196 页。

④ 李忠林：《印度的门罗主义评析》，《亚非纵横》2013 年第 4 期。

景下,印度认为中国增强了在印度战略后院(南亚)的影响力,加强发展在南亚地区的战略资产,其中包括在南亚地区与巴基斯坦修建喀喇昆仑公路,在斯里兰卡、孟加拉国、巴基斯坦和缅甸修建港口,中国对这些国家的外交影响力已经超过了印度。在印度的战略意识里,由于不信任邻国,总是认为南亚邻国试图对印度打出"中国牌"。实际上,中国与南亚国家经贸合作努力经常被印度视为中国在谋求"包围"印度。另一方面,我们看到,中国所提"一带一路"发展倡议,印度洋及南亚地区是重要组成部分,尤其除印度外,其他大多数南亚国家及印度洋沿岸国家均对"一带一路"发展倡议作出了积极回应。这种局面显然让印度对"一带一路"发展倡议更为忌惮,害怕中国通过这一举措扩大在印度洋及南亚地区的影响力,从而对其地区大国身份及利益造成影响。也正因为如此,针对中国"一带一路"发展倡议,印度才提出了"跨印度洋海上航路与文化景观"计划。印度希望通过这样的计划,拓展印度在印度洋上的海洋、文化、战略及心理上的存在,让人们记住为什么这片大洋会被称为"印度洋"。①

4. 印度排斥"一带一路"发展倡议还有经济方面的原因

比如害怕"一带一路"建设的推进,区域经济合作水平加深,中国经济可能会对印度经济造成冲击。这方面的典型案例无疑是中印自由贸易区的发展问题。自2003年提出到2007年完成联合研究,中印自由贸易区一直未能见到结果。究其原因,一方面,印度工业界对中印自由贸易区产生的不利影响非常担心;另一方面,印度似乎把解决双方贸易赤字问题作为建立中印自由贸易区的先决条件。"一带一路"的主旨也在于推进地区经济合作,因此印度也惧怕与中国实现"一带一路"下的区域经济合作会对自身的经济安全造成负面的影响。

5. 选票政治的因素

选票政治最大的特点就是任何的决策均要受国内政党斗争、选民心理变化等因素的影响,中国因素一直是周边国家政治斗争中的影子,印度也不例

---

① Akhilesh Pillalamarri, "Project Mausam: India's Answer to China's 'Maritime Silk Road'", September, 18, 2014.

外，尤其在中印关系仍然深受边界问题、历史恩怨纠葛影响的情况下，印度民意仍然对中国存在误解。因此，印度领导人不敢冒险，只能试探性地前进。

## 二、印度不呼应"一带一路"不等于不合作或阻碍合作

尽管印度并没有积极响应中国所提"一带一路"发展倡议，另起炉灶似乎也是事实，但如果因此认定印度是"一带一路"发展倡议的对立面或是阻碍因素，则显然与事实不符，至少与部分事实不符。在澄清此问题之前，让我们先来看看"一带一路"发展倡议到底要做什么？ 2013 年 9 月 7 日中国国家主席习近平访问哈萨克斯坦时正式提出了建设"一带一路"中"丝绸之路经济带构想"：为了使欧亚各国之间经济联系更为紧密、相互合作更加深入、发展空间更加广阔，创新合作模式，共同建设"丝绸之路经济带"。"五通"是其核心内容，即加强政策沟通、加强设施联通、加强贸易畅通、加强资金融通以及加强民心相通。[1]2013 年 10 月 3 日，习近平主席在访问印尼期间，在国会发表演讲，提出共同建设 21 世纪"海上丝绸之路"，旨在扩大中国与东盟国家各领域的务实合作，互通有无、优势互补，同东盟国家共享机遇、共迎挑战，实现共同发展、共同繁荣。[2]2015 年 3 月 28 日中国正式发布《推动共建丝绸之路经济带和 21 世纪海上丝绸之路的愿景与行动》文件，系统地公布了"一带一路"发展倡议的主要合作内容：

其一，政策沟通。旨在加强政府间合作，建构合作的沟通与交流机制，促进沿线各国在经济发展战略和对策上对接，协商解决合作问题，为务实合作及项目建设的推进提供政策支持。

其二，设施联通。其中重点发展交通基础设施、能源基础设施的互联互

---

① 习近平：《弘扬人民友谊　共创美好未来——在纳扎尔巴耶夫大学的演讲》，《人民日报》2013 年 9 月 9 日。

② 习近平：《携手建设中国—东盟命运共同体——在印度尼西亚国会的演讲》，《人民日报》2013 年 10 月 8 日。

通、通信基础设施等领域。

其三，贸易畅通。合作的核心内容包括削减关税及非关税壁垒，打造良好的营商环境，推进自贸区建设；加强贸易领域的合作，优化贸易结构，推进传统贸易与现代服务贸易的发展；促进投资便利化，消除投资壁垒，扩大相互投资领域；推动在信息技术、生物、新能源、新材料等新兴产业领域的深入合作；在产业布局上加强合作，欢迎沿线国家到中国进行投资。

其四，资金融通。推进亚洲货币稳定体系、投融资体系和信用体系建设，为沿线国家经济合作提供融资保障，与沿线国家一道推进亚洲基础设施投资银行、金砖国家开发银行筹建，有关各方就建立上海合作组织融资机构开展磋商，同时在金融监管方面加强合作。

其五，民心相通。在学生交流、文化艺术、旅游、体育等方面加强合作。

从上述内容可以看出，"一带一路"发展倡议旨在唤醒中国与沿线国家友好历史记忆的基础上加强在经济和人文领域的合作。以此观照印度的反响，我们会看到，尽管印度并没有直接响应中国"一带一路"发展倡议，但在相关领域的合作中，印度并未拒人于千里之外。

中国提出"一带一路"发展倡议后的 2013 年 10 月 23 日，时任印度总理辛格访问中国，高度评价了中印关系的发展，认为李克强总理当年 5 月首访印度是一次历史性的访问，希望从加强政治互信、扩大共同利益、促进相互理解等方面加强两国关系。而且此次访问促成双方在交通、能源、防务、文化、教育、地方交往等领域签署合作文件；在随后与中国国家主席习近平会面时，辛格也表示印度愿意与中国进一步加强战略沟通和人文交流，促进互信及理解，加强务实合作。[①]2014 年 9 月 18 日中国国家主席习近平访问印度，尽管莫迪未对"一带一路"表明态度，但其在与习近平会谈中表示，印度希望扩大在医药、制造业等领域对中国出口，促进两国贸易平衡增长，同时欢迎中国参与印度电力和铁路等基础设施建设，而且印度还将研究参加

---

① 《习近平会见印度总理辛格时强调 抓住机遇 携手合作 推动中印战略合作伙伴关系迈上新台阶》，中国外交部网站，2013 年 10 月 23 日。

孟、中、印、缅经济走廊和亚洲基础设施投资银行倡议，期望加强两国在人文领域的合作。在与习近平主席会晤时，穆克吉也表示欢迎中国对印度信息产业、制造业、铁路、公路、港口等交通基础设施领域进行投资，印度将为中国企业提供良好的投资环境。从这些会谈可以看出，虽然印度领导人未提"一带一路"发展倡议，但回应合作内容却是"一带一路"发展倡议的核心内容。

印度与中国的合作意愿从习近平主席访印期间两国签署的《关于构建更加紧密的发展伙伴关系的联合声明》可窥见一斑。《关于构建更加紧密的发展伙伴关系的联合声明》决定在中印战略经济对话平台上探索两国经济合作新领域，重点包括推进在产业投资、基础设施建设、节能环保、清洁能源、高技术、城镇化等领域的合作；在服务贸易方面，重点合作领域包括旅游、电影、医疗保健等。为使两国的经济合作有的放矢，中印还为两国未来的经济合作绘制了蓝图，签署了五年经贸合作规划。当然，在此次习近平主席访问印度成果中，中国将在印度古吉拉特邦和马哈拉施特拉邦建立两个工业园区无疑是亮点之一，而且中国承诺在接下来的五年内向印度投资 200 亿美元，促进印度工业和基础设施的发展，确定的重点项目包括金奈—班加罗尔—迈索尔路段提速、中国为印度培训 100 名铁路技术官员、车站再开发、在印建立铁路大学、建设一条高速铁路等；在金融合作方面，印度方面已原则上批准中国银行在孟买设立分行。

值得一提的是，未来人文领域的合作得到两国政府的高度重视，启动"中国—印度文化交流计划"，主要内容包括：

1. 分别于 2015 年和 2016 年在中国和印度举办"印度旅游年"和"中国旅游年"，中国承诺帮助印度在中国宣传与公元 7 世纪中国僧人玄奘相关的印度旅游产品和线路。

2. 继续加强青年互访，2015—2019 年每年继续互派 200 名青年互访。

3. 在佛教艺术、当代艺术等方面加强交流。

4. 建立中印义化部长级磋商机制，加强在文化领域合作。

5. 加快推进两国经典作品的互译工程。

6. 决定加强传媒，比如电影、广播和电视等领域的合作。

7. 互相支持中国的印地语教学和印度的汉语教学。

8. 双方决定中国的广东省与印度的古吉拉特邦结成友好省邦,以及上海与孟买、广州与艾哈迈达巴德缔结为友好城市。

9. 中国决定增开经乃堆拉山口的朝圣路线,为印度朝圣香客提供便利。

更值得注意的是,印度还是亚投行意向创始成员国。"亚投行"是做什么的呢?中国国家主席习近平指出,建立亚投行主要是为"一带一路"有关沿线国家的基础设施建设提供资金支持,促进经济合作。印度有识之士就认为,亚投行对亚洲基础设施建设肯定会发生重要作用,不管是"一带一路",还是亚投行的举措,都是一种创新,尽管印度有不同的看法与想法,但印度应当参与"一带一路"行动,也应积极参加亚投行的筹备工作。[①] 事实上,印度也是这么做的,在加入亚投行方面行动迅捷,一反拖拉作风。其实道理很简单,作为亚洲第二大发展中国家,印度在亚投行的地位除中国外无人能及。因此,印度既可通过亚投行获得经济利益,又可以通过股权分配提升国际政治影响力,何乐而不为呢?

总之,虽然印度刻意回避"一带一路"的提法,其国内对"一带一路"的战略性也充满质疑,但双方在相关的具体合作领域却在继续推进。换言之,尽管印度对"一带一路"颇有微词,但明智的印度人对实实在在的合作利益可不会轻易地放弃。因此,客观来讲,印度对"一带一路"发展倡议可能产生的战略性影响充满焦虑与怀疑,也会对其影响范围内的其他南亚国家做些小动作,比如向斯里兰卡施加影响,使中斯合作项目受挫,但印度对与中国开展经济与人文的合作内容是充满兴趣的,也希望能够与中国加强多方面的合作。

---

① 《印度媒体领袖:媒体应积极推动丝路建设与亚投行发展》,2015 年 3 月 27 日,http://world.huanqiu.com/hot/2015-03/6027751.html。

## 三、如何推进"一带一路"新背景下的中印合作

### 1. 没有必要苛求印度完全附和中国的提议

正如上文所述，印度拥有成为世界大国的梦想与情怀，不会轻易地对别的大国外交设计表示完全赞同。且与印度合作困难并不是中国独有的情况，几乎所有大国与印度的合作均会碰到一些问题。正是有鉴于此，中国在"推动共建丝绸之路经济带和 21 世纪海上丝绸之路的愿景与行动"文件中才指出，共建"一带一路"的途径是以目标协调、政策沟通为主，不刻意追求一致性，可高度灵活，富有弹性，是多元开放的合作进程。中国愿与沿线国家一道，不断充实完善"一带一路"的合作内容和方式，共同制定时间表、路线图，积极对接沿线国家发展和区域合作规划。① 与印度进行合作，应遵循"六字诀"，即自信、尊重、耐心。对中国自身的国际政治经济地位拥有自信，切实尊重印度追求世界大国的利益诉求，对克服与印度的合作困难，促进双方的经济合作要有耐心。

### 2. 积极探索中印关系治理模式

在"一带一路"沿线国家中，印度的情况较为复杂，既与中国存在历史恩怨纠葛，边界问题也尚未解决，还受到亚太地缘政治格局变化的影响。因此，探索中印关系治理模式，对促进双方的经济合作意义重大。笔者认为可以从如下方面推进两国关系的共同发展。一是大力推进中印公共外交的发展。所谓公共外交，主要指通过善意的行为和话语赢取别国民心的一种外交形式。外交旨在通过塑造本国良好形象和改变他国政府与人民看法的方式来推动本国外交政策目标的实现，其形式主要包括对外援助、人员互访、信息交流、文化传播和媒体宣传等。② 从中国的外交发展历程来看，公共外交形式受到高度重视，尤其近年来较为重视媒体外交，为传播中国声音与理念作

---

① 《授权发布：推动共建丝绸之路经济带和 21 世纪海上丝绸之路的愿景与行动》，新华社，2015 年 3 月 28 日。

② 李少军：《国际政治学概论》，上海人民出版社 2009 年版，第 236 页。

出了贡献。但从现实来看,公共外交依然任重道远。尤其在"一带一路"战略实施进程中,沿线一些国家对中国的形象仍然缺乏理性认知,如在好感度方面,在东南亚、南亚及中亚,中国好感度远不及日本。造成这样局面的重要原因显然还在于中国的公共外交仍然没有日本公共外交的"精"与"细",也同中国媒体话语权的缺失有密切关系,同时中国企业急功近利的某些做法更恶化了中国形象。也正因为如此,习近平主席才指出,积极推进"一带一路"建设,要切实落实好正确义利观,做好对外援助工作,真正做到弘义融利。① 二是大力落实中国与印度友城合作内容。美国学者詹姆斯·罗西瑙认为以国家为中心的世界中的国家行为体和多中心世界中的次国家行为体是对等的,它们相互竞争、合作、互动或共存,不断挑战和削弱传统国家行为体的主导作用,推动世界政治的面貌发生改变。② 在城市外交方面,近年来中国的发展力度也在不断加大,与印度签署了多个友城。在未来的中国与印度关系治理中,应当全面落实城市外交的内容,改变城市外交只重视签署数量,不重视落实及丰富合作城市外交合作内容的局面。三是中印关系治理还应当重视非国家行为体的作用,比如政府间组织、国际非政府组织、跨国公司等。尤为重要的是,应规范好中国企业在印度的投资行为,力促其承担起建构中国形象,传播中国文明及文化的使命,为中国与印度的关系治理作出应有贡献。

3. 中印应为亚太地区乃至世界的共同安全而努力

战略互信严重不足无疑是未来中印合作的致命伤,最直接的后果就是致使两国的安全焦虑日益严重。对安全手段的追求主要通过不断加强自身安全来实现,而且可能还牵涉域内或域外大国,比如近年备受外界关注的印、美、日海洋安全合作。但这样做会导致对方感觉不安全。此外,中印作为亚太地区及世界上的两个发展中大国,面临着地区暴力冲突、恐怖主义、民族主义倾向、气候变化、核武器扩散等安全问题的严峻挑战。不管是中国提出的"一带一路"发展倡议,还是印度提出的"跨印度洋海上航路与文化景

① 《习近平出席中央外事工作会议并发表重要讲话》,新华社,2014年12月5日。
② 转引自殷海光:《中国文化的展望》上,台大出版中心2009年版,第275页。

观"计划，均难免要受到这些安全问题的影响，故而两国在安全合作方面有着共同的利益。因此，在未来的合作中，中印应倡导共同安全观念，走出片面追求自身安全，导致对方不安全感加深的藩篱。这样做的结果不仅可以维护中印两国自身的经济和安全利益，同时对于亚太地区稳定与发展具有重要的意义。作为亚太地区的两个发展中大国，中印应率先垂范，共同倡导"共同安全论坛"，既关注双边的安全焦虑，同时也广泛要求域内域外国家参与讨论，探索共同安全模式的构建。

4. 中国没有必要借助"一带一路"刺激印度在印度洋上的存在感

我们知道，印度对印度洋一直情有独钟，这点我们完全可以从潘尼迦的著作《印度和印度洋：论海权论对印度历史的影响》中看出，他认为，13 世纪中期之前印度控制着印度洋的海权，而对于未来，潘尼迦是这样判断的："印度的前途不决定于陆地的边境，而决定于从三面围绕印度的广阔海洋（即印度洋）。"①鉴于印度洋对印度发展的重要性，潘尼迦还在著作中写道："研究历史的人都很清楚，印度的安危系于印度洋。印度如果自己没有一个深谋远虑、行之有效的海洋政策，它在世界上的地位总不免是寄人篱下而软弱无力；谁控制了印度洋，印度的自由就只能听命于谁。因此，印度的前途如何，是同它会逐渐发展成为强大到何等程度的海权国，有密切联系的。"因此，他建议印度加快海军建设。客观而论，潘尼迦对印度洋的重视在印度产生了普遍而深刻的影响，他传播的"印度来日的伟大，在于海洋"的信念已经深深植根于印度安全战略中，无形中也培植了印度对其他大国染指印度洋的抵触情绪，尤其对中国这个竞争对手在印度洋的活动特别敏感。客观而论，印度洋对中国经济的安全也有着攸关的重要意义，但在战略排序上，印度洋与西太平洋是有着区别的。西太平洋地区对中国和平发展不仅关涉到主权问题，而且也是中国安全的主要关注点，在美国实施"亚太再平衡战略"背景下尤其如此。印度洋则更多涉及的是经济上的安全利益，且在我国外交手段未发生变化的情况下，在印度洋上的安全利益仍然主要依靠与相关国家

---

① ［印］潘尼迦：《印度和印度洋：论海权论对印度历史的影响》，德隆、忘蜀译，世界知识出版社 1965 年版，第 1—2 页。

的合作，更何况"一带一路"发展倡议本身就是主要依靠经济与人文合作来实现的。① 因此，虽说印度洋对中国的"一带一路"发展倡议很重要，但中国在坚定维护自身在印度洋上的经济安全利益前提下，没有必要刺激印度对印度洋的自豪感，比如说提出"印度洋不是印度的洋"，又或者"中国要在印度洋实施什么战略"云云。在当前中国面临的东西地缘政治压力不断加大情况下，这样的行为是极其不明智的。而且要知道，别说印度没有这个能力执印度洋牛耳，就是真有这种实力，美国人首先就不干。

**5. 乐观积极推进两国已经达成的合作项目**

从两国领导人互动中，我们欣喜地看到，两国在政治、经济、人文等领域达成了一系列合作项目。我们注意到 2013 年 5 月李克强总理访问印度时，双方在经贸、农业、文化、环保、地方交往等领域签署了一系列合作协议。同年 10 月，辛格总理访问中国时，双方也在交通、能源、防务、文化、教育、地方交往等领域签署了 9 份合作文件；2014 年 9 月中国国家主席习近平访问印度时，双方同样在经贸、金融、交通运输、海关、文化等领域签署了一系列合作文件。从这些互动可以看出，两国已经达成了广泛的合作项目，两国应当以积极乐观的态度推进这些项目的落实，为"一带一路"新情景下的合作添砖加瓦，筑起中印合作大厦。此外，我们也看到，莫迪虽未直接响应"一带一路"发展倡议，但表示愿意与中国就孟、中、印、缅经济走廊开展合作。因此，如何切实推进两国在孟、中、印、缅经济走廊领域的务实合作也应受到相关方面的重视。

**6. 继续处理好双边关系中的重大问题**

应当说，中印之间情况非常复杂，领土纠纷、历史恩怨、竞争对手掺杂一起，给两国关系的健康发展带来了较大影响。我们也注意到，在面临一些重大问题时，双方都表现出了极度的理性。比如在对待边界问题上，尽管双方媒体炒作一刻未止，但双方在处理边界摩擦问题上应对得当，并没有爆发类似于 20 世纪 60 年代那样的悲剧。而且在最近的领导人互动中，双方就边

---

① ［印］潘尼迦：《印度和印度洋：论海权论对印度历史的影响》，德隆、忘蜀译，世界知识出版社 1965 年版，第 42 页。

防安全达成了合作协议。不过，客观来看，两国存在的边界分歧仍然不能掉以轻心，因为这仍然是两国媒体炒作的热点，极易煽动起两国国内的民族主义情绪，使局势失控。此外，在涉藏问题、战略互信问题上仍然存在过多的不确定性。就涉藏问题而言，印度总是对达赖暧昧的态度也令中国生疑。而在战略互信问题上，印度与美日安全互动也会让中国产生安全焦虑。这些均需要两国智慧地进行处理，从而为两国在"一带一路"新情景下的合作奠定基础，即便是避开"一带一路"发展倡议，如果处理不好双边关系中的这些问题，对两国合作关系及合作环境也会造成不可挽回的影响。

# "丝路精神"下的区域合作创新模式

## ——战略构想、国际比较和具体落实途径

李建民[*]

## 一、"丝绸之路经济带"："四要原则"、"五大支柱"与五大具体措施

迄今为止，有关"丝绸之路经济带"的主要内容体现在习近平主席在哈萨克斯坦纳扎尔巴耶夫大学的演讲和上海合作组织元首理事会第十三次会议讲话中，其亮点是中国对中亚政策的"四要原则"、"丝绸之路经济带"的"五大支柱"和上海合作组织开展务实合作的五大具体措施。

1."四要原则"

（1）中国与中亚国家要坚持世代友好，做和谐和睦的好邻居；（2）要坚定相互支持，做真诚互信的好朋友；（3）要大力加强务实合作，做互利共赢的好伙伴；（4）要以更宽的胸襟、更广的视野拓展区域合作，共创新的辉煌。

2."五大支柱"

（1）加强政策沟通。各国可以就经济发展战略和对策进行充分交流，本着求同存异原则，协商制定推进区域合作的规划和措施，在政策和法律上为区域经济融合"开绿灯"。

---

* 李建民：中国社会科学院俄罗斯东欧中亚研究所研究员、博士生导师。

（2）加强设施联通。上海合作组织正在协商交通便利化协定。尽快签署并落实这一文件，打通从太平洋到波罗的海的运输大通道。在此基础上，中国同各方积极探讨完善跨境交通基础设施，逐步形成连接东亚、西亚、南亚的交通运输网络，为各国经济发展和人员往来提供更多便利。

（3）加强贸易畅通。"丝绸之路经济带"总人口近 30 亿，市场规模和潜力独一无二，各国在贸易和投资领域合作潜力巨大。各方应该就贸易和投资便利化问题进行探讨并作出适当安排，消除贸易壁垒，降低贸易和投资成本，提高区域经济循环速度和质量，实现互利共赢。

（4）加强资金融通。如果各国在经常项下和资本项下实现本币兑换和结算，就可以大大降低流通成本，增强抵御金融风险能力，提高本地区经济的国际竞争力。

（5）加强民心相通。国之交在于民相亲。搞好上述领域合作，必须得到各国人民支持，必须加强人民友好往来，增进相互了解和传统友谊，为开展区域合作奠定坚实民意基础和社会基础。

3.五大具体措施

（1）开辟交通和物流大通道。

（2）实现贸易和投资便利化，打破地区经济发展瓶颈。

（3）推进金融领域合作。

（4）成立能源俱乐部。

（5）建立粮食合作机制。

可以看到，"丝绸之路经济带"至今还是一个相对抽象的构想，对于该经济带覆盖的地理范围、合作领域和合作机制安排、具体实施路径、实施阶段及目标等都需要尽快具体化。

# 二、国际上现存"丝绸之路"有关计划的比较分析

1.联合国教科文组织和开发计划署的"丝绸之路复兴"计划

早在 1988 年，联合国教科文组织就宣布启动为期 10 年的"综合研究丝

绸之路——对话之路"项目，旨在促进东西方之间的文化交流，改善欧亚大陆各国人民之间的关系。此后，联合国教科文组织围绕"丝绸之路"问题举办众多活动，诸如科学考察、国际学术研讨会、有关文物展览会、"丝绸之路"旅游推介会等，激发了国际社会对"丝绸之路"的兴趣。

2008 年，联合国开发计划署发起"丝绸之路复兴计划"。该计划由 230 个项目组成，执行期限为 2008—2014 年，投资总额 430 亿美元，目的是改善古丝绸之路等欧亚大陆通道的公路、铁路、港口、通关等软硬件条件，使两千年前的丝绸之路重现辉煌。俄罗斯、伊朗、土耳其、中国等 19 国参加，拟建立 6 条运输走廊，包括中国至欧洲、俄罗斯至南亚，以及中东铁路和公路的建设体系等。

2. 日本的"丝绸之路外交"战略

2004 年，日本提出将中亚五国及外高加索三国定为"丝绸之路地区"，并把该地区摆在日本新外交战略的重要地位。根据"丝绸之路外交"的构想，日本将从地缘政治考虑着眼，谋求在中亚和外高加索地区这个世界战略要地站住脚跟；同时，日本还要从经济利益考虑出发，抢占这一储量不亚于中东的能源宝库，通过加强政治影响和经济渗透来争取该地区能源开发及贸易的主导权。

3. 美国的"新丝绸之路"计划

美国的"新丝绸之路"计划分智库和官方两个层面。从智库层面看，2005 年，美国约翰斯·霍普金斯大学中亚高加索研究院院长（财苑）弗雷德里克·斯塔尔提出了"新丝绸之路"构想：建设一个连接南亚、中亚和西亚的交通运输与经济发展网络，以阿富汗为枢纽，将油气资源丰富的中亚、西亚国家与经济发展迅速的印度乃至东南亚连接起来，促进各国以及几大区域间的优势互补，推动包括阿富汗在内的该地区国家的经济社会发展。

2011 年，美国官方提出了"新丝绸之路"计划：以阿富汗为中心，意在美国等国军队从阿富汗撤出后，由美国主导阿富汗战后重建工作，希望阿富汗邻国投资、出力而维护美国继续在欧亚大陆腹地发展过程中的主导地位。实际是以美国为推手、以阿富汗为中心，连接中亚、南亚，建立一个区域性地缘政治、经济结构，最重要的是这些国家里要有美国的军事基地，用来围堵遏制中、俄和伊朗。

美国认为，"新丝绸之路"不是指一条路线，而是指形成广泛的地区交通和经济的联系网络。按照美国官方的解释，"新丝绸之路"计划的建设包括软件和硬件两个方面。软件建设是指贸易自由化、减少贸易壁垒、完善管理制度、简化过境程序、加快通关速度、克服官僚作风、消除贪污腐败、改善投资环境等。硬件建设则是指修建连接中亚、阿富汗和南亚的铁路、公路、电网、油气管道等基础设施。通过软件和硬件两方面的建设，推动商品、服务、人员跨地区的自由流动。

4. 俄罗斯的"新丝绸之路"项目

俄罗斯曾多次将正在建设中的、由中国经过中亚和俄罗斯直抵德国杜伊斯堡，并连通欧洲铁路网和港口的"中欧运输走廊"称为"新丝绸之路"，并表示俄罗斯将在"新丝绸之路"上发挥决定性作用。

5. 伊朗的"铁路丝绸之路"项目

2011 年，伊朗称开始启动将伊朗铁路线通过阿富汗、塔吉克斯坦和吉尔吉斯斯坦三国同中国铁路线连通的计划。这条铁路线被外界称为"钢铁丝绸之路"或"丝绸铁路"。

6. 哈萨克斯坦的"新丝绸之路"项目

2012 年，哈萨克斯坦总统纳扎尔巴耶夫在外国投资者理事会第 25 次全体会议上宣布开始实施"新丝绸之路"项目，提出哈萨克斯坦应恢复自己的历史地位，成为中亚地区最大的过境中心，欧洲和亚洲间独特的桥梁，在哈萨克斯坦主要的运输走廊上建立起统一的具有世界水平的贸易物流、金融商务、工艺创新和旅游中心。


# 三、"丝绸之路经济带"的具体设计构想

可以看出，各国提出的丝路计划与中国最近提出的"丝绸之路经济带"有很大的区别。笔者认为，应从以下方面来认识新"丝绸之路经济带"。

1."丝绸之路经济带"，国际和国内两个视角

（1）从国际视角看，如何发展中国特色大外交，营造良好的周边环境，为国内的改革发展创造前提条件是首要的考量。近年来，随着全球和地区形势变化，中国周边环境复杂化，中国通过经济吸引力缓解周边国家疑虑的努力大打折扣。针对中国的快速崛起，美国提出了重返亚洲，战略重心东移，提出 TPP（跨太平洋伙伴关系协议）和 TTIP（跨大西洋贸易与投资伙伴关系协定）等区域协作安排。未来中国的发展越来越依赖周边安全环境的配合，只有在一个相对稳定的外部环境中，中国才能在有限而宝贵的战略机遇期内实现经济平稳较快发展，并在发展中解决各种遗留问题。因此稳定周边，就是稳定中国自己，做好周边外交就是要营造一个更好的外部环境来为国内的改革发展创造前提条件，中国需要设计自己的"再平衡"战略，主动寻找未来发展的着力点和突破口。中国以打造"两廊两路"（中巴经济走廊、中孟缅印经济走廊、丝绸之路经济带、海上丝绸之路）为架构的周边外交战略已初见雏形。

（2）从国内视角看，"西进"有利于改善国内发展的不平衡。虽然早在2000 年就提出实施西部大开发战略，但东西部发展差距过大依然是困扰中国现代化全局的最大短板之一。2008 年国际金融危机的爆发使中国经济发展的外部环境发生巨大变化：人民币升值导致以劳动力密集型产品出口为主要特征的中国发展模式面临前所未有的挑战；发达国家市场，尤其是欧洲市场的萎缩，以及美国重返亚太战略引起的连锁反应给中国带来了国际政治经济方面前所未有的压力。在新形势下，要改变以往过于依赖美、日、韩及东盟市场的被动局面，中国急需完善沿海开放与向西开放、沿边开放与向西开放相适应的对外开放新格局，促进东西部经济社会的平衡发展。

2."丝绸之路经济带"是不同发展水平国家实现互利共赢的区域合作新模式

丝绸之路横跨亚欧大陆，绵延 7000 多公里，途经多个国家，总人口近30 亿。以上海合作组织为例，组织内的 6 个成员国（中、俄、哈、吉、塔、乌）、5 个观察员国（蒙古、巴基斯坦、印度、伊朗、阿富汗）、3 个对话伙伴国（白俄罗斯、土耳其、斯里兰卡）绝大部分都位于丝绸之路沿线。从上

海合作组织成立以来的发展进程看，在安全反恐等领域取得了较多进展，在经济合作领域也有推进，但目前还不令人满意。目前各国政治制度不同，发展水平差距很大，开展合作顾虑很多，落实多边项目受到资金的制约，需要探索一条各方都能受益的合作方式。而"丝绸之路经济带"提倡不同发展水平、不同文化传统、不同资源禀赋、不同社会制度国家间开展平等合作，共享发展成果，通过合作与交流，把地缘优势转化为务实合作的成果，"丝绸之路经济带"是一种创新的合作模式和有效途径。中国作为"负责任大国"，应当为区域经济一体化作出更多的贡献，在扩大本国经济发展空间的同时，实现与地区国家包括区内其他大国经济发展的战略对接，进而打造一个幅员辽阔的亚欧经济合作带，实现互利共赢。

3."丝绸之路经济带"不仅仅是一种新的制度安排

"丝绸之路经济带"属于跨国经济带，远景目标是构建区域合作新模式。"丝绸之路经济带"与传统的区域合作模式的区别在于，传统的区域合作是通过建立互惠的贸易和投资安排，确立统一的关税政策，然后建立超国家的机构来实现深入的合作。"丝绸之路经济带"没有设立高端目标，近期主要是贸易、交通、投资领域的合作，未来不会设定关税同盟。"经济带"不是"紧密型一体化合作组织"，不会打破现有的区域制度安排，更多的是一种务实灵活的经济合作安排。目前在丝路经济带沿线地区已存在不少多边经济合作机制，各国也很重视已经与区域外国家建立的传统经济联系。因此，要充分利用已有的具有发展前景的国际机制，特别是上海合作组织和俄罗斯主导的欧亚经济共同体的潜力，使之成为"经济带"建设的基础，"丝绸之路经济带"应与区域内已有的制度安排共同发挥作用。"丝绸之路经济带"建设必须贯彻务实灵活的合作方针，多种合作形式并举，"以点带面、从线到片"，积极稳妥、循序渐进。

4."丝绸之路经济带"以基础设施的互联互通为先导，有助于消除贸易壁垒，促进区域内国家的经济交往

经济带是经济地理学范畴。经济带发展需要依托一定的交通运输干线，并以其为发展轴，以轴上经济发达的一个和几个大城市作为核心，发挥经济集聚和辐射功能，联结带动周围不同等级规模城市的经济发展，由此形成点

状密集、面状辐射、线状延伸的生产、贸易、流通一体化的带状经济区域。"丝绸之路经济带"沿线地区地缘政治形势复杂多变，存在各种各样的矛盾。这种情况下推进经济合作，就要尊重现实差异，创新合作理念，解决最现实的问题。"丝绸之路经济带"地区多个发展中国家经济发展滞后，很大程度上与交通基础设施不发达、缺少出海口，同时也与这些国家的工业基础落后有关。"丝绸之路经济带"将涵盖多领域的经济合作，包括承接产业转移。近期是实现基础设施的互联互通，带动沿线产业布局等，这是促进和帮助区域内国家实现经济快速发展的有效途径，也是未来实现大区域合作的先导和基础。

5. "丝绸之路经济带"要与周边国家形成"利益共同体"和"命运共同体"

"丝绸之路经济带"是开放型合作带，欢迎区域外国家参与。该经济带不是"核心和边缘"的剥削型经济关系，也不是"依附与被依附"的不平等经济关系，而是平等互利、合作共赢的"利益共同体"新型经济关系，各国都是平等的参与者。在建设"丝绸之路经济带"过程中，要提倡新的义利观，多予少取，这与霸权国家所力推的以控制他国经济命脉、改变他国政治制度为深层目的的"新丝绸之路计划"有着本质的不同。习近平主席在哈萨克斯坦的演讲中已明确表示，"中国不谋求地区事务主导权，不经营势力范围"，中国必须向周边国家以及其他国家充分阐释这一观点，争取周边国家的更多信任和支持，避免"新殖民论"或者"势力范围论"的反弹。同时，"丝绸之路经济带"也不排斥其他大国，不排除与美欧大国在"丝绸之路经济带"框架内开展合作的可能性。

6. "丝绸之路经济带"与古丝绸之路一脉相承

与相关国家共建"丝绸之路经济带"，是一项系统工程，不仅需要通过硬环境建设打通各国之间的物理通道，而且需要从软环境角度入手增进交流互信。人文交流与商贸交流并进，是古丝绸之路给予我们的重要启示。加强人文交流，可为各领域经济合作夯实民意基础、提供民意支持。因此，应将人文交流作为"丝绸之路经济带"建设的一项重要内容，予以积极推动。丝绸之路国家两千多年的交往历史证明，只要坚持团结互信、平等互利、包容互鉴、合作共赢，不同种族、不同信仰、不同文化背景的国家完全可以共享和平，共同发展。这是古丝绸之路留给我们的宝贵启示。

7. 现阶段"丝绸之路经济带"境外建设重点在中亚

中亚已成为中国的核心利益区，是我国西北边疆安全屏障和经贸、能源战略合作伙伴。当前，国际和地区形势深刻复杂变化，本地区国家既具备利用经济互补优势实现共同发展的机遇，也面临着外部势力渗透干涉以及"三股势力"（恐怖主义、分裂主义和极端主义）等共同挑战，都希望加强双边及在上海合作组织内的团结合作，营造和平、稳定、安全的周边环境。中国同中亚国家共建"丝绸之路经济带"，是中国向欧亚内陆开放的新的战略方向，目标是着力建立睦邻友好的周边关系，积极实施全方位外交。

在该地区，中国要处理好与俄罗斯的关系。对俄罗斯而言，独联体事务特别是中亚事务是俄内政中的外交、外交中的内政，不容别人进入这一地区。在上海合作组织内部，任何大的多边经济合作的倡议（如成立上海合作开发银行、上海合作组织自贸区等）没有俄罗斯的支持，就很难得到响应和推进。上海合作组织是中俄战略协作在地区层面的扩展，中俄关系越好，上海合作组织发展越顺利，反过来上海合作组织发展得越好，对中俄战略协作关系的发展也越有推动力。中亚是俄罗斯的后院，中亚的发展也牵动中国的核心利益。

8. 落实"丝绸之路经济带"战略构想内部需要顶层设计，统一规划

"丝绸之路经济带"构想的提出，首先为解决中国东中西部经济发展不平衡问题提供了一个方案，也给进一步深化升级西部地区的开放水平提供了一个战略思路，西部各省份面临极大的发展机遇。从西部大开发战略考察，"丝绸之路经济带"建设需要加强统一规划，在顶层设计和制度安排上作出统一规划和政策安排。顶层设计包括两个层面：一个是省一级的顶层设计，主要解决不同城市功能、产业、物流等定位；另一个是国家层面的顶层设计，包括产业布局、跨省的交通规划和政策支持等。因此需要尽快充实"丝绸之路经济带"的具体内容，提出指导意见，避免各地区为争资源、争政策而一哄而上。只有发挥沿线城市间各自的优势，加强彼此合作，才能打造出向西开放的战略平台，经济带的建设才能从构想变为现实。

# 中国推动亚太区域合作前瞻

## ——亚太经济互联互通的现状、障碍与对策

桑百川 张乃丹*

随着经济全球化、区域集团化的发展，APEC 各成员间的贸易投资自由化和经济技术合作不断深化。以《茂物宣言》为目标，形成了共生互补的区域合作网络。然而，由于各成员国经济发展水平不同，在贸易和投资自由化中利益诉求差异较大，加之亚太经济体经济结构的互补性与竞争性并存，《茂物宣言》的推进存在着重重障碍。2014 年，APEC 第 22 次领导人非正式会议提出"一带一路"构想，成为亚太地区经济腾飞的双翅，为区域合作注入了新活力。而作为"一带一路"的血脉经络，互联互通得到了 APEC 成员国的高度认可。

"互联互通"（Connectivity）构想起源于 2010 年第 17 届东南亚国家联盟首脑会议，会议通过的《东盟互联互通总体规划》指出，"东盟各成员国必须实现互联互通，在基础建设、交通、通讯等领域加强合作，同时加强各国人民之间的交流"。2012 年 10 月，APEC 符拉迪沃斯托克领导人非正式会议达成《亚太经合组织供应链联接行动计划》，制定了实现本地区供应链便利化程度提高 10% 的具体量化目标，"互联互通"议题开始逐步从东盟

---

\* 桑百川：对外经济贸易大学国际经济研究院院长、教授、博士生导师。

张乃丹：对外经济贸易大学国际经济贸易学院研究生。

范围扩展到 APEC 范围。① 同年，APEC 高官预备会议正式确定"推动亚太地区的互联互通建设"为 2013 年度三大优先合作议题之一。2013 年印度尼西亚 APEC 会议各与会经济体一致同意消除基础设施建设开发和投资壁垒，并初步确定了在促进物理性基础设施建设等九大领域加强实质性合作。2014 年北京 APEC 会议再次强调了互联互通可以为平衡、稳定、可持续和包容性增长提供动力和支持，联接本地区各增长极，推动区域合作取得新成就。由此可见，在 APEC 范围内广泛提高互联互通水平已成为突破区域合作瓶颈的必经之路。

# 一、三元一体的亚太经济互联互通

根据《东盟互联互通总体规划》，互联互通主要包含相互支撑的三个方面：物理的连接（Physical Connectivity），主要包含基础设施建设，如交通、电信、电力、能源等；机制的连接（Institutional Connectivity），包括简化贸易程序、统一贸易规则促进贸易、投资和服务的自由化和便利化；人文的连接（People-to-People），涵盖商务人士流动、跨境教育、旅游和文化交流等。② 同样，亚洲开发银行在《无缝亚洲的基础设施》中指出，基础设施的广泛定义应包含硬件（物理的连接）和软件（便利化措施）两个方面。③ 综合二者观点以及 2014 年北京 APEC 会议批准的《亚太经合组织互联互通蓝图（2015—2025）》（以下简称《蓝图》），笔者将互联互通概括为物理、机制、人文三方面内容。

1. 物理的连接：硬件联通

硬件联通可以分为横向和纵向两个方面：横向定义主要涉及在哪些领

---

① 王勤、李南：《东盟互联互通战略及其实施成效》，《亚太经济》2014 年第 2 期。

② ASEAN, "Master Plan on ASEAN Connectivity", Jakarta: ASEAN Secretariat, January, 2011.

③ Asian Development Bank, "Infrastructure of a Seamless Asia", Tokyo: Asian Development Bank Institute, 2009.

域、行业进行互联互通；纵向定义则关注如何改善具体某一项目的融资方式、评估指标以及后期的规划实施。

亚太经济互联互通主要是交通、电力、信息通讯与网络、能源等硬件基础设施的联通。《蓝图》指出，未来亚太地区互联互通将建设、维护和更新高质量的基础设施，促进海上基础设施建设，提高航空互联互通的效率和安全性；将确保所有经济体享受高品质、环保的电力供应；将加强信息共享、改善通讯技术、缩小数字鸿沟；将在能源贸易和环境可持续领域有所突破，加强能源基础设施韧性。

就具体项目而言，目前 APEC 互联互通重点强调改善投资环境，主要包括以下方面：在融资方面，开拓公私伙伴合作关系（PPP）模式以拓宽融资渠道，改变国家资本"单打独斗"的局面，吸引私营部门资金参与基础设施建设，保证稳定的融资来源；在项目评估方面，引入包括关键质量要素的量化指标，科学合理地评估项目；在规划和实施项目时，倡导以人为本的投资，强调项目实施的效率。

### 2. 机制的连接：软件联通

根据《蓝图》，软件联通旨在解决贸易便利化、结构和规制改革、物流便利化等领域的重大问题。即实现海关和边境管理机构现代化，加强贸易主管机构之间的协调沟通，建立"单一窗口"系统下的无纸化贸易；改革经济结构，推进"亚太经合组织商业便利化多年期项目"，帮助各成员国实现"运营成本、速度、难度等商业便利化指标改善 25% 的意向性目标"；进一步探索利用互联网手段，保障内部规制工作协调、评估规制影响、实施良好规制实践；实现亚太经济供应链联通，提高供应链绩效；培育透明可靠、公平竞争的商务环境。

### 3. 人文的连接：人员交往的联通

人员交往的互联互通包括商务旅行、跨境教育、旅游便利化和专业技术人才流动等问题，即"人的联通"。目前，亚太地区支持《亚太经合组织通过人力资源开发提高就业质量，加强人员交往互联互通工作计划》，鼓励各经济体采取更加便利的移民政策，鼓励区域内人员交流的无缝联通。《蓝图》提出了具体的实施措施：扩大亚太经合组织商务旅行卡的持有数量，提升其使用效用和效率；增加经济体间留学规模，成立亚太经合组织高等教育研究中心，设立每年一度的"亚太经合组织创新、研究与教育科学奖"，并借力互联网推出虚拟学术交流卡，推动跨境教育便利化；鼓励部分经济体放宽游客签证限制以及简化通关程序的内部举措，制定"亚太经合组织区域旅游从业者行为规范"，减少游客旅游成本和不稳定因素，努力实现 2025 年前地区接待旅客数量达到 8 亿人次的目标；最后，在专业人才流动方面，倡议设立交通和物流行业专业资质认定标准以便统一、精确评估专业技术人才的技能水平，在已有各类双边资质互认协议的基础上推动经济体多边资质互认协议，建立完善的劳动力市场信息系统搜集和分析技能差异、市场失衡、人才缺口信息。①

## 二、亚太经济互联互通的成果和不足

到目前为止，以东盟经济体为代表的各成员国均在推动区域内硬件、软件、人员联通方面取得了显著成绩。

1. 亚太经济硬件联通的成就

互联互通提出以来，中国积极加强与各经济体基础设施建设领域的合作，在交通、电力、电信、能源管道建设方面取得了丰硕成果（见表 3—1）。

2. 亚太经济软件联通的成就

建立海关单一窗口（Single Window）和推动供应链互联互通（Supply Chain Connectivity）是亚太地区软件互联互通的两大重要成就。

根据联合国贸易便利化和电子商务中心（UN/CEFACT）第 33 号建议书，单一窗口是参与国际贸易和运输的各方，通过单一的入口点提交标准化的信息和单证，以满足相关的法律、法规和管理要求的平台。② 自 2007

---

① APEC, "APEC Connectivity Blueprint for 2015-2025", Beijing: Leaders' Declaration, December 2014.

② 联合国贸易便利和电子商务中心：《建立单一窗口的建议书：提高贸易界与政府间信息交换的效率》，2010 年 10 月。

表 3—1　中国与亚太地区各经济体基础设施互联互通主要成就

| | |
|---|---|
| 中国—东盟 | 大湄公河次区域（GMS）、泛北部湾及东盟东部增长区：<br>交通：大湄公河次区域东、中、西三线公路建设；泛亚铁路建设；《中国—东盟海运协定》；《中国—东盟港口发展和合作声明》。<br>电力集团在电网建设、电力资源方面与老挝等国达成合作协议：<br>电信：建设大湄公河次区域信息高速公路（GSMIS），达成《大湄公河次区域信息通信部长联合声明》。<br>能源：制定了《跨东盟天然气管道总规划》和《东盟（能源）互联互通总规划》，拟于 2020 年建立东盟区域的天然气管道联通网络，实现天然气的跨国界运输。 |
| 中国—俄、蒙 | 交通：中俄双方就跨境基础设施项目、过境运输合作等达成重要共识。拟重点推动黑河、洛古河、东宁等界河公路桥以及黑河索道等项目建设；推动中蒙两山铁路（中国阿尔山至蒙古乔巴山）建设。<br>能源：中俄签署东线天然气合作项目备忘录、东线供气购销合同两份能源领域重要合作文件，东线天然气管道已在俄境内正式开工，双方能源贸易实现去美元化；中蒙联合宣言提出加快铁矿、铜矿、煤炭、石油、电力等领域的合作。 |
| 中国—日、韩 | 中日韩自由贸易协定进入实质性谈判阶段，已启动"中日韩运输及物流部长级会议"机制和双边政策对话推动运输网络建设，不断加强能源、能效、资源、信息通信互通建设。 |
| 中国—北美自贸区 | 交通：制定"中美公共—私营部门合作伙伴"、中美交通论坛等机制，在高速铁路、公路、港口码头建设以及电网改造等领域加深合作；中国企业积极参与墨西哥最大高铁基础设施建设、水电站建设竞标。<br>能源：签订《中美能源与环境十年合作框架》；与加拿大签订《中华人民共和国国家发展和改革委员会与加拿大环境部、加拿大外交和国际贸易部和加拿大自然资源部关于气候变化合作的谅解备忘录》，中石油、中海油、中石化通过海外投资积极与加拿大开展能源合作。 |
| 中国—南美洲 | 在两洋（大西洋、太平洋）铁路建设上达成共识；与委内瑞拉、巴西、智利分别在石油、铁矿石、铜矿石领域建立长期能源合作项目。 |

资料来源：根据商务部数据及新闻信息整理而得。

年以来，亚太经合组织海关程序小组委员会（Sub-Committee on Customs Procedures, SCCP）通过了亚太经济体《单一窗口发展报告》和《APEC SCCP 单一窗口战略计划》，旨在在区域内开发使用连接所有政府机构中负责许可证、证书、收费的在线系统，以简化进出口程序。2010 年，SCCP 对各经济体单一窗口实施情况进行审查，该次审查显示亚太经合组织 21 个成员经济体中已有 13 个经济体开发单一窗口系统，5 个经济体正在推进单一窗口建设，此外，各经济体积极采用世界海关组织数据模型在内的国际标准发展单一窗口，这将保障单一窗口系统间无缝的信息共享。①

亚太经合组织《供应链连接框架（2010—2015）》及其项下的供应链联接框架行动计划（SCFAP）是系统提升地区供应链绩效、促进区域软件联通的重要成果文件。根据该文件，"2015 年 APEC 应达到区域内供应链在时间、成本和不确定上改善 10%"的量化目标，2014 年，世界银行发布物流绩效指数（LPI）② 对亚太地区物流绩效进行评估，结果如图 3—1 所示：

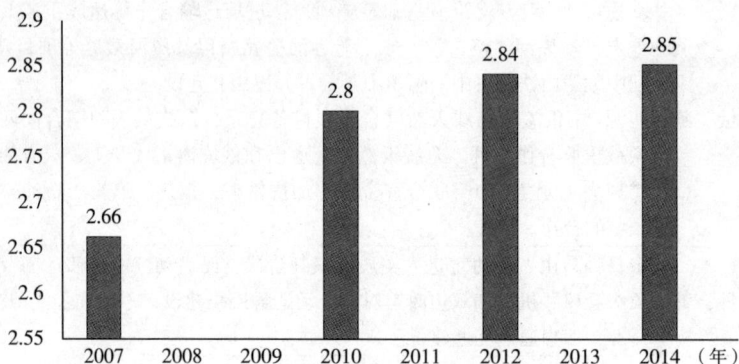

图 3—1　亚太地区 2007—2014 年 LPI 指数情况

数据来源：世界银行网站，http://lpi.worldbank.org/international/scorecard/。

从图 3—1 中可以看出，2007 年以来，亚太地区物流便利化指数不断提高，即海关报关清关效率、国际货运便利度以及物流服务均有了较大的提升。此外，根据世界银行公布的各国 LPI 指数，新加坡、中国香港、日本、美国物流绩效指数分别为 4.13、4.12、3.93、3.93，位列世界第一、二、八、九名。

最后，在关税和非关税壁垒方面，APEC 经济体平均使用关税水平已

---

① APEC, "Single Window Implementation Guide", July, 2009.
② 物流绩效指数由世界银行建立，指标综合反映各国（地区）报关清关效率、国际货运效率等内容，其中分值 1 表示最差，分值 5 表示最好。

由 1989 年的 16.9% 降至 2012 年的 5.2%；根据《大阪行动议程》（Osaka Action Agenda），包括市场准入集团（Market Access Group）在内的 15 个 APEC 下设机构积极运用统一 APEC 元素，以简化原产地规则、促进贸易标准一致化、努力消除贸易、投资的关税和非关税壁垒。[①]

## 三、亚太经济人文联通的成就

商务人士流动是亚太地区人文联通的关键环节。为响应《大阪行动议程》，APEC 商务流动小组（Business Mobility Group, BMG）于 1997 年成立，并设立了亚太经合组织商务旅行卡、商务旅行手册等商务人员流通便利化措施。APEC 商务旅行卡（APEC Business Travel Card, ABTC）由亚太成员经济体的相关商务人士持有，该卡的持有者在 3 年内无需办理任何手续和签证，可多次出入亚太地区 16 国（经济体），并享受 21 个经济体的通关便利。随着 2010 年 5 月俄罗斯加入 ABTC 计划，目前所有成员经济体均已接受该项计划，其中除加拿大和美国处于过渡阶段外，其他成员国均对计划全面接受。根据 APEC 政策支持单位的调查，相比 2010 年 3 月到 7 月，2011 年 3 月到 7 月 ABTC 为持有人累计降低交易成本 38%，相当于 3.7 亿美元，累计节省出入境时间 62413 小时，相当于 1.9 万美元的货币价值。此外，APEC 商务旅行手册（Business Travel Handbook）也为商务人士提供了快速参考指南，该手册详细介绍各成员经济体入境基本资格标准、签证申请程序，并提供大使馆、领事馆、签证签发机构的联系信息，旨在降低整个区域商务交流的难度。

此外，在跨境教育、旅游、专业技术人员联通方面，亚太经合组织各成员经济体借力互联网推出虚拟学术交流卡，推动跨境教育便利化；亚太经合组织旅游工作小组已建立旅游从业者技能标准系统和互认协议，自 2000 年以来，该系统已经覆盖了亚太地区近 400 家旅游部门；最后，在专业人

---

① APEC, "Osaka Action Agenda", 2002 update.

才流动方面，APEC 人力资源开发工作组（Human Resource Development Working Group, HRDWG）于 2011 年启动和建立亚太经合组织技能开发促进中心，通过能力建设和劳动与社会保障体系加强区域内统一交通和物流行业专业资质认定标准、推动资质互认协议、培育了强大而灵活的区域劳动力市场。

综上所述，亚太经合组织自建立以来，各成员经济体间在区域硬件、软件和人员互联互通领域均取得了显著成就，目前已经初步形成了互联互通的基本网络。但是根据《亚太经合组织互联互通蓝图》，目前互联互通体系仍存在以下问题：硬件联通方面，域内基础设施及信息通讯技术设施的普及和质量仍不均衡；软件联通方面，由于各种管理限制或能力差距，现有规制在促进互联互通方面仍有很大不足；人员交往互联互通方面，需要减少人员交往和流动障碍，为促进人员顺畅流动而共同努力。因此，亚太地区各经济体仍需要推动互联互通合作全面纵深发展。

## 四、亚太经济互联互通的障碍

深入推进亚太经济互联互通，尤其是敏感领域的互联互通建设中存在瓶颈。

### 1. 基础设施互联互通面临巨大的资金缺口

基础设施的无缝连接依赖于大规模的交通设施、信息通讯系统和能源项目开发与建设，而无论泛亚铁路、两洋铁路的建设、现代化通关改革还是各成员经济体贸易职能部门联网，均需要巨额的资金投入。目前，APEC 财长会议已通过推广基础设施 PPP（公共—私营部门伙伴关系），举起互联互通大旗，但是短期来看，互联互通建设主要融资来源仍然是亚洲开发银行和各国政府的"单打独斗"，融资渠道单一、额度有限。

亚太经合组织成员国多为发展中国家，国内金融服务行业发展相对落后，因此对私人资本、民间资本的动员机制缺失，难以快速大规模整合民间资本以形成强大聚力。

**2. 缺乏专业的基础设施融资机构且项目评估体系尚未建立**

基础设施建设普遍规模大、周期长，因此需要匹配专门化的项目评估、融资安排和风险配置，但是在亚太地区仅有亚洲开发银行可以充当融资专业机构的角色。[①]

**3. 跨国基础设施互联互通投资收益存在不确定性**

受政策不确定性、运营风险和投资回报周期较长的影响，互联互通项目建设的投资收益存在较大的不确定性，因此私人部门投资意愿低。据亚洲开发银行统计，在亚洲基础设施项目融资里，来自私人部门的投资目前仅占到20%。

**4. 亚太各经济体之间政治互信脆弱**

基础设施的互联互通本身涉及铁路、公路、通信、能源等国家关键领域的合作，与国家的政治、经济主权息息相关，只有在各成员经济体建立充分的政治互信并达到利益协调一致，才能实现多领域的深度合作。但是，亚太经合组织包括亚洲、北美洲、大洋洲、南美洲区域内的 21 个成员国之间存在复杂的历史遗留矛盾和安全冲突，且各国在经济体制、领土、领海、宗教、民族等方面也存在多重纷扰，如中美在台湾问题上的冲突、朝鲜半岛核问题、中日钓鱼岛问题、中国菲律宾南海争端、日韩独岛（竹岛）争端，这些历史遗留的矛盾都大大降低了各国的政治互信，使各国互联互通合作障碍重重。此外，国际社会目前广泛流传"中国威胁论"，且美国自第二次世界大战以来一直推行的霸权主义、强权政治，这都使各成员国的合作存在诸多顾虑。2014 年，APEC 会议期间，中国提出了"一带一路"构想并斥资 400 亿美元成立丝路基金，这一举措连同峰会前夕中国牵头推进成立亚洲基础设施投资银行等举措，被国际舆论指责为中国版"马歇尔计划"，暗示中国这项计划旨在争夺世界话语权、制造大国对立、建立世界霸权，这也反映了亚太地区以及国际社会对区域合作的顾虑以及各成员经济体之间政治互信的缺失。[②]

---

① 竺彩华、郭宏宇：《东亚基础设施互联互通融资：问题与对策》，《国际经济合作》2013 年第 10 期。

② 冯维江：《为中国版"马歇尔计划"正名》，《当代金融家》2014 年第 12 期。

5. 成员间优先合作诉求和经济利益冲突

APEC 组织 21 个成员国经济发展水平存在巨大的差异，因此各国的合作重点也各不相同。以美国、加拿大、澳大利亚为代表的发达经济体合作重点在于推进经贸合作规制的改革和人文的联通；而东盟各国的主要合作诉求在于铁路、公路等基础设施的建设。[①] 以贸易便利化的软件联通为例，发达国家极力推进服务贸易自由化、知识产权保护、规制融合，而发展中国家由于国内产业竞争力低、农业脆弱、技术水平低等问题需要在长期内渐进推动贸易自由化，因此双方形成了迥异的攻势利益和守势利益，矛盾突出。[②]

此外，在发展利益方面，亚太经合组织成员国存在较大的矛盾。亚洲地区各发展中国家成员资源禀赋、经济发展水平接近，产业结构较为相似，存在部分产业过度竞争的局面；而以中国为代表的发展中国家与美国等发达国家长久的国际收支不平衡局面也使得区域内贸易摩擦不断。因此，经济发展的竞争关系必然使得各国在互联互通合作方面有所保留。

6. 缺乏统一的合作机构以及相应的利益协调、争端解决机制

目前，APEC 互联互通建设刚刚起步，尚未建立起一个可以推动合作、对成员国行为具有一定管理能力的正式机构，加之成员国在基础设施合作多采取自愿原则，因此合作领域缺乏制度保障，各成员国行为不受共同规章制度的约束，造成许多项目难以快速、持续的推进。此外，如前文所述，APEC 组织各成员国经济体在政治互信、合作诉求、经济发展方面矛盾重重，因此合作过程中的利益争端不可避免，现有的区域合作框架下缺乏类似 WTO 争端解决机制的协调机制，一旦成员国发生争端，互联互通项目就很有可能陷入长期停滞。

---

① 李文韬、樊莹：《APEC 互联互通问题研究》，《亚太经济》2014 年第 2 期。

② 盛斌：《共建面向未来的亚太伙伴关系：2014 年 APEC 峰会前瞻》，《中国经贸》2014 年第 9 期。

# 五、中国在亚太经济互联互通中大有所为

亚太地区互联互通的建设有利于构建区域内统一的生产、销售网络，形成统一市场，连接本地区各增长极，为区域经济注入新活力；有利于增强各经济体政治互信、缩小发展差异，构建安全、稳定的区域环境；有利于促进区域内人员、文化的交流，形成丰富多彩、兼容并包的人文环境。目前，亚太地区互联互通建设已初见成效，然而巨大的资金缺口、成员国政治互信的缺失、合作诉求与发展利益的冲突以及合作机制的不完善，都使得互联互通建设进入瓶颈期。2014 年，APEC 第 22 次领导人非正式会议在北京成功举办，中国提倡的"一带一路""丝路基金"等建议均得到了广大成员的认可，这标志着中国有意愿、有能力参与甚至主导亚太互联互通建设。

为进一步发挥中国对亚太地区互联互通建设的巨大推动作用，笔者提出四点建议：

1. 在国内发展公共—私营部门伙伴关系，构建吸引私营资本、推动亚太区域融资平台的建立

为了弥补亚太地区基础设施建设存在的巨大资金缺口，我国需要首先保证自身对合作项目的资金支持力度。仅靠政府控制的国家资本既难以保证对互联互通项目的大规模持续投入，也难以消除亚太成员国对中国威胁的担忧和互信。在这种情况下，我国率先通过在国内降低金融行业进入门槛、拓宽社会融资渠道、发展开发性金融、吸引民间资本参与，并以项目信息公开、财政承诺、项目保险等方式，增强跨国界基础设施建设项目投资的透明度、安全性，形成政府资本助推、私有资本主导的投资格局。此外，基础设施互联互通属于高资本密集型项目，而且需要各国互信，仅靠一国之力必然难以为继，因此，中国需要积极推动建立包括亚洲基础设施投资银行等区域融资平台，并借助融资平台扩充各种基础设施融资动议、创新区域融资方式，以聚合各成员经济体的资金力量。

2. 与各成员国加强政治互信、以灵活务实的方法协调得到最广泛支持的合作协议

互联互通的本质是合作，而合作的根本是政治互信和利益协调，因此中国必须妥善处理与各国的领土争端和其他历史遗留矛盾，促进相互合作，以文化交流、人员互通的形式促进了解，逐渐消除各国对中国不断发展壮大的顾虑。此外，各国在合作诉求和经济发展中的利益冲突不可能在短期内得到化解。因此，我国必须以开放、包容的态度考虑各国的主张和诉求，以灵活务实的方法兼顾各国利益、协调各国矛盾，达成现阶段最广泛支持的合作协议，逐步加深合作、达成长期目标。

3. 构建以区域价值链为纽带的经济发展利益分享机制

为促进亚太国家在互联互通和区域经济合作中共同发展，缩小发展差别，弥合利益冲突，中国在推动建立亚太自由贸易区时，应该充分考虑各成员国经济利益的差别和诉求上的差异，避免急功近利、一步到位地追求高标准的贸易、投资自由化，把渐进式的贸易投资自由化、包容性的制度安排作为亚太区域经济合作的基础，利用中国作为世界制造业中心和世界工厂的独特条件，以及作为新兴经济体领头羊的地位，在亚太区域产业价值链重构中，扩大对亚太发展中成员的投资，形成中国与其他发展中成员互利共赢的水平型为主的分工模式，加强与发达成员的产业合作，形成中国与发达成员互补型为主的价值链体系，保障中国的发展给亚太其他成员带来不断扩大的就业、贸易、投资机会，实现经济上的共同成长和利益共享。

4. 建立有一定强制力、约束力的"超国界"合作机制和争端解决机制

亚太经济互联互通建设的合作需要各成员国在政治、经济利益上有所让步和妥协，因此在各国自愿参与的模式下，合作很难达成广泛共识并得到持续的实施。因此，中国需要联合亚太经合组织其他成员国建立统一的合作机制，通过赋予其一定的约束力和强制力，保证得到成员国广泛支持的项目不因少数国家的干扰而难以通过，保证项目的实施不因少数国家的退出和质疑而陷入停滞。同时，我国应提议 APEC 组织仿效 WTO 建立完善的争端解决机制，有效化解区域内的经济摩擦和矛盾，在较短时间内平衡各方的利益关系，保证合作的持续推进。

# 区域一体化视野中的互联互通经济学

王玉主*

互联互通是当前区域合作领域的重要议题，对大多数人来说，对互联互通的认识可能始于东盟的实践。2010 年，东盟发布了《东盟互联互通总体规划》，作为推动东盟共同体建设的重要手段。此后，东盟的互联互通开始向"10 + 1""10 + 3"扩展，得到地区各国的认可和支持，互联互通也成为区域合作领域的时髦概念。2013 年，作为东道国的印尼把互联互通概念引入 APEC 合作进程。同年，中国提出"一带一路"战略，被认为是"我国扩大和深化对外开放，构建开放发展新格局，践行合作共赢理念的大战略"，[①]其核心内容之一也是互联互通。2014 年北京 APEC 峰会上，互联互通作为三个重要的优先领域之一，得到了全力推动。《APEC 互联互通蓝图》的通过意味着互联互通成为 APEC 未来合作的议题之一。

## 一、互联互通的概念界定

互联互通最初是一个在通讯领域应用比较广泛的概念。从来源看，它是从英文 connectivity 而来的。百度百科把互联互通定义为："运营商的网络与不在该

---

* 王玉主：中国社会科学院亚太与全球战略研究院研究员，中国亚太学会副秘书长。
① 张蕴岭：《聚焦一带一路大战略》，《大陆桥视野》2014 年 8 月（上）。

网络中的设备或设施之间的物理链路。该术语可以是指在某个运营商的设施和属于它的客户的设备之间的一个连接，也可以是两个（或更多）运营商之间的连接。"但这个定义使用的英文为 interconnection，维基百科对 connectivity 的解释说，这是一个名词，包括三个方面的含义：第一种意义是被联系的状态；第二种意义是指（通讯领域）在一个网络里把两个或更多个点联系起来的能力；第三种意义则是数学领域的。这就给人一种感觉，似乎互联互通在区域合作领域还是新词汇，也因此有学者认为东盟是这个概念的最初倡导者。①

互联互通始于基础设施建设领域。亚洲开发银行很早就开始使用互联互通这一概念，以互联互通为关键词在其网站上检索到的有关条目超过 15000条，例如，其 2003 年的一个基础设施项目就是"次区域交通运输互联互通（印度）"。项目列表显示亚洲开发银行对互联互通这个概念的使用主要在基础设施建设领域。亚洲开发银行行长黑田东彦在《加强基础设施建设、打造无缝亚洲》一书的序言中说，基础设施建设不加强，将影响经济增长、阻碍贫困消除，"与内陆地区更好的互联互通，将同时提升沿海和内陆地区的贸易和经济增长"。② 虽然所探讨的主要是基础设施，但并不能认为互联互通完全局限于基础设施。例如，2005 年出版的大湄公河次区域经济合作项目的研究报告《联系国家、沟通人民》，其三个关键词分别是竞争力、互联互通和共同体。③ 也就是说，人的因素也包含在互联互通合作中。

尽管有这么多项目涉及互联互通，但亚洲开发银行并没有给互联互通作出精确定义。因此，大部分分析互联互通的文章选择直接采用东盟对互联互通的定义。④ 更多的相关文章选择避开概念。其实，东盟在其《东盟互联互

---

① 有学者认为东盟第一次提出了互联互通概念。参见李文韬、樊莹、冯兴艳：《APEC 互联互通问题研究》，《亚太经济》2014 年第 2 期。

② ADB and ADBI, "Infrastructure for a Seamless Asia", Tokyo: Asian Development Bank Institute, 2009, p. iii.

③ "Great Mekong Subregion Economic Cooperation Program and ADB, Connecting Nations, Linking People", Manila: Asian Development Bank, 2005.

④ 例如，李晨阳：《中国发展与东盟互联互通面临的挑战与前景》，《思想战线》2012 年第 1 期；赵壮天、雷小华：《中国与东盟互联互通建设及对东南亚合作的启示》，《学术论坛》2013 年第 7 期，都采用了东盟对互联互通的定义。

通总体规划》中对其所做的定义是这样的:"在东盟，互联互通指包括基础支持和便利措施的物理的、制度的和人与人的联系，它们形成经济的、政治安全的和社会文化的支柱，为实现—体化的东盟共同体愿景提供支撑。""东盟互联互通的主要因素包括:物理联通——交通运输、信息通讯技术、能源;制度联通——贸易自由化和便利化、投资和服务自由化和便利化、相互认知协议/安排、地区运输协议、跨境手续、能力建设项目;人与人的联通——教育和文化、旅游。"①也就是说，东盟定义的互联互通是服务于自身共同体建设的，所界定的合作领域是有限的。

互联互通的概念界定。随着东盟互联互通从次区域向更大范围扩展，对互联互通这个概念的使用已经逐步泛化，出现了很多不同的认识。例如，隆国强认为，互联互通的内涵有广义和狭义之分。广义的互联互通包括实体、政府和民间的互联互通。狭义的互联互通则主要指交通、通信、能源等基础设施之间的互联互通。②显然这个概念也不是很全面，因为它无法概括目前区域层面推动的互联互通，与中国的互联互通战略似乎也不吻合。因此，在更大范围合作中探讨互联互通问题时，有必要先对其概念进行界定。

笔者倾向于将其定义为一种符合区域—体化要求的，包括传统的基础设施建设、制度性自由化安排以及人员互动和交流三个领域，服务于区域经济体加强沟通合作的措施或手段以及这些措施落实后达到的状态，虽然它主要表现为对过程的描述，但也可以扩展到结果刻画。因此，它既可以作为一体化的手段，也可以作为一体化的目标。

## 二、互联互通的经济学

互联互通已经成为东亚区域合作中备受欢迎的概念，专家们呼吁东亚加

---

① "Master Plan on ASEAN Connectivity", Jakarta: ASEAN Secretariat, December, 2010, p.2.
② 隆国强:《亚洲经济体应加速推进互联互通》,《博鳌观察》2013 年 10 月。

强互联互通建设,[①] 在经济、外交等诸领域都赋予其重大责任。[②] 笔者认为,互联互通受到追捧的最根本原因在于其推动地区经济一体化的能力。因此接下来将首先分析互联互通的经济含义,即互联互通的规模经济效应和贸易创造效应。这两个方面是其助力一体化福利效应的主要渠道,也是互联互通促进地区融合等其他效应的基础。

1. 互联互通的规模经济效应

从产品供给角度来说,互联互通的最重要作用是规模经济效应。互联互通、特别是基础设施互联互通,有助于突破区域一体化面临的基础设施瓶颈,使规模经济能够在更大的区域内实现。

制度性区域合作的目标是通过拆除各国设置的关税等藩篱,把原本相互分割的民族国家建立成为"单一的市场和生产基地",[③] 从而使在这个区域内从事生产经营活动的企业能够实现更大的规模经济。一些大公司采取的跨国性企业内分工、地区生产网络的兴起都是追求规模经济的结果,也是推动互联互通建设的动力。第二次世界大战结束以来,世界经济在 WTO 等多边机制的推动下,在全球化的道路上取得了重大成就。到目前为止,全球主要的经济体都已经加入到 WTO 中,多边贸易、投资规则在世界范围内被广泛接受。但同时,世界的多元化及伴随着它的多样化要求也催生了区域经济一体化。组建或加入区域性自由贸易安排来促进国际贸易、投资和经济增长成为一种潮流。根据世界贸易组织的统计,截至 2013 年上半年,全球实施中的区域贸易协定数量达到了 380 多个。这些区域性的合作安排,达成了比 WTO 更深入的合作协议,使主权国家对国际贸易、投资等活动的约束大大降低。但人们发现,制度性藩篱的拆除并不会自动消除经济一体化面临的

---

① 隆国强:《亚洲经济体应加速推进互联互通》,《博鳌观察》2013 年 10 月。

② 例如,马嫚的文章就认为中国—东盟之间的互联互通对双边关系的各领域都有重要意义(马嫚:《中国和东盟互联互通的意义、成就及前景——纪念中国—东盟建立对话关系 20 周年》,《国际展望》2011 年第 2 期);而高志刚的研究则认为能源与贸易互联互通与丝绸之路经济带建设关系密切(高志刚:《"丝绸之路经济带"框架下中国(新疆)与周边国家能源与贸易互联互通研究构想》,《开发研究》2014 年第 1 期)。

③ 单一市场和生产基地是东盟经济共同体建设的主要目标之一。

自然障碍。相反，制度性合作协议的确立凸显了对于基础设施互联互通的需求。一个物理上快捷便利地连在一起的区域才能更好地发挥其制度安排的优势，区域合作的规模经济效应也才能真正发挥。这个问题在经济发展极具多样性的东亚尤为突出，"东亚的多样性是这个地区的力量，它为地区贸易、投资和经济增长提供了机会""但如果没有互联互通，多样性只能带来不平等而不是繁荣"。亚洲开发银行 2009 年的研究显示，2010—2020 年亚洲国家的基础设施总投资需求大约在 8 万亿美元，其中 68% 为新建项目需求，32% 为基础设施维护、重建的需求，每年的平均基础设施投资需求大约 7300 亿美元，基础设施互联互通的需求压力很大。

以东盟地区为例，2002 年东盟自由贸易区建成之际，东盟六个老成员国 2002 年平均关税已经降低到 0%—5%，传统的关税已经不再是其区域内贸易的主要障碍。但东盟是一个多样性很强的区域，各国经济发展水平差距巨大，基础设施发展水平也存在天壤之别。发达的港口城市国家新加坡内部已经拥有四通八达的现代化地铁网，其港口、机场则联通世界主要经济中心。而老挝全国到目前为止还没有一条像样的铁路。在这样的情况下，即使突破了制度障碍，落后的基础设施仍然阻碍着地区市场的形成。或许这是东盟在推动自贸区、投资区，乃至经济共同建设后，开始关注地区互联互通建设的原因。其实，对物理联通水平落后影响区域合作安排效果的观察和研究并不少。例如泰国学者对中泰落实中国—东盟自贸区早期收获计划的研究显示，交通运输的极度不便实际上使早期收获计划对泰国北部果农失去意义。从这个意义上讲，互联互通实际上拓展了传统区域合作概念：即为了实现规模经济，除了需要逐步拆除影响经济自由化的制度障碍，还要解决影响自由化的自然障碍。否则，区域合作的规模经济效应就不可能完全释放出来。

与规模经济概念相联系的，是互联互通的投资促进作用。20 世纪 70 年代以来跨国直接投资的兴起，主要的原因就是世界经济的互联互通进展太慢，进入消费市场直接从事生产可以避开关税、非关税等国际贸易壁垒，同时也可以利用投资地区人力资本、自然资源方面的禀赋优势。正因为如此，区域性的互联互通因其在塑造地区单一市场方面的能力，对于跨国公司会产生更大的吸引力。因为规模经济可以使其产品价格下降，无论在区内销售还是出口到区外都更具竞争力。

2. 互联互通的贸易创造效应

从需求角度来说，互联互通可以发挥贸易创造效应。这种效应主要表现在互联互通的深化可以让更多的人融入经济全球化、区域化进程，扩大消费人群；通过降低物流成本扩大消费规模，或把更多产品变为可贸易产品，从而促进国际贸易发展。贸易就其本质来说是基于互补性的交换活动，对于产品来说，互补性的表现无非两种情况：第一，你无我有；第二，你有我廉。在这两种情况下，都存在是否可贸易以及贸易规模的问题。互联互通的贸易创造效应是与物理联通、制度联通和人与人的联通都密切相关的一个过程，因为它们都具有改变产品可贸易性和扩展贸易规模的功能。

（1）基础设施互联互通所形成的新的交通运输路线或方式与制度互联互通带来的贸易投资自由化、便利化会在很大程度上降低贸易的时间、物流和关税等成本，从而改变产品的可贸易性和贸易规模。

中国古代丝绸之路之所以繁荣，主要是因为互通有无。对于你无我有的产品，需求的动力一直存在，但当物流成本极高时，贸易后的产品价格也极高，成为只有极少数人能消费的奢侈品，有些产品则因为运输时间问题可能无法贸易。实际上，古代中国运到欧洲的丝绸和世界各地进入中国的香料都是价格昂贵的奢侈品，而牛奶、啤酒、新鲜水果等在现代科技和物流技术出现之前根本无法进入长距离国际贸易。这种影响在当今的经济生活中仍然存在。对中国的物流成本研究显示，物流费用会影响价格水平，进而影响最终消费。如果通过互联互通建设把运输、通关、配送等中间环节的时间缩短、成本降低，则会形成更大的消费群体，扩大贸易规模。例如，荔枝是大家都喜爱的水果，但不容易保存，所以在唐代只有像杨贵妃那样的人物才可能享用。但随着航空、高速铁路等运输工具的出现以及冷链物流技术的发明，荔枝成为价格低廉的可贸易产品。越南进口的火龙果1998年在北京市场上曾高达98元一斤，到了中国—东盟签署双边自贸区后，它才成为老百姓可以接受的普通水果而大量销售。

（2）互联互通对于存在价格互补性（你有我廉）的产品具有类似的创造效应。

亚当·斯密的《国富论》全面分析了建立在比较优势基础上的分工和专业化生产对生产效率提高和国际贸易的促进。但亚当·斯密对比较优势的分析是静态的，没有考虑实际分工的形成对于比较优势的程度要求。在现实生活中，两个国家在某种产品上的比较优势所造成的价格差异，一定要超过这种产品进入对方消费者手中的中间环节成本，分工才可能在这两个国家之间出现。换句话说，产品从一国生产者到另一国消费者这一过程所产生的成本是比较优势产生国际分工的临界值。决定这个临界值的正是物理联通水平决定的运输等成本，制度联通所决定的通关、金融等成本。随着互联互通程度的加深，这个临界值会逐步降低，一些新的分工会出现，进而创造新的国际贸易。那些已经存在的分工产品价格则会下降，吸引更多的消费人群，扩大贸易规模。比如说，中国的货物进入东南亚以及印度洋沿岸地区，传统的通道是先进入太平洋，然后从泰国湾进入泰国内地，从磅逊湾进入柬埔寨；若要进入印度洋沿岸各国，则必须绕道马六甲海峡或巽他海峡。如果取道澜沧江—湄公河水陆联运，可比绕道华南沿海缩短 1500—3000 公里，运费可降低 40%—60%，时间可节省一半以上。实际上，亚洲地区加强互联互通以降低贸易成本的潜力是巨大的。研究显示，交通运输的改善将使印度尼西亚、马来西亚、菲律宾、泰国、越南、印度、巴基斯坦、斯里兰卡和中亚等国家或地区的贸易成本分别降低 25.3%、11.4%、15.6%、12.1%、13.2%、21.6%、12.9%、10.6% 和 11.5%。

（3）人与人的互联互通也具有贸易创造效应。

因为在人们的交往过程中，彼此在语言交流、文化教育、宗教信仰、生活习俗乃至世界观等众多领域都会产生互动和融合，并因此产生贸易。比如，随着英语作为国际语言被接受，非英语国家开始学习英语，并因此产生对英文书籍、报刊、音像资料的需求。随着文化交流的加深，亚洲人、非洲人开始接受西方文明，人们开始穿西装，喝咖啡、葡萄酒，开汽车，而这些无一不在创造着国际贸易。而对奢侈品牌的全球认知，大大提升了奢侈品国际贸易，人们对健康生活的追求则促进了高端瓶装水的国际贸易。以后，随着人们环保观念的一致化，可能还将出现碳贸易。

总的来说，互联互通从供给和需求两个方面影响着国际贸易，当然也就对地区经济一体化发挥影响，并产生积极的福利效应。世界银行的研究认为，如果 APEC 落后经济体能够通过贸易便利化措施提高港口效率、标准协调、电子商务等领域的服务水平，APEC 内部贸易将会增加 2800 亿美元，相当于全部贸易额的 10%。2002 年的研究进一步显示，APEC 内部交易成本如果降低 5%，整个地区的 GDP 将会提高 0.9%，等于增加 1540 亿美元的收入。这种福利效应是互联互通战略发挥其他各种作用的重要基础，应该也是互联互通受到各方青睐的原因。

## 三、案例：东盟的互联互通战略

前面我们分析了互联互通增加地区一体化福利的两个主要方面。根据定义，互联互通发挥作用的渠道突破了传统的制度性合作范围，把区域性基础设施建设、人与人之间的沟通交流都纳入到合作视野。包含物理联通、制度联通和人与人的联通三方面的互联互通概念是东盟界定的，目的是推动东盟共同体建设。最早建成共同体的欧盟并没有提出像目前这样涵盖范围宽泛的互联互通战略。因此，如果我们把互联互通作为亚洲一体化的引擎，或者推动亚洲一体化的现实路径，还是需要认真分析互联互通战略的形成背景，以及亚洲一体化面临的问题与互联互通的作用机制如何匹配。在中国提出的"一带一路"战略中，互联互通被看作是基础。但如何发挥互联互通的基础性作用，尚需进一步的研究。

东盟实施互联互通战略的背景。东盟是首倡互联互通战略的地区组织，那么，东盟创新推动区域一体化的基础动力是什么呢？《东盟互联互通总体规划》认为，"互联互通便于东盟实现一体化，加快东盟共同体建设"。同样在这个规划中，东盟对互联互通和共同体建设之间的关系做了这样的概括："通过提高物理和制度联通能够实现东盟互联互通，而这可以降低投资和货物、服务贸易的成本，包括服务链成本和网络建立成本。提升了的物理和制度联通可以拓展生产／分配网络的边缘和增加人与人的联通，因而缩小发展差距，这些将进一步培育东盟的共同体意识。"那么，应该怎样认识东盟对互联互通战略所做的这种表述呢？

东盟实施互联互通战略，更多意义上是其传统的应对战略的一部分，是其正视共同体建设目标面临巨大挑战这一事实的结果。作为对后冷战世界国际格局变化的反应，东盟加快了区域一体化步伐，从1992年开始内部的自由贸易区建设，其内部的一体化程度因此不断加深。这是一个东盟各国互动加快、加深，东盟经济不断崛起的进程。作为结果，东盟在地区合作中获得了一种有利的中心地位。为了进一步加强内部合作，适应东盟在东亚合作中所扮演的重要角色，东盟在2003年通过的《东盟第二协调一致宣言》中首次明确提出建设东盟共同体，并宣布将于2020年建成以安全共同体、经济共同体和社会文化共同体为三大支柱的东盟共同体。

虽然东盟的规划雄心勃勃，但共同体建设并不是完全顺风顺水。例如，在实现"单一市场和生产基地"这一对经济共同体建设最为核心的目标上，东盟仍面临挑战：一是在贸易投资自由化、便利化方面，虽然关税水平通过前期的自贸区建设已经大大降低，但一些敏感产品的关税仍然很高。更为重要的是，消除非关税措施的努力并没有取得理想的效果。二是在缩小内部发展差距方面的成绩也难令人满意。而这又对共同体建设单一市场和生产基地的目标形成负面影响，因为越、老、柬、缅等国家经济发展水平落后，基础设施建设水平很低，一方面在落实贸易投资便利化措施方面困难重重；另一方面基础设施互联互通水平太低使东盟达成制度性安排无法真正落到实处。此外，要建成一个真正意义上的共同体，人的沟通、交流、互动水平也必须得到相应的提升。毕竟，任何制度安排都要靠人来实现。

作为一体化手段的互联互通。对东盟互联互通战略出台的背景分析说明，东盟的一体化原本并没有要标新立异，而是遵从区域一体化的基本经验，即欧盟发展过程中从贸易自由化到市场一体化，再到经济共同体、政治共同体的道路。但东盟在贸易投资自由化、便利化道路上行进的过程中发现，东南亚不是西欧，需要一种基于协调一致的"东盟方式"才能使合作进程得以推动。不仅如此，地理分散、历史文化传统差异巨大的东南亚还需要在物理上联系起来，在思想观念、价值认同上统一起来。因为这些因素本身既使制度一体化无法迈向更深层次，又限制着已经达成的制度安排的效果发挥。换句话说，在一个作为生产者和消费单元的普通民众大部分还没有完全有效地融入地区生产网络和价值链的地区，关税等制度性障碍还不是阻碍地区一体化的唯一因素。互联互通就成了超越传统的破除制度障碍努力的新的一体化手段，而其追求的，是前面分析的互联互通的规模经济效应和贸易创造效应。

既然互联互通被作为一体化的手段，在实践中就一定是根据自身的实际情况有针对性地进行规划。《东盟互联互通总体规划》为东盟设定的目标是：提升东盟一体化与合作；建立更强大的生产网络以提升东盟的全球竞争力；提高东盟人民的福利和生活；为东盟提供更好的治理和规则；加强与东盟区内以及各成员内部的经济中心的联系，缩小发展差距；促进本地经济和社会发展；加强应对气候变化的措施，促进可持续发展；以及应对互联互通的负面效应。为了实现上述目标，规划分别确定了物理联通、制度联通以及人与人的联通的任务。其中，物理联通的任务是在东盟以及更大的范围内形成整合不同模式、运行良好的运输、ICT 和能源网络。这项任务将通过七大战略来落实（见表 3—2）。制度互联互通的任务是实施战略、协议以及法律和制度机制以有效落实东盟互联互通，包括那些货物和服务贸易便利化措施，以及那些确保投资得到保护的适当类型的投资政策和法律框架。东盟将通过十大战略来保障这项任务的落实（见表 3—2）。人与人的联通要形成促进和投资教育及终生学习的倡议，支持人力资源开发，鼓励创新和企业家精神，促进东盟文化交流，促进旅游业并发展相关产业。有三项战略支撑这项任务（见表 3—2）。

表 3—2　《东盟互联互通总规划》设定的落实战略

| 一、提升物理联通的主要战略 | |
|---|---|
| 战略 1 | 建成东盟高速公路网 |
| 战略 2 | 完成新加坡—昆明铁路连接项目的落实 |
| 战略 3 | 建立完整高效的内陆水运网 |
| 战略 4 | 建成一个完整、高效且具有竞争力的海上运输体系 |
| 战略 5 | 建立完整、无缝的多模式运输系统，把东盟打造成东亚地区的运输枢纽 |
| 战略 6 | 在每个东盟成员国加速 ICT 基础设施和服务的发展 |

| 战略7 | 对东盟能源基础设施项目进程做优先排序，以解决制度上的问题 |
|---|---|
| **二、提升制度联通的主要战略** | |
| 战略1 | 全面实施关于运输便利化的三个框架协议 |
| 战略2 | 落实关于国家间旅客陆地交通运输便利化倡议 |
| 战略3 | 形成东盟单一空运市场 |
| 战略4 | 形成东盟单一船运市场 |
| 战略5 | 通过消除地区内部货物贸易障碍加速东盟区域内货物自由流动 |
| 战略6 | 加速培育一个高效且具竞争力的物流部门，特别是运输、通讯以及与这一地区互联互通相关联的其他服务 |
| 战略7 | 实质性提升地区内的贸易便利化 |
| 战略8 | 提升边境管理能力 |
| 战略9 | 在公平的投资规则下加快东盟成员对区域内外投资的进一步开放 |
| 战略10 | 强化区内落后地区的制度能力，提升区域政策、计划、项目的协调 |
| **三、提升人与人的联通的战略** | |
| 战略1 | 促进东盟区内社会、文化的深入了解 |
| 战略2 | 鼓励区内更多的人口流动 |

东盟设定的上述任务和落实战略说明，作为一体化措施的互联互通关注的主要还是基础设施方面的问题，追求的主要是物理联通的规模经济效应和贸易创造效应。这进一步证明了东盟是基于自身一体化现实而实施互联互通战略的。这对互联互通战略在东亚地区的拓展，对于中国的互联互通战略，都具有重要的启示意义。

（1）互联互通是被东盟作为一体化手段提出的战略，但在实践中是可以作为阶段性目标来落实的。清晰的目标规划有助于互联互通项目的落实。

（2）互联互通包含物理联通、制度联通和人与人的联通三个方面。虽然它们发生作用时是相互关联的，但在实施互联互通战略时，还是要分析自身一体化目标所面临的主要障碍，以确定不同的推动重点。

（3）互联互通的经济学价值在于其规模经济效应和贸易创造效应，这应该是制定互联互通战略时首先要关注的因素。

# 四、结语："一带一路"与互联互通

党的十八大报告中提出要加强与周边国家互联互通，此后，我国提出了"丝绸之路经济带"和"21 世纪海上丝绸之路"建设倡议。这个被简称为"一带一路"的战略是中国周边战略构建的重要组成部分，而互联互通则是其核心内容之一。不仅如此，习近平主席提出的"五通"，即政策沟通、道路联通、贸易畅通、货币流通、民心相通，不仅反映出中国"一带一路"建设对互联互通的重视，实际上也拓展了此前东盟界定的互联互通的内涵。

根据到目前为止中国公布的有关"一带一路"的相关规划，丝绸之路经济带将在中国与沿线国家之间形成紧密的区域合作，使中国与欧亚各国经济联系更加紧密。而 21 世纪海上丝绸之路是中国加强同沿海上丝绸之路各国合作的纽带，将通过深化经济合作、加强民间往来、促进文化交流，与东亚、东南亚、南亚以及西亚形成广泛的合作。也就是说，"一带一路"要在沿线地区推动一体化合作，而推进中的中巴经济走廊、孟中印缅经济走廊以及拟议中的澜沧江—湄公河合作，都将是推动海上丝绸之路建设的重要组成部分。

那么，在"一带一路"建设中，应该怎样发挥互联互通的建设性作用呢？根据前面对互联互通战略的分析，首先应尽量明确丝绸之路经济带和 21 世纪海上丝绸之路的目标体系，确定近期目标、远期目标，然后评估影响这些目标实现的主要因素，确定在互联互通建设中以哪项工作为主。

当然，"一带一路"建设之所以重视互联互通，是因为中国政府已经认识到在这些地区互联互通方面的缺失，但分析具体情况还是会产生更具针对性的策略。例如，中国和巴基斯坦早已建成了双边自贸区，这意味着阻碍双边经济合作的制度性障碍已经先期消除或部分消除，因此，中巴经济走廊建设就应把基础设施互联互通放在更优先的地位。而中印、中孟之间还没有达成有效的合作安排，因此孟中印缅经济走廊则在推动基础设施互联互通建设的同时，积极推动制度性互联互通，力争在中国与南亚国家的区域合作方面形成制度性突破。同样，对于丝绸之路经济带建设，也应做这样的考虑。

# 以"一带一路"促进亚洲共同能源安全

黄晓勇[*]

## 一、"一带一路"推动沿线各国发展战略对接与耦合

中国不仅是推动全球经济增长的动力,也是扭转全球经济下滑、推动全球经济复苏的重要力量。中国的经济增长放缓,对国际大宗商品供需、国际贸易和资本市场都会产生不利影响。因此,世界各国越来越关注中国的经济政策在维护世界经济稳定增长和可持续发展方面所发挥的重要作用。中国经济的规模、实力和对世界影响的深度、广度决定了中国在全球经济发展中需要承担相应的责任。

全球化时代下的"一带一路"倡议具有高度的开放性。中国政府多次表明,鼓励各国自愿参与,遵循市场规律和商业规律,各方平等互利,与其他既有的地区机制和倡议并行不悖。

推进"一带一路"建设既是中国扩大和深化对外开放的需要,也是加强和亚欧非及世界各国互利合作的需要,更是亚欧非大陆实现经济和社会广泛融合发展的历史机遇。但是共建"一带一路"并不是中国一家的发展战略,而是中国向国际社会发出的全球性倡议,旨在促进经济要素有序自由流动、资源高效配置和市场深度融合,推动沿线各国实现经济政策协调,共同打造

---

  * 黄晓勇:中国社会科学院研究生院院长,国际能源安全研究中心主任。

开放、包容、均衡、普惠的区域经济合作架构，其根本是各国共同的事业。因此，中国不会以一家独大为目标，而是使自身更好地发挥全球经济引擎的作用，为全球经济好转提供重要推动力。"一带一路"的互联互通将推动沿线各国发展战略的对接与耦合，改变区域发展格局，提高区域市场效率，促进投资和消费，创造需求和就业，增进沿线各国人民的人文交流与文明互鉴。

## 二、实现共同能源安全是"一带一路"的重要内容

亚洲人口占全球人口的六成，是当今世界最具经济活力和增长潜力的地区，地区经济约占全球经济总量的三分之一。亚洲是能源需求增长最快的地区，同时也是能源进口量快速增长的地区，这导致全球能源供需格局在近年出现了需求重心加速东移的现象。亚洲能源安全关乎全球能源和经济安全。目前，亚洲各国资源禀赋不均衡，经济发展不均衡：部分国家能源资源丰富，但是经济欠发达，铁路、公路、桥梁、港口、机场和通讯等基础建设严重不足，无法依靠资源实现经济腾飞；而大多数国家能源无法自给，需要从亚洲以外地区进口，高成本制约了国民经济效率的提升，而且能源需求冲突易引发区域内国家间的冲突，影响亚洲整体实力的提高。因此，亚洲各国具有能源合作共赢的巨大潜力，能源合作成为亚洲地区发展的关键因素。但是，亚洲地区面临着比较复杂的地缘政治的形势，目前阶段尚未实现有效的跨国经贸合作，区域能源市场也未能建立起来。如何实现亚洲共同能源安全需要有新的思路，这是"一带一路"的重要内容。

在此形势下，中国承担大国责任在能源领域体现为两个层次：一是积极参与全球能源治理，加强与世界各国的沟通合作，共同维护国际能源市场及价格稳定；二是积极参与亚洲能源市场的建设，与亚洲各国协调发展，实现共同能源安全。在"一带一路"的战略框架下，中国将继续深化与沿线国家在油气领域的合作，在构建新的油气市场格局中发挥更大的作用，提高能源资源、基础设施、工业产能、金融资本的利用效率，从而为中国经济社会发

展提供更加持续稳定的油气供应，同时也为整个亚太地区的经济发展创造更好的市场环境，发挥并增强中国在区域治理及全球治理中的重要作用，展现出作为负责任大国的应有形象。

## 三、以互联互通推动区域能源市场融合发展，畅通能源输送通道

互联互通是"一带一路"的基础，以政策沟通、设施联通、贸易畅通、资金融通、民心相通为主要内容。通过能源与交通基础设施建设、加强商业金融与投资可以促进互联互通，加速亚洲区域能源市场的一体化进程，形成能源经济的优势互补，有助于消除亚洲各国之间的发展鸿沟。针对能源富集地区自有资金不足、融资能力不强的情况，中国倡议设立亚洲基础设施投资银行（亚投行），向亚洲地区发展中国家的基础设施建设提供资金支持，并与世行、亚行等现有多边开发银行在知识共享、能力建设、人员交流、项目融资等方面开展合作，共同改善亚洲地区基础设施融资环境，促进亚洲的经济和社会发展。"一带一路"建设重点之一是畅通能源输送通道。"一带一路"辐射的区域东临亚太经济圈，西接欧洲经济圈，并与非洲相连，在地理上与中国能源进口的陆上和海上通道吻合。在"一带一路"框架下，在尊重相关国家主权和安全的基础上，中国将与沿线各国共同推进主要交通和能源基础设施的建设：一方面，逐步形成连接亚洲各次区域以及亚欧非大陆的基础设施网络。公路、铁路、管道、航空、航运等交通设施实现互联互通，将为相临产业、货物贸易和资源能源等领域提供直接的合作。另一方面，共同维护输油、输气管道等运输通道安全，推进跨境电力与输电通道建设，积极开展区域电网升级改造合作，为区域能源市场的建设打下坚实的基础。

## 四、分区域推动亚洲能源市场建设，增强彼此互信和谅解

亚洲能源市场的建设不会一蹴而就，有步骤、分区域的推进更符合实

际，也会更有效。中国可以分别与东北亚、南亚、中亚、东南亚各国开展地区能源市场的建设。

由中国、日本、韩国三国构成的东北亚区域是世界上能源需求量较大的地区之一。在共同能源安全观和"一带一路"倡议下，能源领域可以成为三国合作的切入点。特别是在国际油气价格暴跌、油气市场供大于求形势下，缓解了能源竞争压力。这种形势有助于三国之间合作竞争关系的构建，即用合理的代价获取所需的能源资源，加快各国国内经济和能源结构的优化。三国应尽快启动天然气等能源项目的合作，提高东北亚地区与天然气进口国的议价能力，实现合理定价，共同推进东北亚能源市场的形成，努力推动能源合作多边机制的建设。

南亚是世界上经济最不发达的地区之一，因此，在"一带一路"的能源建设中，南亚具有特殊的重要性。"一带一路"的第一步就是建立中巴经济走廊，以增强中国、巴基斯坦以及阿富汗之间的经贸往来，并提出了打通缅甸、孟加拉国和印度东部的基础设施建设计划，以提高陆上交通效率，减轻进口能源海运过程中对马六甲海峡的过度依赖。印度是南亚地区的最大国家，但与中国同样面临人口总量庞大、国内油气资源相对匮乏的问题。中印可以在共同能源安全的理念下，选择能源安全保障、能源技术利用等关键领域开展合作，并将这些合作充实到"一带一路"框架中，这有利于扩大中印共同利益，也有益于提升印度能源自给水平，提高能源利用效率，实现绿色发展。

中亚地区拥有丰富的能源资源和市场潜力，是丝绸之路经济带的重点发展区域。与东北亚和南亚的竞争型合作不同，中国在中亚面临的是能源经济的互补型合作。中国在"一带一路"框架下，建设俄罗斯西线天然气入境管线、阿塞拜疆—土库曼斯坦油气管线、阿塞拜疆向西通往地中海的油气管线，推动实现里海两岸能源基础网络的互联和中亚地区电力网络的互联，促成中国西部、中亚五国和西亚地区、里海沿岸地区经济的融合发展。

东南亚地区人口众多，也是油气资源富集区，但是单个国家的能源体系都比较薄弱。与"一带一路"在中亚的情况相似，中国与东南亚各国的能源经济互补性极强。目前东南亚地区已经成为中国石油、天然气和煤炭的重要进口来源地，在天然气终端建设、陆上能源通道、电力网络建设方面还有广阔的合作空间。

中国在与中亚和东南亚的合作中，应坚持"能源输入"和"能源输出"并存的思路，强调中国不但为能源输出国提供稳定的需求，而且中国还是广义上的"能源输出大国"：扩大对沿线各国油气企业并购和投资力度；扩大油气贸易规模和贸易频度；通过能源资源就地就近加工转化合作，在沿线国家建立相应的炼油厂、发电厂，延伸油气产业的下游产业链；加强在能源资源深加工技术、装备与工程服务方面的合作；将部分油气资源直接在当地转换为能源消费产品，以满足沿线国家对能源的需求，并带动沿线国家能源行业和地区经济的发展，让各国人民享受到"一带一路"合作共赢和实现共同能源安全的成果。这样不仅可以缓解相关国家的能源紧张局面，也降低了能源输向中国的政治风险，有利于"一带一路"倡议的实施和沿线各国当地经济的可持续发展。同时，中国政府还应利用在可再生能源、低碳技术等领域的科技突破和产能优势，积极地与"一带一路"区域内各国共同努力推动在水电、核电、风电、太阳能等清洁、可再生能源等方面的合作，发展当地循环经济，实现能源绿色发展。

总之，"一带一路"倡议有助于亚洲各国建立统一、高效的共同能源市场，各国应以开放、合作的政治理念和战略导向，进行能源政策、项目上的跨国协调，提高能源资源的利用效率。随着实质性推进"一带一路"倡议的实施，亚洲各国将更好地了解"一带一路"倡议所蕴含的"独乐乐不若与众乐乐"的中国传统思想，促进各国积极参与"一带一路"倡议框架下的各类能源合作。"一带一路"各参与国之间展开能源合作，必将促进实现亚洲共同能源安全，加速亚洲经济增长，进而推动世界经济发展，并降低全球安全领域的忧虑和紧张程度。

# 四、"一带一路"与人民币国际化

# "新丝绸之路"的经贸金融战略意义

郭田勇 李 琼*

## 一、一种新型区域合作模式

两千一百多年前西汉汉武帝时期，张骞两次出使西域，开辟了一条横跨东西、连接欧亚的"古丝绸之路"。20世纪90年代初，中国兰新铁路西段与哈萨克斯坦土西铁路正式接轨，标志着东起连云港、西至荷兰鹿特丹的新亚欧大陆桥全线贯通。

2013年9月初，习近平主席首次出访哈萨克斯坦、乌兹别克斯坦、吉尔吉斯斯坦以及土库曼斯坦等中亚四国，与四国分别签署了关于建立战略伙伴关系的联合宣言。9月7日，习近平主席在哈萨克斯坦纳扎尔巴耶夫大学做重要演讲，全面阐述了中国对中亚国家的睦邻友好合作政策，提议用创新的合作模式，共同建设"新丝绸之路经济带"。

"新丝绸之路经济带"通过对古丝绸之路的重新定义，强化中国与中亚国家的经济贸易合作，强调中国与中亚国家悠久的历史渊源，在中国的西部地区打开了一片经济合作与发展的新天地。实际上，早在20世纪90年代初，

---

\* 郭田勇：中央财经大学金融学院教授、博士生导师，中央财经大学中国银行业研究中心主任、证券期货研究所副所长。

李琼：中央财经大学中国银行业研究中心助理研究员。

中国就曾提出过"新丝绸之路"的概念，联合国开发计划署也一直致力于丝绸之路沿线国家和地区的经济、文化交流与合作。

1994年4月，时任中国国务院总理李鹏在访问中亚四国时提出"共建现代丝绸之路，扩大亚欧经济文化交流"。1996年4月，由中、俄、哈、吉、塔五国元首在上海举行会晤，创建了"上海五国"会晤机制。它的建立为加强五国睦邻友好合作关系，加强五国和亚太地区安全，探索新型国家关系、新型安全观和新型区域合作模式提供了重要经验，对整个地区的经济稳定和发展产生了积极深远的影响。2001年6月15日，上海合作组织在上海正式成立。上海合作组织的前身就是上海五国会晤机制，乌兹别克斯坦以完全平等的身份加入了"上海五国"。

在过去的十几年中，中国和中亚五国之间在政治和经济方面的合作取得了非常大的进步。1992年中亚国家独立时，中国和中亚五国的双边贸易额只有4.6亿美元，2001年增长到55亿美元。在上海合作组织的推动下，2012年中国与中亚的双边贸易额已经达到459.4亿美元，比1992年增长近百倍。上海合作组织促进了中国与中亚国家睦邻友好、合作共赢的新局面，为中国与中亚国家之间的相互促进、相互发展、相互支持提供了有力的平台。

2013年，中国在关于发展西部经济方面提出多个方案。此前中国国务院总理李克强在访问巴基斯坦时提出建设"中巴经济走廊"，在访问印度期间则提出了建设"中印缅孟经济走廊"。这些"经济带"和"经济走廊"的提出都是为了加强中国与周边国家之间交通、能源、经济等领域的交流与合作，促进两国共同发展。

2013年9月初，习近平主席提出"新丝绸之路经济带"的构想，准确解释了中国和中亚国家建设"命运共同体"和"利益共同体"的基础性原则，全面提升了中国同中亚国家的关系水平，阐述了中国新一届政府对中亚的政治以及经济政策，对于未来我国与中亚国家的战略合作与经济发展具有深远意义。

## 二、"以点带面，从线到片"的大合作战略

二十多年来，随着中国同欧亚国家关系的快速发展，古丝绸之路往日的繁荣与辉煌将以一个崭新的面貌来呈现，中国同亚欧国家的互利合作将会达到新的历史高度。习近平主席在纳扎尔巴耶夫大学的演讲中强调，当前，中国同中亚国家关系发展面临难得的机遇。为了使中国与欧亚各国经济联系更加紧密、相互合作更加深入、发展空间更加广阔，可以用创新的合作模式，共同建设"丝绸之路经济带"。这一经济带的建设可以从以下几个方面先做起来，以点带面，从线到片，逐步形成区域大合作。

1. 加强政策沟通

政策沟通对于建设"新丝绸之路"非常重要。中亚五国虽是近邻，但是对于大多数中国人来说，却是比较遥远和陌生的。每个国家都有自己的经济政策，如果基本政策沟通不顺利，很多经济文化交流工作都无法正常开展。

一方面，中亚国家与中国的合作水平还没有完全反映出彼此的国家实力，各国与中国的合作水平差距很大，这就需要国家之间在政策方面加强沟通，促进双边及多边贸易的稳定发展。目前的贸易状况还未能真正反映出这些国家的经济水平，也就是说，将来还有巨大的发展潜力。

另一方面，中国应与中亚国家在政策层面多沟通以消除认识误区。世界政治中心大国和周边中小国家关系的紧密化，往往会招致猜疑。中亚国家可能会担心向中国过多出口原材料会成为中国的附庸，而且会抱怨与其合作的伙伴主要是中国西北相对落后的省份，缺少东部发达省份。习近平主席在演讲中强调，中国坚持走和平发展道路，坚定奉行独立自主的和平外交政策；尊重各国人民自主选择的发展道路和奉行的内外政策，绝不干涉中亚国家内政；中国不谋求地区事务主导权，不经营势力范围；中国愿同俄罗斯和中亚各国加强沟通和协调，共同为建设和谐地区作出不懈努力。所以，未来在与中亚国家的贸易合作中，中国应继续加强与中亚国家的政策沟通，消除疑虑，共同促进双边贸易的和谐快速发展。

2. 加强道路联通

由于经济落后和历史的原因，中亚地区的交通基础设施处于较低的水平，运输效率低下，这不仅严重阻碍了中亚各国利用其自身资源谋求快速发展，而且还给外部国家同中亚的经济合作带来了不利影响。因此，中亚各国与多个国际组织一直致力于中亚的南北、东西的交通建设。

近年来，中国和中亚各国以及亚洲开发银行等国际组织不断努力，新丝绸之路中国—中亚段沿线交通基础设施不断改善，极大地促进了双边及多边的贸易便利性。新丝绸之路初步建成为连接中亚各国家与世界其他国家的交通枢纽。

铁路运输是"新丝绸之路经济带"发展的重要环节。我国与中亚国家的铁路运输合作始于 1991 年。1990 年 9 月 12 日，中苏铁路在中国新疆的阿拉山口站与苏方的德鲁日巴站正式接轨，使亚欧第二大陆桥得以贯通。1991 年，中亚各国纷纷取得独立，亚欧第二大陆桥的中亚段便成为我国与中亚国家开展经贸合作的铁路运输的黄金通道。目前，中国有两条铁路与哈萨克斯坦连接，一条在阿拉山口，一条在霍尔果斯口岸。习近平主席在访问中亚时提到，如果中国、吉尔吉斯斯坦、乌兹别克斯坦的铁路能够连接起来，那么对中亚和中国的交通来说将是一个很大的突破，陆路上的畅通对于将来经济贸易的往来将会起到非常关键的作用。中国可以推动高铁"走出去"，既能解决将来有可能出现的产能过剩问题，同时又可帮助其他国家实现铁路现代化。

在航空方面，中国与中亚航空交通仍需要继续发展，未来的目标是使所有中亚国家的首都都能与北京实现直航。

中国应与各方积极探讨完善跨境交通基础设施，逐步形成连接东亚、西亚、南亚的交通运输网络，为各国经济发展和人员往来提供便利。

3. 加强贸易畅通

"新丝绸之路经济带"涉及总人口近三十亿，市场规模和潜力独一无二。经济带东端连着充满活力的亚太经济圈，西边系着发达的欧洲经济圈，沿线国家经济互补性强，在交通、金融、能源、通信、农业、旅游等各大领域开展互利共赢的合作潜力巨大。"新丝绸之路经济带"原本是中国西部和中亚地区之间的一个"经济低谷带"。这里虽然地域辽阔，有丰富的自然资源、能源资源、矿产资源、土地资源和宝贵的旅游资源，但是该区域交通不够便利，自然环境较差，经济发展水平与两端的经济体存在较大落差，整个区域存在"两边高、中间低"的现象。

中国与中亚五国在贸易和投资领域合作潜力巨大。近年来，我国与亚欧国家的贸易持续扩大。中国已成为哈萨克斯坦、土库曼斯坦的第一大贸易伙伴国，乌兹别克斯坦、吉尔吉斯斯坦的第二大贸易伙伴国，塔吉克斯坦的第三大贸易伙伴国。

随着"新丝绸之路经济带"的建设，可以预计未来中国与亚欧国家之间贸易与投资合作规模将继续扩大，领域也将继续伸展，质量也会进一步提升。各方应该就贸易和投资便利化问题进行探讨并做出合理的规划，消除贸易壁垒，降低贸易和投资成本，实现互利共赢。

4. 加强货币流通

金融在现代的经济发展中起着举足轻重的作用。在当前全球经济联动性加大、美元币值不稳定、各国急需资金的情况下，加强相关各国之间的金融合作十分必要。习近平主席指出，中国和俄罗斯等国在本币结算方面开展了良好的合作，取得了可喜的成果，也积累了丰富的经验，这一做法有必要加以推广。如果各国在经常项下和资本项下实现本币兑换和结算，就可以大大降低流通成本，增强抵御金融风险的能力，提高本地区经济的国际竞争力。

目前，中国人民银行先后与乌兹别克斯坦、哈萨克斯坦等中亚国家中央银行签署了双边本币互换协议。习近平主席 2013 年 9 月 9 日在塔什干与乌兹别克斯坦总统卡里莫夫举行会议时提议进一步扩大双边本币结算。这些协议的签订一方面有利于双边以及多边贸易的有序发展，降低交易成本，规避因美元币值的剧烈波动所产生的汇率风险；另一方面也有利于人民币的跨境结算，扩大人民币影响力，推动人民币国际化。

5. 加强民心相通

国之交在于民之亲。搞好上述领域合作，必须得到各国人民支持，加强人民友好往来，增进相互了解和传统友谊，为开展区域合作奠定坚实的民意基础和社会基础。

目前，我国人民对于中亚五国知之甚少，对其民族传统文化、风俗习惯以及国家发展等方面没有充分了解。为了加强中国与中亚国家的民心相通，我国可在本国地区范围内利用电视、网络等媒体加强对中亚地区的介绍和宣传，推广中亚地区宝贵的旅游资源，与此同时，也要增加我国对中亚五国的吸引力和影响力，吸引更多中亚地区的人民来中国发展和旅游，共同促进双边的文化交流与融合。

## 三、"新丝绸之路经济带"为我国经济金融发展带来的机遇

由于地缘因素，中亚五国均为无出海口的内陆国家，其中哈萨克斯坦、吉尔吉斯斯坦和塔吉克斯坦与我国新疆陆地接壤。随着苏联解体，我国与中亚各个国家的经济贸易往来逐渐加深，中国已成为中亚国家重要的经贸合作伙伴之一。从中亚国家扩大对外交往和中国西部大开发、向西开放、拓展中亚市场的现实以及长远需要来看，"新丝绸之路经济带"的构想无论是对中国还是中亚五国来说都是一次难得的机遇。

### 1. 多领域合作促进产业升级

目前，中国和中亚国家在能源合作方面已经取得了良好的成果。中亚所在的里海地区，是世界重要的油气资源产地，油气资源开发也是中亚经济的最大支柱。中国则是中亚油气资源最稳定、最可靠的长期客户。2012 年，中国全年天然气使用量是 1270 亿立方米，其中来自中亚的天然气供应达到了 250 亿立方米，占中国天然气全年使用量的 18%。目前，中国和中亚的输气管线已经有两条正在运营，连接中国和哈萨克斯坦的第三条输气管线已于 2013 年竣工，2014 年年初投入运营。中国与中亚长期稳定的能源合作关系对于双方的能源战略来说，都具有重大的意义。

中亚地区产业结构较单一，原材料工业发展较快，而加工工业严重滞后，存在重工业严重依赖出口、轻工业严重依赖进口的问题。而中国具有较为齐全的产业结构体系，在电子、轻工、纺织服装、日用品工业、家电、信息产业等领域具有较强的优势。这使得中国与中亚五国产业具有较强的互补性。

随着中国企业与中亚地区的能源合作逐渐加深，中国企业在中亚国家的投资领域会逐渐拓宽，合作水平将会不断提高，这会促使双方在合作的过程中实现经济结构的调整和产业升级，促进双方经济的共同发展。

2. 促进中国的"西进"战略

"新丝绸之路经济带"将从根本上改善我国西部特别是西北各省区经济社会发展所面临的基础薄弱问题，形成我国向西开放的崭新趋势，为我国西北部经济发展带来新的发展机遇。

在丝绸之路经济带建设中，西北省份将起着至关重要的作用。而新疆作为中国与中亚五国的交接省份，其与中亚国家存在着地缘关系的不可替代性、地缘经济的便利性以及地缘文化的相似性，这为新疆与中亚区域经济合作奠定了坚实的基础，不仅使双方经济合作必不可少，也为将来的可持续发展提供了后盾。

2013 年 9 月末，第四次全国对口支援新疆工作会议召开。会议明确提出要发挥新疆资源优势，努力使新疆成为国家能源资源的战略基地；围绕着丝绸之路经济带建设，努力把新疆建设成我国向西开放的桥头堡。目前，新疆的经济发展尚处于较落后的阶段，轻工业及服务业都有极大的改善空间。这就需要我国抓住这次与中亚国家战略合作的机遇，加大对新疆地区的人力物力投资，不断提升新疆的整体技术水平，发挥新疆的资源优势，努力创造条件使新疆和中亚国家更广泛密切地合作。

建设好新疆，也就抓住了中国通往中亚、西亚的陆路通道，通过新疆的建设来推进中亚战略，则能打开新亚欧大陆桥，为将来中国与欧洲的战略合作往来提供便利，获得更广阔的发展空间。"新丝绸之路经济带"的构建，将会促进新疆的经济社会快速发展，这必定有利于新疆的稳定与和谐，也为我国营造一个良好的周边政治、国防、民族环境，对于促进我国的"西进"战略具有重大的战略意义。

3. 为我国物流业及外贸 B2B 电商带来巨大商机

中国与中亚国家的能源合作往来以及构建"丝绸之路经济带"的前提之一，就是加强道路联通，打通从太平洋到波罗的海的运输大通道，逐步形成连接东亚、西亚、南亚的交通运输网络。"新丝绸之路经济带"建设不仅要重视建设铁路和公路，更需要有信息支撑和系统化服务的现代物流。首先，需要在现有的交通、工业区等基础设施的基础上发展物流园区，为商品提供集结和中转的物流平台和信息平台；其次，要规划并嫁接好横贯东西的泛亚铁路和泛亚公路等主干线；最后，要完善运输干线与仓储分拣、信息服务、区域配送等相结合的物流网络。这一系列的工作都需要在西北地区展开，这对于我国的物流行业将是一次巨大的机遇。随着我国与中亚国家之间更多的贸易往来，未来物流将发挥越来越重要的作用，我国物流行业要抓住此次机会获得更快速的发展。

"新丝绸之路经济带"的构建同样为外贸 B2B 电商带来巨大的历史机遇。随着"丝绸之路经济带"战略的推进，外贸 B2B 电商平台将会迅速壮大，传统的 B2B 电商可以抓住西进契机迅速扩大市场份额，推动整个行业的国际进程，为 B2B 电子商务带来新的发展空间和市场。对于垂直 B2B 电商，在中亚地区轻工业、服装业等行业发展相对落后的情况下，可以利用其先天的低成本和服务优势，快速在中亚国家打开市场，促进我国的电子商务走出去。而政府层面的宏观支持和引导将会使外贸 B2B 电商走上更为持续的发展道路，从而确保外贸 B2B 电商为双边贸易的战略合作与经济发展提供更多的服务和便利。

4. 促进金融市场发展和人民币国际化

"新丝绸之路经济带"的构建对我国资本市场也起到了积极的促进作用。资本市场将为经济带提供资金融通、信息交流等方面的支持。首先，资本市场中的资金会得到更加高效的利用；其次，经济带将为资本拥有者提供更多的投资渠道，避免资本过度集中在传统投资领域，加大调控难度，提高系统性风险；最后，随着"新丝绸之路经济带"的发展，资本市场将会吸引更多的潜在投资者进入，有利于提升整个资本市场的活跃度。

习近平主席提出要加强货币流通，加强货币流通将会降低中国与中亚国家之间的贸易成本，提高交易效率，对于促进中国与中亚五国的双边贸易关系具有重大意义。在加强货币流通的过程中，人民币可以借此机会扩大人民币的使用范围以及影响力，减少人民币因美元币值贬值而受到的影响，推动人民币国际化，提高中国在国际市场上的话语权。

## 四、涉及近三十亿人口的经济圈，如何实现共同发展

"新丝绸之路经济带"是中国为与中亚国家建立更好的贸易合作关系而提出的设想，对于未来中国和中亚地区国家的睦邻友好往来具有重要的指导作用。

在构建"新丝绸之路经济带"过程中，有以下几个问题需要注意：

1. 关注非资源、民生领域的合作，推动区域经济合作可持续发展

经济危机过后，哈萨克斯坦、乌兹别克斯坦等国家纷纷提出改善经济结构、提升发展水平、促进社会稳定的发展战略。交通、通信、农业、教育等非资源、民生领域合作已成为中亚国家关注的重要领域。在未来与中亚国家合作的过程中，中国应注重与中亚国家在非资源和民生领域合作规划的落实。继续拓展该区域内公路、铁路、电力、通信等基础设施互联互通的合作；同时大力宣传中亚地区的旅游资源，吸引更多的外国人去投资和旅游，以带动整个经济带的快速发展。

2. 对西北部地区特别是新疆地区加大投资力度

新疆在中国与中亚地区合作中占有重要地位。未来我国要加大交通、工业、金融、技术等领域的投资，特别关注新疆地区的整体发展，发挥新疆的区位优势，推动新疆与各中亚国家的合作，尽快把新疆建设成为中国向西出口商品加工基地和商品中转集散地、进口能源资源的国际大通道和区域性国际商贸中心。积极利用上海合作组织实业家委员会、银联体平台推动企业和银行界的交往，带动新疆地区的金融服务业的发展，推动实体企业与银行的交互合作与发展。

3. 关注各国之间的利益关系，重视国际安全问题

如何发展新丝绸之路和俄罗斯的关系是一个首先要考虑的问题。中亚地区是俄罗斯的后院，这是俄罗斯人的普遍认识，而新丝绸之路经济带的构建必定会影响到俄罗斯对于中亚国家的经济控制能力，如何向俄罗斯作出合理的解释是外交部门必须要做的事情。其次，中亚局势也存在不稳定的因素，可能会影响到中国与中亚的经贸合作。所以，在与中亚地区经济合作的过程

中，要关注各国的利益关系以及安全问题，避免冲突，和谐发展。

　　未来，"新丝绸之路经济带"的构建还有很长的一段路要走，这是一条涉及近三十亿人口的经济圈，如何协调各国利益、实现共同发展，仍是一个需要探讨和研究的问题。

# 中国金融业前瞻：沿着"一带一路"走出去

张红力*

2013 年，习近平主席提出建设"丝绸之路经济带"和"21 世纪海上丝绸之路"(简称"一带一路")的重大战略决策。在我国经济面临"三期叠加"挑战的背景下，推动"一带一路"建设，不仅可以转移过剩产能、实现经济结构再平衡，为中国经济结构调整和可持续发展提供更大的动力；还能帮助中国更好地借力经济金融渠道加深同周边国家的合作，实现互利共赢，获得周边国家更大的理解、认同和尊重，并最终实现中国经济影响力向政治影响力的转换，提升中国在周边事务中的话语权和主导地位。

推进"一带一路"建设，能够惠及我国企业和普通民众。伴随着基础设施建设的推进和公共服务供给的增加，"一带一路"沿线国家的广大人民群众不仅能享受到更现代、更快捷和更高效的生活方式，还能获得更多的工作机会，福利水平有望明显提升；伴随着互联互通的深入推进，中国与"一带一路"沿线国家的企业都将获得更广阔的业务发展空间，企业做大做强将更有底气，协作共赢将更有契机；伴随着"一带一路"融资需求和服务需要的不断增加，中国金融机构不仅将邂逅一片充满各类机会的业务蓝海，还有望通过"干中学"的持续推进，加快金融创新和国际化发展的步伐，进而实现中国现代金融力量的长期培育。

因此，"一带一路"建设是实现中华民族伟大复兴的重要抓手，而发挥

---

＊ 张红力：中国工商银行副行长。

金融引领作用，是切实破题、趋利避害的关键所在，需要在"一带一路"国策的顶层设计和具体安排中，确保强国思维和底线思维，用好、用活金融手段，实现更大范围、更深层次的合作共赢。

然而，一带一路建设如何破题，的确是一个难题。推进"一带一路"建设，面临的挑战主要体现在两个方面。一方面，沿线国家呈现多重分化。表现为：第一，沿线六十多个国家大部分是新兴和发展中国家，经济、金融发展阶段有所不同，且面临着政治转型、经济转轨和社会转变的不同挑战；第二，"一带一路"处于东西方多个文明交汇的地区，不同信仰、不同民族和不同种族的矛盾与冲突呈现出多样化、复杂化、长期化和易突发的特点；第三，"一带一路"覆盖的东南亚、南亚、中亚、西亚和中东欧是政治角力的焦点区域，世界大国在伊朗、叙利亚、乌克兰等问题上深度博弈，导致地缘政治分歧和动荡不断发生，甚至出现政权意外更迭现象；第四，沿线国家与中国的历史渊源、经济联系和地缘关系也各有差别。另一方面，"一带一路"所涉区域金融力量相对不足。表现为：第一，"一带一路"沿线许多新兴国家资本市场发展较为缓慢，金融对外开放却过快，国内优质企业缺少安全和高效的直接融资渠道；第二，沿线国家总体金融实力有限，建设互联互通的基础设施缺乏资金和融资支持；第三，"一带一路"涉及多个国家、多个币种的广泛跨境金融合作，目前却缺乏有效的多边合作框架；第四，由于地缘政治、经济博弈非常复杂，建设并完善区域货币稳定体系、投融资体系和信用体系还存在一些现实困难。

值得强调的是，这两方面困难都可以通过金融手段来具体应对。通过金融手段，引导资本先期投入，同时坚持商业运作原则，既可以给予沿线国家金融助力，也可以淡化"中国色彩"，打消沿线国家的政治疑虑，换取沿线国家对中国更加认同的良好效果，是破题"一带一路"的"牛鼻子"。

## 一、金融应在"一带一路"建设中发挥引领作用

当今社会，金融不仅是社会资源配置的核心手段，还对产业变革、社会

演化、文化传播、信息交互和国家安全产生了深远影响。金融不仅是经济的血液，更是时代的灵魂。在此时代背景下，金融不能仅仅定位于"服务""一带一路"，更应该积极发挥四种引领作用，成为"逐梦"的急先锋和"圆梦"的主心骨。

1. 金融应发挥经验引领的作用

"一带一路"是一个复杂体系，必须根据不同国家的不同特质，实行"规则统一、形式各异"的区别推进政策。制定和实施有所区别的个体政策，需要充分掌握信息、合理把握尺度，而中国金融机构在这方面具有明显优势，在适应各国政治、文化和法律框架并有效开展务实经济合作方面，积累了大量经验。据商务部统计，2004 年至 2013 年的 10 年间，中国与沿线国家贸易额年均增长 19%；对沿线国家直接投资年均增长 46%，大幅高于同期对外贸易、对外直接投资年均总增速。2013 年，与沿线国家贸易占中国对外贸易总额的 1/4，对沿线国家直接投资占中国对外直接投资总额的 16%，在沿线国家承包工程营业额占中国对外承包工程总额的一半。应该说，在过去与沿线国家的经济、金融往来中，中国金融机构始终是直接的参与者和实质上的主力军，积累了大量因地制宜开展合作的经验，理应在推进"一带一路"建设中深入发挥经验引领作用。

2. 金融应发挥专业引领的作用

"一带一路"是个系统工程，内涵丰富，金融作为全方位的资源配置手段，不仅能满足多样化需求，还能通过"以点代面"式的业务引领，推动"一带一路"战略在具体实施路径上有序推进。具体而言，经贸合作是"一带一路"建设的基础和先导，初期大规模基础设施建设是关键；紧接着，"一带一路"建设的重心将转移到资源能源的合作开发利用上；随后，全方位贸易服务往来有望成为主题，从而带来多产业链、多行业的投资机会，并为实现"五通"（政策沟通、设施联通、贸易畅通、资金融通、民心相通）注入强大动力。在这种分步走的推进路径上，金融不仅可以满足建设资金需求，还能提供融资顾问、投行财务顾问、融投方案制定、股权债权产品、投资、租赁、风险管理等综合化服务，并通过这些服务引导"一带一路"建设不断向纵深发展，实现稳健的阶段转换，进而保障"一带一路"建设有条不紊地推进、循序渐进地拓展、集约高效地深化。

### 3. 金融应发挥模式引领的作用

"一带一路"沿线国家绝大多数是新兴和发展中国家，这些国家需要的，不仅是资金，更是实现协调、可持续发展的增长模式和发展理念。在过去三十多年的改革开放过程中，中国取得了举世瞩目的巨大成就，经济实现了年均近两位数的可持续增长，经济规模上升到世界第二位，社会和谐稳定建设取得长足进步，实体企业不断做大做强，金融机构则飞速发展并在各类国际同业排名中位居领先。中国模式是一种已经取得成功并可以被广泛借鉴和复制的新兴市场国家发展模式。中国模式沿着"一带一路"进行扩散和传播，不仅有利于消融中国崛起压力，也有利于沿线新兴市场国家少走弯路、借鉴中国模式取得快速进步，最终有利于"一带一路"沿线形成一个基于中国模式共识的有机整体。金融是中国改革开放的重要领域，中国金融机构对中国模式更是十分了解，在"一带一路"的推进过程中，金融理应发挥模式引领作用，在业务合作的同时向沿线国家广泛传播消化西方智慧、结合自身实际创新发展的中国经验。

### 4. 金融应发挥战略引领的作用

"一带一路"是事关中华民族伟大复兴的国家战略，国家战略势必要以国家利益最大化为根本目标，而实现这一目标，则需要在"一带一路"的推进过程中充分体现以我为主的强国思维和居安思危的底线思维。金融具有鲜明的时代特质和重要的战略地位，这使其具有充分体现强国思维和底线思维的机会和可能。一方面，在金融投资过程中，中国应审时度势、注重保持相对优势，以商业银行和投资银行作为金融实干"主力军"，引导沿线国家产业发展；积极果敢地推动人民币国际化，通过占据金融主动来体现强国思维。另一方面，金融作为经营风险的专业行业，应在"一带一路"建设过程中充分发挥风险识别、预警、评估和管理作用，避免由于各种原因发生区域性、系统性危机，通过守住金融底线来体现底线思维。

## 二、金融引领"一带一路"建设需加强顶层设计

*1. 加强顶层设计，需要正视中国的优势和劣势*

在推进一带一路建设的过程中，金融是"牛鼻子"，发挥着调节资源配置和优化投资效果的引导作用。目前，中资商业银行已深入沿线大部分国家，积累了大量金融合作经验，并计划大幅加强对"一带一路"的战略布局，例如中国工商银行在国际化发展规划中就明确提出"未来一段时期，争取境外机构覆盖'一带一路'国家和地区达到五十个左右"。2014年年底，丝路基金注册成立，标志着金融破题"一带一路"上升到国家战略层面；2015年，亚洲基础设施投资银行的筹建工作也进入一个高潮阶段，标志着金融主导"一带一路"建设进入务实、高效的细致落实阶段。

金融引领"一带一路"建设，是个大命题，是个系统工程，不可能一蹴而就，目前业已取得的"短胜"尚不足以保障"长胜"。因此，进一步稳健、有序、高效地推进"一带一路"建设，迫切需要进一步充分发挥金融的引领作用，而实现这一目标，首先需要加强有针对性的顶层设计。

所谓"知己知彼，百战不殆"，顶层设计要基于国情、基于趋势、基于现实。当下，就发挥金融引领作用、推进"一带一路"建设而言，中国的优势和劣势都非常明显。优势在于：我国拥有充足的物质积累，包括大量的可用资金、成熟的市场运作、强大的金融机构、广泛的合作经验、先进的项目技术、高效的建筑施工、优质的装备实力等。

而我国的劣势，现阶段集中体现为"五个不足"：

（1）人才不足。各类技术人才、科技人才、项目人才广泛缺乏，特别是具有国际背景和金融专业能力的领导人才极端稀缺，无法满足"一带一路"深入推进和"走出去"扩容增质的客观需要，无法满足以中国为主导的丝路基金、亚投行等国际金融组织的长期发展需要。

（2）信息不足。"一带一路"沿线国家众多，其人文、历史、发展阶段，以及与中国的历史渊源和地缘关系都有巨大差别，走出去企业往往难以掌握足够相关信息以区别对待、趋利避害。在对外直接投资中，由于对东道国的

政治社会环境和商业制度惯例等掌握不充分，投资方向选择存在一定盲目性，常出现多家中资企业竞相加价和溢价过高的情况。对外投资只偏重政府关系，忽视与当地 NGO（非政府组织）和 GCS（Global Civil Society，国际公民社会）打交道，导致项目因环保、民生等问题频频受阻。在国家层面上缺乏一个统一、集约的信息研究和情报分析系统，无法满足走出去企业日益攀升的信息需求。

（3）深度不足。"走出去"没有"沉下去""融进去"，存在"建完即走"的现象，虽然企业和资金"走出去"了，影响力却没有真正跨出国门。从结构看，中国企业走出去的直接投资比重相对较低，所以，走出去走得并不扎实，也不深入，许多走出去的企业未能实现从工程承包商到境外经营者的身份转换，未能通过长期经营带动当地经济发展，进而未能与当地社会实现更加深入的融合。

（4）安全不足。由于全球地缘政治动荡日趋激烈，恐怖主义气焰持续嚣张，"一带一路"建设过程中，企业经营、人员生活、资金管理等方面的安全需求势必会不断增加，目前不仅安保方面缺少统一安排和特别保障，而且国家层面上与动荡国家的沟通也不充分，未能以我为主提出各项安全政策要求。

（5）模式不足。由于长期外汇资金短缺，企业对境外市场缺乏真正了解，导致信心不足，以及企业自身短期利益和国家长远利益存在统一协调等问题，"走出去"企业在模式上更适应"承包主导型"合作，对具有一定商业风险的"投资主导型"合作模式不够适应，这势必难以满足"一带一路"建设的多样化需要。

2.加强顶层设计，需要"两种思维"和"六个结合"

基于中国的优势和劣势，在国家经略的顶层设计方面，应充分发挥金融作为国家软实力的先行优势和引领作用，以共赢为最终目标，集中金融力量优先办好"一带一路"这件大事，用金融手段建设命运共同体，将"创新思维、创业心态"贯彻到底。在战略指导上，体现"两个思维"：

（1）强国思维，在机构设置、项目推广、规则制定过程中体现发展中国家的价值观，选择符合发展中国家整体利益的发展模式，不盲目赞成和接受国际上任何所谓的"最佳实践"，坚持走有新兴市场特色的区域发展之路，积极谋求共赢并争取战略主动。

（2）底线思维，将"大安全观"应用到"一带一路"建设中，对任何可能损害国家利益的言行保有警惕，注重把控经济风险、政治风险和市场风险，在最大化利益的同时守住不发生区域性、系统性危机的底线。

在战略安排上，体现"六个结合"：

（1）"引进来"和"走出去"相结合，既要积极推动中国金融机构走出去，也要大力吸引沿线国家企业走进中国金融市场。

（2）"先予"和"后取"相结合，以共赢为最终目标，短期内给予沿线国家金融助力，长期内取得沿线国家对中国"更认同、更亲近、更支持"的良好效果。

（3）发展与安全相结合，在谋发展、求共赢的同时，完善安全应对措施，加强安全保障工作。

（4）利益共享和金融反制相结合，促进沿线国家实体经济与中国资本市场的深度结合，在共赢模式下切实提升中国在"一带一路"沿线的金融控制力和政治影响力。

（5）宏观目标和微观利益相结合，保障宏观战略的推进具有坚实的微观基础。

（6）整体推进和机动灵活相结合，既要全面加强与沿线国家的金融互动，也要根据多重分化的区域特征区别对待。


## 三、金融引领"一带一路"建设的细化举措

为了进一步深化对外开放，充分发挥金融在"一带一路"建设中的引领作用，不仅需要在顶层设计上积极谋划、形成共识，还要从金融专业角度细化具体措施，把国家战略落到实处，把金融手段运用到各个环节。具体而言，可从"引进来"、"走出去"、双向互动、配套措施四个维度采取以下措施：

1. 推出离岸证券交易中心，实现"四个提振"

"引进来"方面，建议在自贸区推出离岸证券交易中心（即国际板），通过相应制度设计吸引沿线国家的重点企业赴中国上市，进而实现"四个提振"：一是提振沿线国家微观经济主体在"一带一路"宏伟战略中的实际参与感，帮助其更直接地获取中国资本市场的长期融资支持；二是提振中国投资者对推进"一带一路"的主动支持，帮助其更市场化地分享沿线受益国家的经济发展红利；三是提振中国经济、金融影响力向地缘影响力的有效转化，帮助中国在处理复杂周边问题中获得更多的政策主动；四是提振中国经济"新常态"同沿线国家的利益相关性，帮助中华民族伟大复兴的中国梦获得更多的周边认同。

2. 加快培育一流金融企业，做到"四个推动"

"走出去"方面，建议加快培育具有全球视野、中国特色的，具有成熟运作理念、强大竞争实力、先进企业文化的世界型企业，特别是国际一流金融企业，提升"走出去"的整体格局；建议将创新思维运用到细节、落地到实处，充分发挥多类中国金融机构在助推"一带一路"中的互补作用，做到"四个推动"：

（1）推动政策性金融机构加快发展境外业务，扩大"两优"贷款规模，给予重大基建项目明确的贷款优惠政策，允许国内沿线省份开展设立区域性政策银行试点，考虑组建新疆能源开发银行。

（2）推动商业性金融机构"走出去"，原则上在每个沿线国家都要有中资银行进入，扩大对"一带一路"建设的融资规模；加大对绿色供应链企业的融资扶持力度，通过发行绿色债券和提供绿色贷款践行负责任大国形象，避免造成将国内重污染企业外移的印象，确保"一带一路"国家战略顺利推进。

（3）推动"一带一路"区域投融资平台建设，有序推进亚投行、金砖开发银行、海上丝绸之路银行、上海合作组织开发银行的筹建力度。

（4）推动丝路基金、投资基金、援助贷款基金的投资"落地"，支持沿线国家实体经济发展和基础设置建设；在"走出去"投资方面，可以多尝试建立基于行业或基于区域的子基金，提升投资效率；建议丝路基金在第二期资本金募集时，吸纳中国五大国有商业银行加入其中，更充分地发挥中国金融对"一带一路"国家经略的引领作用。

3.加强利益共享，深化"四种协作"

双向互动方面，建议以"我"为主，在求同存异、利益共享的大原则下主动引导"一带一路"的有序推进，深化"四种协作"：

（1）全面深度的高层协作，建立常态化的双边会晤和多边协商机制，加强信息交流，在机构、业务、市场、产品创新和金融开放等方面推动区域金融合作向纵深化、多元化方向发展。

（2）务实高效的监管协作，建立中国主导的监管协调机制，构建区域性金融风险预警系统，形成应对跨境风险和危机处置的合作交流机制。

（3）包容并蓄的机构协作，组建"一带一路"金融机构合作委员会，针对沿线国家重点项目，促进信息交流、银团筹组、收益分享、风险共担。

（4）稳定和谐的三地合作，充分发挥香港作为国际金融中心以及澳门作为开放型港口城市的重要作用，促进三地在推动"一带一路"建设上的深入协作，实现兼具广度和深度的利益共享。

4.完善各类配套政策，提供"四种保障"

配套政策方面要未雨绸缪，以维护企业权益和国家利益为最终目标，完善金融引领"一带一路"建设相关的体制机制，提供"四种保障"。

（1）系统化的安全保障。考虑到"一带一路"很多国家政治法律环境较差，地缘政治风险广泛存在，建议将"大安全观"应用到"一带一路"建设中，设立政府层面的保障机制，签订各类双边、多边协议，通过协议来约束、规范政府信用和商业行为，防范政府更迭带来的风险；目前，需要积极探索应用"BIT（Bilateral Investment Treaty，双边投资保护协定）"模式，保障走出去企业利益；要加大安全投入，如加大境外军事投放点（如机场）的建设力度，增强危机应对能力；要建立国别风险的量化评估体系，主要关注政治风险和非传统的安全威胁（如金融安全、恐怖主义等），特别是要对"一带一路"规划中109个重大项目的国别风险进行评估，建立风险评估机制；可参照美国黑水公司，由退伍军人为主体设立商业化境外安保公司，为企业开发"一带一路"提供"物理安全"保障。

（2）多样化的人才保障。在推动"一带一路"建设过程中，应贯彻执行高端人才引领战略，加强金融"软实力"的培养和输出；建立完善的国际金融人才培养体系，培养一批具有国际金融机构工作经验、国际视角、国际金融外交经验的国际金融人才梯队；同时，在"走出去"过程中，加强发展中国家金融人才的培养，加强中国金融软实力的输出，宣传中国金融义利观，减少沿线东道国的金融战略"掣肘"，增加金融战略"内应"。

（3）现代化的信息保障。可利用大数据技术，建设统一的信息研究和情报分析系统，建立企业"走出去"的环境与社会风险管理制度，并组织专业人才向"走出去"企业提供信息共享和决策咨询服务。

（4）规范化的法律保障。监管部门在与金融机构和各类企业充分沟通的基础上，及时出台并完善相关法律法规，对"一带一路"建设过程中的金融服务细节提出明确要求，规范"走出去"企业的市场行为；在法规中明确中资金融机构的主导地位以及人民币作为业务开展核心货币的地位，保障"一带一路"建设与国家战略目标保持高度一致。

# "一带一路"战略下人民币如何"走出去"

黄卫平　黄　剑*

2013 年 9 月上旬，国家主席习近平在访问哈萨克斯坦期间，首次提出共建"丝绸之路经济带"的战略构想。在 2014 年 11 月的 APEC 峰会上，习近平主席更详细地阐述了"一带一路"战略。此后，中国提出建立丝路基金，"一带一路"的建设已经成为世界经济中的一件大事。"一带一路"战略是一个开放的地域合作机制，它是对我国古丝绸之路和古代海上丝绸之路在新时期的传承和扩展，同时也是建立在 APEC 合作机制、中国—东盟"10 + 1"、欧亚经济联盟等既有合作机制基础上的创新理念。从目前的战略实际出发，包含"政策沟通、设施联通、贸易畅通、资金融通、民心相通"等五个方面，拥有海上航运、铁路、公路、空中航路、管道、信息网络等交流手段，是在世界经济新形势下，顺应经济发展需要所倡导的新思想。"一带一路"战略体现出中国政府所秉持的"低调外交、谨慎外交、务实外交"的大国风范。基于近几年来经济全球化已经逐步演变为以区域经济一体化为主，带动双边及多边经贸关系发展，相邻区域之间经济的影响及融合更为关键。"一带一路"战略是包容性发展战略，它传承中华民族古老优秀文化，加强互联互通，是通过亚洲经济利益的共享建立辐射联接欧洲大陆、印度洋沿岸乃至非洲东岸的经济合作体系，构思了世界经济中新的宏伟蓝图，

---

* 黄卫平：中国人民大学经济学院教授。
　黄剑：中国人民大学经济学院博士研究生。

对于沿途国家实现共同繁荣具有重要意义。

# 一、中国经济新常态赋予"一带一路"战略新意义

"一带一路"战略的重大意义体现在以下三个方面：

1. "一带一路"战略符合沿途、沿岸各国、各个经济体的共同利益

丝绸之路不仅是中国联系西域、中亚的重要商道，也是整个古代中外经济、文化交流的国际通道，推动了中西贸易、文化、人员往来。国力盛衰与丝绸之路的兴衰成正向关系。历史上，在中国盛世之时，丝绸之路驼铃喧嚣，商船扬帆远航；在乱世及羸弱年代，丝绸之路鞍马罕见，海盗横行。对于欧洲人而言，寻找通向东方的道路一直是他们的梦想。15 世纪横跨欧亚的奥斯曼帝国控制、阻断了欧亚大陆交通线，欧洲才从陆上转向海洋寻找通往东方的通道，开启了欧洲的大航海时代。

"一带一路"战略描述了进一步密切亚、欧全面经济往来，加快拓展国际区域经济合作，最终建立亚欧大陆通道的宏伟蓝图。中欧携手推进新丝路战略，打通亚欧陆上交通，基于全球经济视角，不仅有助于在现有基础上将中欧贸易提升到一个新的高度，而且海上新丝路的复兴还有助于推动经济带周边国家的区域合作；基于长期视角观察，新丝路将是中欧两个古老文明焕发活力的复兴之路，是沿途、沿岸经济合作的新发展，"一带一路"战略符合今天世界经济新增长极的发现。

2. "一带一路"战略是中国全面深化开放的必然选择

据世界贸易组织秘书处的统计数据显示，随着中国经济规模的不断扩大、进出口贸易的高速增长，中国在国际贸易中的地位也发生了变化。2009年，中国超越德国成为世界第一大出口国；2013 年，中国货物出口额 2.21万亿美元，进口额 1.95 万亿美元，进出口总额 4.16 万亿美元（折合人民币 25.83 万亿元），成为世界第一货物贸易大国，2014 年中国依然延续了这一趋势。据理，中国应该在亚太区域贸易合作及经济一体化进程中扮演主要角色，但是，美国主导的跨太平洋战略经济伙伴关系协议（Trans-Pacific

Partnership Agreement, TPP）刻意排挤中国。2011 年 11 月 10 日，日本应邀正式决定加入该谈判的进程，但相比之下在世界及东亚有着更重要地位及影响力的中国并未收到参与该谈判的邀请。

基于目前的发展态势分析，即使中国最终被跨太平洋战略经济伙伴关系协议吸纳，但可以预见，美日会联手对中国进行打压，从而遏制中国发挥主导作用，这将为中国对外贸易的持续发展增添不确定因素，进而影响到中国经济的全面发展。因此，在继续对跨太平洋战略经济伙伴关系协议采取开放态度的同时，中国提出"一带一路"战略，推动亚欧大陆，太平洋、印度洋沿岸国家的区域经济合作，是实现中国从贸易大国到贸易强国，推动全面改革与全方位开放战略的必由之路。中国对外贸易也将随着新丝路所推动的国际区域经济合作的出现而赢得可持续发展的未来。

事实上，近年来中国与中亚五国，包括哈萨克斯坦、吉尔吉斯斯坦、塔吉克斯坦、乌兹别克斯坦和土库曼斯坦的贸易得到了长足的发展，使得中国西向的对外贸易数量增长，国别结构、商品结构均有很大变化。1992 年中国在与中亚五国建交之初，双方贸易额仅为 4.6 亿美元，而 2012 年已达到 459.4 亿美元。截至 2014 年年底，中国已成为哈萨克斯坦、土库曼斯坦的第一大贸易伙伴，乌兹别克斯坦、吉尔吉斯斯坦的第二大贸易伙伴，塔吉克斯坦的第三大贸易伙伴。由此可以看出中国经济的发展对以上周边国家也会产生重大影响，在区域经济合作中，对于双方而言都有着较为广阔的发展前景。

目前，兰州到乌鲁木齐高铁已经通车，连接中国西部与中亚国家的高速铁路网也在筹建之中，最终会与欧洲铁路网连接。建成后的高铁客运速度高达 300 公里 / 小时，货运速度高达 200 公里 / 小时，实现了中国乌鲁木齐与中亚的哈萨克斯坦、乌兹别克斯坦、土库曼斯坦等国的陆路连接，从而大幅度节省了运输成本，同时提高了运输效率及便捷性。此外，中国与伊朗、巴基斯坦就铺设高铁线也正在洽谈中，一旦达成，就可以形成"一带一路"的整体交通骨架。

3."一带一路"战略是中国经济新常态下助推经济增长的重要动力

"一带一路"战略是中国面临新机遇时期所制定的重大经济发展战略，

不仅是中国进一步扩大对外开放的需要，也将从新的空间梯度谋求发展，为中国提供经济增长的新动力，有效解决中国现阶段所出现的产能过剩问题。中国产能过剩最早源于 1996 年，在当时尚未加入 WTO 机制的情况下，内部市场无法实现总需求和总供给的平衡。经过漫长谈判，中国于 2001 年加入 WTO，从而通过世界市场消化了过剩产能，并进一步提高了生产力，通过对世界市场的开放，满足了中国这些年来飞速发展的供给能力。

今天，中国制造能力已高居世界第一，但是在发达国家经济复苏步履蹒跚、新兴经济体增长面临诸多挑战的情况下，各国保护主义有所抬头，传统欧美市场针对中国的"两反一保"等非关税壁垒措施层出不穷，国内新兴市场的培育尚需时间，这对中国经济的发展产生了较大制约，经济发展存在明显的下行压力。因此，"一带一路"通过与一些经济具有强烈互补性、彼此有较大合作空间的国家，如哈萨克斯坦、土库曼斯坦等能源型国家的深度合作，既解决我国的能源单一依赖性，增加能源获取渠道，降低能源购进成本；更为重要的是，能够将中国长期积累的过剩产能转化为经济合作伙伴所急需的基础设施建设，为合作双方生产力的提高寻求更大的发展空间。

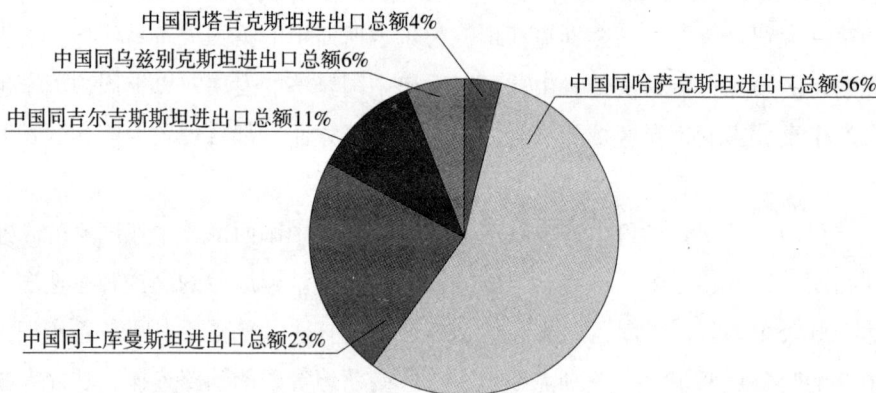

中国同塔吉克斯坦进出口总额4%
中国同乌兹别克斯坦进出口总额6%
中国同吉尔吉斯斯坦进出口总额11%
中国同哈萨克斯坦进出口总额56%
中国同土库曼斯坦进出口总额23%

图 4—1　中亚五国在与中国进出口贸易中所占份额（2012 年）

同时，"一带一路"战略与中国早期的"沿海开放""西部大开发"等战略实现有效呼应，解决"胡焕庸线"所体现的长期困扰中国东西部发展的区域严重不平衡问题，降低中国经济增长、充分就业对东部沿海地区的过度依赖，加强国土的安全性保障。通过陆路交通、海上交通实现"大物流"的构想，促进贸易的便利性及克服单一通道的局限性。

## 二、"一带一路"战略将助力人民币"走出去"

伴随着中国对外经济关系的快速发展，传统国际贸易结算及国际投资中采用美元、欧元、日元等主要世界货币已不能满足中国对外贸易的需要。在此情况下，人民币汇率制度的改革及市场化需求为人民币国际化的初始发展提供了一定的先决条件。中国经济与世界的互联互通不仅包括陆上和海上经济合作走廊建设，也包括融资平台建设。"一带一路"战略形成的地域经济新格局一定是建立在相关国家共同繁荣、共同发展基础之上的。贸易规模扩大、基础建设投资、融资平台构建对于"一带一路"沿途、沿岸国家，将是新的发展契机，同样对于刚刚起步的人民币"走出去"进程，也将会迎来一个发展良机。

中国于2005年7月21日开始采取有管理的浮动汇率制，改变过去人民币单一盯住美元的做法，参考一揽子货币，以市场供求为基础，从而形成更富弹性的汇率机制。随着我国经济规模的不断扩大、进出口贸易的高速增长，我国在国际贸易中的地位也发生了变化，对世界经济的影响力也与日俱增。2009年，我国超越德国成为世界第一大出口国；2010年，我国GDP以58786亿美元超越日本GDP的54742亿美元成为世界第二大规模经济体；2013年，我国以进出口货物贸易总额41603.3亿美元超越美国的39104.1亿美元，成为世界第一大货物贸易国。伴随着中国经济的快速发展，传统国际结算及国际投资中采用美元、欧元、日元等主要世界货币已不能满足进一步对外开放的需要。在此情况下，人民币汇率制度的改革及市场化需求为我国人民币国际化的初始发展提供了一定的先决条件。

货币国际化是指货币跨越国界在境外流通，成为国际上普遍认可的计价、结算及储备货币的过程。一国货币实现国际化也意味着该国货币在价值尺度、流通手段、贮藏手段职能上的延伸，亦即成为世界货币或国际货币。

它不仅反映了一国总体政治经济实力，同时也反映了一国在国际金融体系中的话语权及影响力。一般而言，货币的价值尺度职能、流通手段职能、贮藏手段职能及支付手段职能是依次渐进发展的，而国际货币职能则是以上职能在世界市场上的应用。

2009 年 7 月 1 日，中国人民银行联合财政部、商务部、海关总署、税务总局及银监会颁布《跨境贸易人民币结算试点管理办法》，旨在促进贸易的便利化。

货币国际化在地域上一般需要经历三个阶段：周边化、区域化、国际化。客观而言，人民币国际化进程尚处于起步阶段，即周边化，未来尚需扩展到区域化，从而最终走出去达到国际化。因此，言及人民币国际化，可谓任重而道远，很难一蹴而就。货币国际化在业务类型上，也要经历贸易结算使用、跨境投融资、金融交易的不同阶段，如果我们回顾目前三大主要国际货币的发展历程，会发现对于人民币未来国际化的发展，需要探索出一条既符合我国国情，又适应当前外部环境特点及未来发展趋势的全新发展路径，从而才能实现人民币跻身世界货币的构想。

1870 年美国国内生产总值超过英国，成为世界上经济规模最大的国家；1912 年美国又超过英国成为全球最大出口国，但其时美元并未取代英镑成为世界主要货币，说明仅仅依靠经济规模及贸易规模的扩大实现货币的国际化还远远不够。第二次世界大战作为一个特殊的重大历史事件，推动了美元的国际化进程。一方面是大英帝国日薄西山，欧洲大陆战后满目疮痍、一片废墟，工业基础几近摧毁；另一方面是美国依靠强大的黄金储备以及战后"马歇尔计划"对欧洲经济施加的巨大影响，通过"布雷顿森林体系"构建了新的货币体系制度，从而确立了美元的霸主地位，依靠输出通货膨胀尽享铸币税所挟之优越。及至冷战结束，美国作为世界唯一超级大国，其建立在高科技及互联网基础之上的新经济及新能源开发、再工业化战略仍然使其维持了世界头号强国地位，包括政治、军事、外交、经济的优势也使得美元保持主导地位，并辅之以金融创新，主导世界经济走向及规则秩序。截至2014 年 6 月底，IMF 相关数据表明，全球已知币种结构的 6.3 万亿外汇储备中，美元比例高达 60%。

欧元诞生于 1999 年 1 月 1 日,但依靠区域经济一体化的深入发展(欧盟是目前区域经济一体化的最高阶段,谓之经济联盟,其他多以贸易协定、自由贸易区、关税同盟等较低阶段形式存在,典型如 NAFTA、CAFTA 等),超国家单一货币降低了交易成本及汇率风险,促进了投资便利,统一的货币政策以及欧元区整体经济规模的影响,使得欧元的国际化进程不仅顺利,而且快速。尽管受欧盟通货紧缩压力的影响,欧盟及欧元区经济面临较为严峻的经济发展局面,但截至 2014 年第四季度,欧元在各国外汇储备中的比例仍然达到 22.6%,这也反映了欧元虽尚未能与美元平起平坐、分庭抗礼,但也可以作为世界货币体系的"半个支柱"确立其自身的主流国际货币地位。

日元的国际化则遵循了一波三折、跌宕起伏的态势,某种程度上而言,对于人民币国际化进程的借鉴意义也最大。1964 年日本正式接受 IMF 的第八条款,承诺本币的自由兑换义务,可谓日元国际化的开端。布雷顿森林体系的崩溃尽管为各国货币国际化提供了一定空间,但日本政府基于本国货币政策发挥独立性作用的考虑,并不把货币国际化作为战略方针从而采取了一定的限制措施。至 1984 年,随着日本经济的飞跃发展,日本官方发布一系列重要文件确立了日元国际化方向,并采取设立离岸市场、开放境外金融市场、取消资本管制等一系列重要手段,使得日元开始在国际货币体系中崭露头角。这一阶段日元的表现可谓风光无限,但随着"广场协议"的签订及 1996 年东南亚金融危机的爆发,日本作为东亚"雁形模式"的头雁,自然无法避免金融风暴带来的冲击,日元不断升值导致的金融泡沫破裂以及经济周期下行使得日元的国际化进程遭受挫折。近几年来日元在国际外汇储备中的比例约占 4% 左右,可以说目前日元在国际货币体系中的地位处于"犹抱琵琶半遮面",游离在主流与非主流货币之间。

自 2009 年我国采取人民币跨境结算以来,人民币跨境结算金额显著扩大。图 4—2 为人民币开展跨境贸易结算以来的历年金额。

由图 4—2 可见,我国自实行人民币跨境贸易结算以来,在 2009 年仅 35.8 亿元规模,到 2014 年前三季度便已高达 4.8 万亿规模,人民币在 2014 年甚至成为我国第二大跨境支付货币,占全部本外币跨境收支的比例约达 25%,在货物贸易进出口中的结算比例则超过 15%,可以说,经过 6 年的跨境贸易结算，已经为人民币"走出去"奠定了较为坚实的基础。

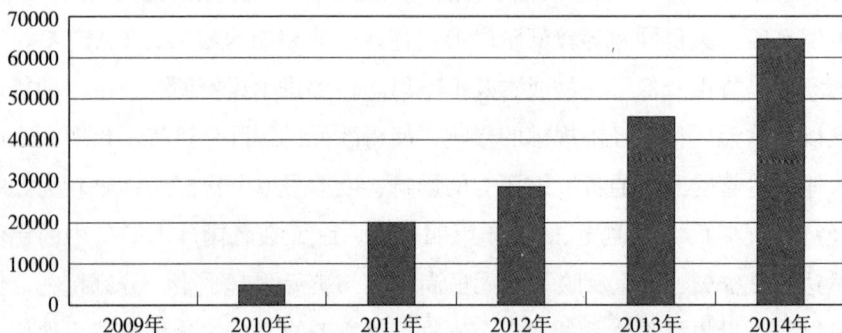

图 4—2　2009—2014 年人民币跨境贸易结算余额（单位：亿元）

资料来源：中国人民银行。

伴随人民币跨境贸易结算规模的扩大，当前人民币周边化在投融资领域也呈现出以下特点：

（1）双边本币互换协议签订顺利。截至 2014 年年底，中国人民银行先后与白俄罗斯、印尼、阿根廷、巴西、英国、欧洲央行等 26 个国家货币当局或境外银行签订双边货币互换协议，总额达 2.9 万亿。

（2）人民币已成为第七大储备货币。2014 年 10 月 15 日，英国政府发行了 58 亿元主权级人民币债券，成为第一个将人民币作为外汇储备的西方国家。随后澳大利亚宣布该国政府机构也将发行离岸人民币债券，一些央行或货币当局也表示拟将人民币纳入外汇储备币种当中。相关数据表明，人民币已成为世界第七大储备货币。

（3）债券市场体系日趋完善。目前已有 166 家境外机构获准进入银行间债券市场，108 家境外机构获得 RQFII（人民币合格境外投资者）资格。

（4）人民币离岸市场全球布局。中国香港、新加坡、伦敦、中国台湾等地的人民币离岸金融市场已颇具规模，将大大促进人民币交易并促使相关人民币衍生金融工具的诞生，进而带动人民币的国际化。

尽管人民币在结算规模、双边互换、储备选择、金融体系构建等方面已经取得一定进步，但必须承认的是，人民币国际化的进程还处于初级阶段。

从世界其他国家已有的经验看，货币国际化必须具备一定的必要条件和充分条件，而经济中的巨大事件往往在一国货币"走出去"及最终实现国际化的进程中成为其中的催化剂。

"一带一路"战略正是可以起到这样的催化作用，推进人民币的周边化进程。从加大基础设施建设、保障交通畅通，及至实行贸易畅通化、便利化，乃至成立丝路基金银行、亚洲基础设施投资开发银行等金融平台，需要人民币实现国际化，同时也有助于消除人民币"走出去"中遇到的诸多障碍。总结"一带一路"战略对人民币国际化的促进作用，可以用八个字"引领、加深、保障、巩固"加以概括。

基础设施建设将引领人民币进一步"走出去"。2013年9月，习近平主席在哈萨克斯坦首次提出"丝绸之路经济带"的区域合作构想，表达了中国愿意为亚洲邻国提供更多公共产品、欢迎各国搭乘中国经济发展便车的愿望。基础设施建设需要庞大的资金，同时建设周期相对较为漫长，因此，以中国为主导提供的相应建设资金可以将人民币作为流通货币，从而将人民币的使用扩大到哈萨克斯坦、土库曼斯坦、吉尔吉斯斯坦等国家，并使得人民币的使用常态化，加强人民币的区域化进程，有利于未来人民币的进一步国际化。

贸易畅通化将加深人民币国际化进程。2014年中国外贸进出口同比增长2.3%，低于7.5%的预期（其中出口增长4.9%，进口下降0.6%）。传统意义上，出口作为经济增长的"三驾马车"之一，对中国经济的促进作用是不容忽视的。但随着欧美国家再工业化战略及新型低价能源的应用，中国外贸长期依赖的人力资本比较优势已经丧失，同时部分加工贸易产业已经实现向东南亚国家的转移。可以预见，如果不能实现产业升级及创新驱动，未来中国出口面临的形势将更为严峻。同时，我国外贸长期处于贸易顺差，国际收支失衡，引起西方国家的贸易保护及贸易争端，这也将不利于中国外贸的健康发展。

适时提出的"一带一路"战略不仅仅是通过区域经济合作的深入改变中国外贸遭受传统欧美市场束缚的困境，在丝绸之路经济带区域范围内扩大整体市场规模，通过海上丝绸之路实现贸易畅通。更为重要的是，中亚国家与我国经济有着极强的互补性，可以提供丰富、廉价的石油、天然气资源，并解决我国外部市场需求不足的局面，实现合作共赢。

由此带来的外贸乘数效应对于中国经济的可持续发展有着重要的意义，贸易规模的扩大可以使得人民币结算降低交易成本，提高交易效率，并深入扩大人民币的区域化进程发展，发挥人民币在区域贸易中的主导作用。

金融平台建设将保障人民币较顺利的"走出去"。金融是经济发展的血脉，通过类似毛细血管的作用实现资本的输出及资源的合理配置。配合"一带一路"战略，中国将出资建立丝路基金及倡导建立亚洲基础设施投资银行，为"一带一路"沿线国基础设施建设、资源开发、产业合作等项目提供资金支持。包括印度、巴基斯坦、印度尼西亚、新加坡、泰国、马尔代夫等23 个国家成为亚投行创始成员国。专项基金的设立及各国之间金融合作的深入会使得人民币的国际化流通进一步加大；同时，通过离岸金融中心的建设以及人民币合格境外投资机构的设立，借助金融创新，将会更进一步增强人民币的国际影响力，为将来人民币国际化提供保障机制。

人文交流纽带的加强将巩固人民币在周边国家的地位。区际贸易及国际贸易包含的是有形的商品及无形的服务，但更重要的是国家之间、民族之间的跨文化沟通、理解和包容。"一带一路"战略下，我国承诺未来五年将向周边国家提供两万个互联互通领域培训名额，此举将加强其他国家人民对中国的政治、经济、文化、教育等各个领域的了解。同时，随着中国综合国力的增强及人民群众生活水平的提高，中国旅游贸易已呈现逆差态势。一方面，发展中国旅游事业；另一方面，开展中国境外旅游，以及各种涉外交往，都会使得中国和各国人民的人心更加相通，从而各民族之间更加相融、互信，在人民币真正实现国际化之后，巩固人民币的国际化地位。

人民币国际化体现的不仅是在国际货币体系中的一国货币地位，更和国家政治、经济、外交实力相关，中国经济规模的扩大及经济发展需要人民币实现国际化，而实现国际化的路径一定是曲折的、不平坦的。"一带一路"是中国应对世界政治、经济新格局的重大战略，人民币国际化战略既是其中的细化，同时也需要大战略的带动和促进，从而形成良性循环，探寻引领中国经济可持续发展的新型道路。

# 人民币国际化的全新历史时期

## ——"一带一路"与未来国际金融体系

温信祥　徐　昕[*]

## 一、人民币国际使用现状

2009 年以来，随着我国逐步解除跨境交易中人民币使用的限制，人民币跨境使用快速发展，主要体现在跨境贸易和投资、外汇交易、国际支付和国际债券等方面。

从跨境贸易和投资看，2009 年以来，人民币作为跨境贸易投资的结算货币，其地位快速上升。2014 年，跨境贸易人民币结算量 6.55 万亿元人民币，同比增长 41.5%。其中，货物贸易人民币结算量 5.9 亿元人民币，同比增长 95%，货物贸易人民币结算占比提升至 22.3%。2014 年，商业银行累计办理人民币跨境直接投资结算业务 1.05 万亿元，其中对外直接投资 1866亿元，同比增长 1.2 倍，外商直接投资 8620 亿元，同比增长 94%。

从外汇交易看，国际清算银行数据显示，2013 年人民币场外日均外汇交易量达到 1196 亿美元，较 2010 年增长了近 2.5 倍，在全球外汇交易量中的份额达到 2.2%，排名第九。外汇交易构成上，人民币现货交易占日均交

---

\*　温信祥：中国人民银行金融研究所研究员，中国新供给经济学 50 人论坛成员。
　　徐昕：中国人民银行金融研究所助理研究员。

易量的 28.4%，远期的 23.5%，掉期的 33.8%，期权的 14.3%。其中，现货交易的占比相对较低，远期交易的占比相对较高。这一方面说明人民币"走出去"时间尚短，境外人民币资金池尚不能充分满足现货交易的需求；另一方面也反映了人民币"走出去"具有坚实的实体经济基础，企业和机构对利用人民币外汇衍生品来规避汇率风险有着强烈需求。

从国际支付看，环球银行金融电信协会（SWIFT）的统计显示，2014年 12 月，人民币已成为全球第五大支付货币，仅次于美元、欧元、英镑和日元，市场份额达到 2.17%。2013 年 10 月，人民币在传统贸易金融（信用证及托收款项）的占比升至 8.66%，成为仅次于美元的第二大贸易融资货币。

从国际债券和票据看，国际清算银行数据显示，人民币计价的国际债券和票据余额 2014 年三季度达到 849.3 亿美元，同比增长 28%，较 2006 年年底增长了 165 倍。全球占比为 0.4%，排名第九，超过了港币、新加坡元和韩元，在新兴市场经济体中位列第一。

但目前人民币的国际化程度与我国经济实力仍然不相匹配。从经济体量看，2013 年我国名义 GDP 达到 9.47 万亿美元，占全球经济的比重达13.3%，排名第二。从贸易规模看，我国已成为全球第一大出口国和第二大进口国。但目前人民币的国际地位与我国经济实力仍有不小的差距。从贸易计价结算看，2014 年跨境贸易人民币结算量占比为 22.3%，人民币计价则更低，大幅低于美元、欧元、日元、澳元在本国贸易中的使用程度。从外汇交易看，人民币全球排名第九。排名在中国之前的八个经济体，除美、欧外，经济体量和贸易规模均小于中国。人民币国际化仍有巨大的潜力。

## 二、货币国际化的国际经验

国际储备货币崛起的经验为人民币国际化提供了参考借鉴。我们重点关注两个问题：一是从美国经济规模超过英国到美元成为第一大储备货币，经历了超过 80 年的时间，为什么美元替代英镑的过程如此漫长；二是同为布雷顿森林体系瓦解后实现国际化的货币，为什么前西德马克国际化相对成功，而日元国际化却进展不足。

### 1. 美元取代英镑

19世纪，英镑逐渐崛起，取代西班牙银元成为主要的国际货币。在金本位制度下，黄金和英镑是国际货币体系的两大支柱。但进入20世纪之后，美元崛起，逐渐取代英镑成为最主要的国际储备货币。20世纪20年代，美元在贸易信贷中的使用首次超过英国；1940年至1945年境外流动资产中的美元总量由英镑的1/2增加到英镑的两倍；1954年外汇储备中美元的比例超过英镑。

诸多有利条件造就了美元国际化的成功。一是美国经济贸易的快速发展。美国经济总量于1872年超越英国，其出口规模于第一次世界大战期间超过英国，足够的经济规模是美元国际化的先决条件。二是中央银行的建立增强了对美元的信心。1913年美联储成立之前，美国数次遭受金融风暴（1907年的大恐慌，道琼斯指数下跌50%，产出下降10%，失业率达到20%），由于缺乏强有力的最终贷款人，国际投资者对美元缺乏信心。中央银行的成立有利于稳定美元币值，也为以美元计价的金融工具市场发展提供了基础。三是美国金融市场的发展推动了美元国际化。埃森格林（Eichengreen）和弗兰德鲁（Flandreau）（2010）认为贸易承兑市场的建立尤为关键，它使得美元在贸易信贷中的使用在20世纪20年代就超越了英镑。四是战争加速了美元取代英镑的进程。第一次世界大战中，美国为英国和其他参战国提供了大量贷款，由净债务国迅速转变为净债权国，在输出美元的同时也使美元相对于其他货币更为坚挺（Frankel，2011）。

但即便是有了上述有利条件，美元取代英镑的过程也是相当漫长而艰难的。从美国经济规模超过英国到美元取代英镑成为第一大储备货币，经历了超过80年的时间。是什么原因导致国际货币体系的调整如此滞后于国际经济政治格局的变化呢？

目前流行的一种解释是货币使用存在网络效应。这种观点认为，类似于语言，货币的价值部分取决于它的被接受程度。英语之所以是世界语言，在于它的广泛使用，非母语的人可通过学习英语与世界上更多人进行交流。国际交易中，使用范围广的货币就更有吸引力、更可能被接受。既有的国际货币会通过网络效应不断巩固自身的地位，而新兴的国际货币需要克服巨大的网络效应，才能取代现有的国际货币。因此，这个过程注定是漫长的。

笔者认可货币使用的网络效应，但用网络效应解释国际货币使用的"惯性"可能存在过分简化，忽略了网络效应的存在是以经贸、政治联系和相应的制度安排为基础的。与其说英镑的全球网络阻碍了美元取代英镑，不如说造就英镑网络的经济基础和制度安排的改变非常缓慢。

（1）与英国的经济、政治联系决定了对英镑的依赖程度。英镑的国际地位得益于"英镑区"的支持，但不同的成员国对英镑的依赖程度存在差异。英镑体系由五个同心圆组成：核心是伦敦；最里面的同心圆由英国殖民地组成；其次是英国的自治领地（如印度和南非），享有部分货币自主权；第三个圆由日本和部分南美国家构成，与英国有紧密的经济联系，且利用英镑来支撑本国货币；外面两个圆则是一些广泛使用英镑的国家。越靠近核心的"英镑区"成员国与英国的联系越紧密，比如，英国殖民地和自治领地，这些国家和地区接受英镑的意愿较强，不容易脱离"英镑区"，表现出的网络效应更强。

（2）经济政治联系及相应的制度安排导致退出"英镑区"困难。外围国家（第三至第五个同心圆）最早离开"英镑区"。一方面，第二次世界大战爆发后，英国对英镑流通采取了严格的管制，英镑无论是币值还是使用的便利性都大幅下降。而美国经济实力增强，与这些国家贸易往来日益紧密，且币值更为稳定，外围国家有动力投向吸引力更高的美元。另一方面，这些国家使用英镑是出于自愿，并未与英国签订任何协议，不存在制度限制，自然可轻易地转向美元。

核心国家（殖民地和自治领地）脱离英镑区却是一个艰难而漫长的过程。从殖民地看，自 20 世纪初开始，英国就在殖民地设立货币发行局，以实现英国对当地货币的控制，殖民地没有货币自主权。从自治领地看，1931年英国放弃金本位之后，一些英国的自治领地和依附于英国经济的国家参与到与英国的货币合作和非正式的货币库。第二次世界大战爆发后，这些"英镑区"成员国的外汇储备被正式聚集到一个储备库，其持有的硬通货都卖给英格兰银行，但从储备库中提款受到严格限制。这种安排导致退出"英镑区"的两难：如果大量提取英镑，势必导致英镑贬值，资产缩水；但如果仍留在"英镑区"，英镑持续走弱仍会导致资产缩水。最终，大部分成员国仍留在"英镑区"，英镑的国际地位得以维系。

但英国国力的衰落导致了英镑区的最终瓦解。首先是1958年英国开放资本管制，取消了储备库，为自治领地提取英镑、脱离"英镑区"提供了条件。然后是殖民地解放运动。享有货币主权的英国殖民地最初仍保留了对"英镑区"的期望，主要是因为对本币信心不足、吸引外资以及争取英国经济援助。但随着英镑持续走弱，尤其是1967年英镑贬值重创了对英镑的信心，大部分成员国不再将英镑作为计价单位，并减持英镑以避免外汇储备的损失。"英镑区"最终于1972年6月23日确定英镑实行浮动汇率之时正式结束。值得注意的是，不少"英镑区"成员最终投向美元的怀抱，比如，1983年香港在尝试浮动汇率不爽之后，建立了与美元挂钩的货币局制度。

在当前的国际货币体系下，储备货币的网络效应仍是以经贸联系和制度安排为基础的。美元的国际地位得益于事实上的"美元区"的支持：其核心是美国，第一层次是美元化国家和汇率盯住美元的国家；第二层次是与美国经贸往来密切的国家，如南美；第三层次是与美国直接经贸往来相对较少，但在国际交易中广泛使用美元的国家，如以韩国为代表的亚洲新兴市场经济体。"美元区"成员并没有和美联储签订任何合同，选择美元完全是自发行为。但更靠近核心的"美元区"成员对美国经济及美元的依赖程度高，建立了与美元挂钩的相关制度，退出"美元区"难度大，事实上为美元的国际影响力提供了重要支撑。

2. 前西德马克和日元的国际化

1973年，布雷顿森林体系崩溃，全球进入了牙买加体系，也被认为是无体系的国际货币体系，为传统储备货币之外的其他货币国际化提供了重要的时间窗口。前西德马克和日元就是在这段时间开始国际化。它们面临的共同的有利条件：一是美元的地位下降，为其他货币崛起留下了空间；二是第二次世界大战后德国和日本经济快速复苏，经济实力不断增强，贸易和金融市场持续发展，为货币国际化创造了条件。联邦德国在20世纪60年代末成为欧洲第一大经济体，日本在 1978 年成为全球第二大经济体。

但两种货币国际化的结局却大相径庭。前西德马克逐渐成为仅次于美元的全球第二大储备货币，并成为欧洲主要的区域货币，为欧元的诞生奠定了基础。相比而言，日元的国际化却不那么成功，不仅在储备货币地位上落后于马克，在国际金融交易中日元取得的进展也相当有限。除了德国经济增长较为稳定、而日本经历"失去的十年"等经济基本面因素外，马克和日元国际化的"一成一败"还有两个方面的原因。

（1）货币区域化程度的差异。货币区域化是货币在更大范围实现国际化的基础。马克是欧洲主要的区域货币，"进可攻、退可守"：进可将影响力扩大至其他国家和地区，退可借助欧洲的货币合作、货币安排维持在欧洲的地位。但日元却未能成为亚洲甚至东亚地区的区域货币。亚洲地区，美元长期占据主导地位，近年来以人民币为代表的新兴市场经济体货币崛起，导致日元面临"前有美元、后有人民币""两头堵"的不利局面，抑制了日元的国际化进程。

日元区域化落后与马克相比主要有两方面的原因：

第一，欧洲经济一体化程度高于东亚地区。第二次世界大战后，欧洲很早就开展了经济一体化进程，欧洲逐渐形成了统一的市场，这不仅促进了德国的经济增长，也为马克的使用提供了巨大的空间。而东亚地区经济一体化远落后于欧洲，日本经济起飞主要借助与欧美等发达经济的经贸往来。日本经济崛起后也没有及时转移战略重心，对亚洲市场重视度不够，还曾一度出现"脱亚入欧"的呼声。

第二，欧洲更愿意接受自己的货币，亚洲却属于事实上的"美元区"。虽然"马歇尔计划"为欧洲带来了大量美元，但欧洲国家对美元的认可度却并不高。以法国为代表的欧洲国家希望通过挑战美元的地位，限制美国在欧洲的影响力。1960 年至 1965 年，戴高乐政府就曾将美元大量兑换成黄金，并将黄金从纽约搬回巴黎，以削弱美元的地位。欧洲国家更认可自己的货币，为马克成为区域货币提供了巨大的空间。反观日本，亚洲地区是事实上的美元区。区内贸易大国，如中、韩在国际交易中大量使用美元。区内两大金融中心，新加坡是主要的美元离岸市场，香港实行与美元挂钩的货币局制度。要撼动美元的统治地位非常困难。

（2）政策导向的差异。德国和日本的政策制定者采取了不同的货币国际化政策。出于国内经济金融稳定的考虑，德国对货币国际化的态度一度保守，在20世纪60至80年代初期曾主动限制马克国际化。主要顾虑在于马克国际化需要马克可兑换和国内金融市场开放，大量资本流入将加大央行保持物价稳定的难度。且当时德国金融市场的广度和深度有限，跨境资本大进大出将会导致马克汇率急剧波动，影响金融稳定。直至20世纪80年代初，联邦德国依然限制非居民购买国内债券和参与货币市场，防止马克大量流出境外。日本对货币国际化的态度则相对积极。日元国际化启动于1984年，起初是迫于美国的政治压力，但之后被日本政府作为政策推行。日本政府将日元国际化定义为"日元在国际货币体系中地位的提高和日元在经常账户交易和外汇储备中的比重上升"。为实现这一战略目标，日本逐步取消了跨境资本流动的限制，发展日元计价的金融市场和工具，包括建立在岸与离岸市场。

但马克和日元的国际化进程却与政策导向大相径庭。马克国际化程度的提高最终迫使德国政府改变了限制马克国际化的立场。一是马克稳定的币值为其建立了良好的国际声誉，市场对马克计价资产的需求不断增长，抑制马克的市场需求的难度不断上升。二是德国金融市场的广度和深度提升，资本项目开放、推动马克国际化的条件逐渐成熟。从1985年开始，德国央行逐步取消了资本管制，促成马克的国际化。主动推动本币国际化的政策在日元国际化过程中发挥了重要作用。但日本国内的金融改革相对落后，逐步开放资本项目后，大量资金出于规避管制和套利的目的实现跨境迂回流动，对国内的金融稳定构成威胁，反而在一定程度上抑制了日元的国际化进程。

由此可见，政策导向对货币国际化进程有重要影响，但并非决定性的。一方面，货币国际化与国内金融改革，如资本项目可兑换、汇率市场化等紧密联系，推进这些改革能为货币国际化创造更好的条件，实现收益最大化、成本最小化。稳健的宏观政策框架和有序推进的资本项目开放为马克国际化提供了重要支持。而相对滞后的金融改革使日元国际化的效果打了折扣。另一方面，货币国际化本质上是市场选择的结果。政策可以引导，可以创造更好的条件，但终究不能为市场代劳。

国际经验对人民币国际化的启示。现阶段，人民币国际化目标是成为区域货币。首先，短期内人民币成为全球储备货币的可能性不大。人民币要成为全球储备货币，就必然挑战美元的地位，需要克服美元的网络效应，这个过程注定是漫长、艰难、充满不确定性的。其次，区域化是人民币实现更大范围国际使用的基础。如果本币在经贸往来更为紧密的周边国家都无法广泛使用，就很难推广到其他国家和地区。马克国际化得益于其区域化，而日元区域化不足制约其国际化。人民币应首先立足于亚洲周边国家和地区，推动人民币在大中华区、东盟地区、"一带一路"的使用，力争让人民币成为东亚，乃至亚洲地区的主要区域货币。

人民币国际化政策应顺势而为。政策并非货币国际化的决定性因素，但合适的政策能为货币国际化创造条件。比如，国内金融市场的发展和开放能显著降低获得、持有和使用本币的交易成本，提升本币的吸引力，提振本币的国际需求。从人民币国际化现阶段的需求看，人民币国际化需要与其他金融改革，如资本项目改革、汇率市场化协调推动，并进一步推动国内金融市场的发展和开放，增强人民币的可得性和使用便利性。

## 三、人民币国际化的机遇

### 1. 国际货币体系改革

国际货币基金组织（IMF）将于 2015 年对特别提款权（SDR）进行五年一次的例行审查，人民币将面临加入特别提款权的重要机遇。如果人民币能成功加入特别提款权，对提升人民币的国际地位和完善国际货币体系改革将有重要的积极意义。

（1）有利于人民币成为国际储备货币。国际货币在国际交易中充当交易媒介、价值尺度和储值工具的职能。其中，实现储值职能是货币国际化程度得到高度认可的标志，也是货币国际化的高级阶段。目前人民币国际化已取得重要进展，人民币国际化程度快速提升，如能顺利加入特别提款权，将向外界释放出"人民币国际地位已为各国央行和 IMF 承认"的信号，可进一步提升人民币的国际形象和影响力，增强对人民币的信心，有利于人民币发展成为新的国际储备货币。

（2）有利于推进国际货币体系改革。源于美国次贷危机的全球金融危机反映出当前国际货币体系的内在缺陷，扩大特别提款权使用是国际货币改革的重要方向之一。适当扩大特别提款权货币篮子，特别是吸收新兴市场国家货币，可以提高特别提款权的稳定性和吸引力，从而有利于拓宽特别提款权的使用范围，增强特别提款权的作用，促进储备货币多元化，减轻现有国际货币体系的弊端。

（3）推动国内金融改革，促进人民币国际化。目前，人民币加入特别提款权的主要阻力是国际社会对人民币"可自由使用"的认可，主要表现在其他国家对我国进一步推动市场化改革、开放市场和增强政策透明度的要求，这些要求本质上与我国金融改革开放的方向一致。通过对人民币是否满足"可自由使用"标准的讨论，可促进国内明确人民币与国际储备货币各方面的差距，理解国际组织和其他国家的观点诉求，了解人民币国际使用的实际市场需求，更好地制定政策措施以缩小差距；特别是，有助于在相关金融改革，如利率市场化、汇率形成机制改革和人民币资本项目可兑换上达成共识，推动国内金融改革开放，为人民币国际化的进一步发展创造条件。

目前人民币加入特别提款权也具备了很多有利条件。一是人民币国际化取得了显著进展。2009 年以来，人民币国际使用范围不断扩大，国际化程度不断提升，人民币国际地位也逐渐得到全球认可。从发展趋势看，人民币已经具备了成为主要国际货币的潜力。二是扩大特别提款权货币篮子的必要性已成各方共识。目前特别提款权代表性、稳定性不足，限制其在国际货币体系中发挥更大的作用。如果人民币等新兴市场经济体货币能加入特别提款权篮子，能显著增强特别提款权的代表性和稳定性，有利于扩大特别提款权的使用。三是目前特别提款权篮子货币的选择标准模糊。对人民币加入特别提款权的主要障碍在于人民币是否满足特别提款权货币标准中的"可自由使用"。但现有的特别提款权货币标准对货币达到"可自由使用"标准的数值或位次并无具体门槛，人民币加入特别提款权有充分的工作空间。

当然，人民币加入特别提款权也面临一定的挑战，尽管人民币国际地位近年来大幅提升，但较篮子货币（美元、欧元、日元、英镑）的差距仍然较大。主要发达经济体可能在人民币是否满足"可自由使用"上设置障碍，并借机对我国提出要价。但整体看，人民币加入特别提款权已经具备很多有利条件，只要采取合适的思路和策略，人民币加入特别提款权工作能在成本最小化的同时实现收益的最大化。

### 2. 国内金融改革

国内金融改革为人民币国际化提供了重要支持。从主要国际货币发行国（如美国、英国、日本）看，跨境资本流动相对自由、汇率形成机制市场化、利率市场化对本币的国际化起到了重要的支撑。近年来，我国金融改革取得重要进展，为人民币国际化创造了良好的条件。2013 年 7 月取消人民币贷款利率下限，2014 年 3 月人民币兑美元汇率浮动幅度扩大至 2%，目前 85% 左右的资本账户已实现可兑换。

部分跨境人民币业务也在区域金融改革中取得突破。直接投资方面，昆山试验区、上海自贸试验区、苏州工业园和天津生态城等地的个人可使用人民币进行对外直接投资。债券发行方面，在苏州工业园和天津生态城注册并有实际经营和投资的企业可在新加坡发行人民币债券。证券投资方面，在苏州工业园和天津生态城设立的股权投资基金可以用人民币对新加坡等东盟地区投资。跨境信贷方面，上海自贸试验区跨国企业集团可开展跨境双向人民币资金池业务，昆山试验区可开展台资企业集团内部双向人民币借款业务。前海企业可从香港银行借入人民币资金，苏州工业园区和天津生态城内的企业或项目可从新加坡银行借入人民币资金。此外，上海自贸试验区内的居民可通过设立本外币自由贸易账户实现分账核算管理，并建立了分账核算境外融资宏观调控工作机制。

有观点认为，人民币国际化本质上是资本项目自由化，而资本项目开放需以汇率完全浮动为前提，在人民币汇率形成机制改革尚未完成的前提下推动人民币国际化是金融改革的时序错误。这种观点对警示金融改革风险有积极意义，但对人民币国际化存在一定的误解。

（1）资本项目可兑换既不等同于货币国际化，也不是货币国际化的前提。从历史经验看，20世纪中叶之前，英镑曾是全球最主要的国际货币，但当时英国资本项目并未实现完全可兑换。德国马克国际化的初期，德国的资本项目也未实现完全可兑换。因此，货币国际化与资本项目可兑换并不等同，且资本项目可兑换不是货币国际化的必要条件。

（2）金融改革并不存在机械照搬的顺序。金融改革需要走很多步，不是一步完成的，和走路一样，金融改革需要"左脚、右脚交叉走"，以实现各项改革的相互促进、协调推动。也许从改革完成的时间看，某些改革在另一些改革之前完成有利于降低风险，但从改革推进的过程看，应"成熟一项，推动一项"。人民币国际化并不必要等到所有条件完全具备时才能推进。相反，人民币国际化能为人民币汇率形成机制改革、人民币资本项目可兑换等金融改革创造更好的环境、争取改革共识，以实现各项改革的协调推进。

中国和周边经济体经贸往来密切。货币国际化的第一步往往是货币的区域化。日元和德国马克的国际化经验表明，与本国经济联系紧密的地区更容易接受本币作为国际交易的载体货币。人民币国际化也起步于经贸往来密切的周边国家和地区。20世纪八九十年代，人民币就在中国与周边国家的边境贸易中使用，目前超过3/4的跨境贸易人民币结算也集中在亚洲周边国家和地区。

随着中国与周边经济体经贸往来的进一步密切，人民币有望在区域经济中扮演更重要的角色。目前，中国已成为澳大利亚、韩国、东盟等国家和地区的第一大贸易伙伴。2014年11月，中韩、中澳自由贸易区结束实质性谈判。2010年，中国—东盟自由贸易区正式启动，贸易区内大部分产品的关税降到零，非关税壁垒大幅降低。中国与周边经济体贸易联系不断紧密，将为人民币在双方贸易结算中的广泛使用创造需求。

"一带一路"战略创造金融合作需求。"一带一路"国家级战略计划的推出，契合了新兴市场和发展中经济体在基础设施建设、能源开发方面对资金的需求，有利于人民币跨境贸易和投资的发展。一方面，"一带一路"计划的实施需要稳定的长期资本，基础建设项目的融资需求将推进人民币在资本项下输出，推动人民币向外投资的发展。从国际经验看，美国的"马歇尔计划"和日本的"黑字环流"都在本币的国际化过程中起到了重要作用。另一方面，我国对外输出基础设施建设和能源开发等领域的优势和富余产能，既能降低国内供需的结构性矛盾，又为企业研发创新、技术进步积累资本，提升出口竞争力，带动人民币跨境贸易结算的需求增长，形成"资本项目下输出，经常项目下回流"的人民币跨境格局。

电商国际化的需求。在全球化电子商务大发展的背景下，第三方支付在国际贸易中的地位不断提升，人民币的国际化结算将进入新阶段。电商巨头阿里巴巴首次对印度、印尼等发展中国家电商行业进行投资，通过在线支付服务，更多海外商户有机会向中国消费者出售产品，中国卖家也可进军海外市场。由于从事电子商务的主要是中小企业和个人，采用人民币计价结算以规避汇率风险、降低汇兑成本的动力更强。而第三方支付的便利性和高效性，将使人民币国际化进程进一步提速。

# 四、人民币国际化的挑战

### 1. 企业使用人民币的需求

虽然近年来人民币跨境结算业务取得显著进展，但企业使用人民币的需求仍相对较低。与主要发达经济体相比，我国企业在贸易投资中采用本币计价结算的比例仍然偏低，比如，2012 年我国贸易企业采用人民币计价的比例仅为 9.1%，而美国、德国、日本出口贸易中本币计价分别达到 80%、50% 和 30% 以上。主要有两方面的制约因素。一是我国企业在全球贸易分工体系中处于低附加值地位、贸易企业定价权较弱、外资企业占比高，推动人民币贸易计价结算能力不足，只能被动接受贸易伙伴选择的贸易计价和结算币种。二是人民币外汇交易市场的深度和广度相对欠缺，人民币衍生产品交易量小，不能完全满足企业的避险需求，难以挑战国际交易依赖美元的惯性。

### 2. 对货币政策的影响

在本币国际化的背景下，数量型调控的货币政策框架效果会变差。人民币国际化增加了境外人民币需求，境内货币政策将难以精准调控基础货币投放。如央行试图通过扩大货币供给增加境内流动性，基础货币可能流出境外，导致货币政策的扩张效果不如预期。从历史经验看，美元国际化和离岸美元市场的发展也是导致美联储放弃数量型调控货币政策框架的重要原因。在人民币国际化的背景下，如不能实现货币政策数量型调控为主向价格型调控为主的转变，我国货币政策调控的效果、货币政策的独立性将受到挑战。

3. 对境内金融稳定的影响

一是商业银行体系的风险可能上升。人民币国际化为境内银行更加广泛地参与国际银行业竞争提供了良好的平台。但人民币离岸市场业务的拓展，也会给境内商业银行经营带来新的风险和挑战，影响境内微观金融主体的稳健性。二是跨境资本流动风险。人民币国际化提升了人民币资产的吸引力，境内资本市场将面临全球的人民币投资需求，跨境资本流动的规模大幅增长，波动放大，可能对境内市场造成冲击，影响金融稳定。三是放大国际金融市场风险向境内传递。如果人民币成为全球交易的载体货币，国际金融市场的波动将改变境外人民币的供需和价格，并通过跨境资本流动、离在岸资金价格互动等方式影响境内市场，放大境内市场对外部风险的敞口。

# 五、结　语

2009 年以来，人民币跨境业务从无到有，从小到大，蓬勃发展，焕发出旺盛的生命力和巨大活力，反映了我国经济金融实力提升和实体经济的需求。未来，随着我国金融改革开放的深入，中国和周边经济体经贸往来日益密切，"一带一路"重大战略的逐步落实以及电商国际化的发展，人民币"走出去"将面临重要的机遇。

同时，人民币国际化也可能对境内货币政策和金融稳定构成一定的挑战。除了建立健全风险防控体系外，关键在于通过国内金融体制改革的深化增强国内经济金融对外部风险的抵抗能力，包括强化金融机构公司治理，拓展金融市场的广度和深度，提升宏观调控水平和金融监管能力，协调推进利率、汇率市场化改革等。

# 五、重建"一带一路"文化共同体

# 环中国海文化共同体重建大战略

## ——"21 世纪海上丝绸之路"的文化精义

曲金良\*

## 一、问题的提出：只有"文化共同体"才可能是真正的"共同体"

建设"21 世纪海上丝绸之路"，是我国"一带一路"国家战略的重要组成部分，得到了世界上众多国家的赞赏、认同和"加盟"，具有政治、经济、文化建设的全球战略内涵。建设"21 世纪海上丝绸之路"，就是要根据 21 世纪的中国"海洋国情"、世界"海洋世情"和世界上绝大多数沿海国家普遍的和平与发展需求，将我国通过海路和平、友好沟通、连接世界的悠久历史文化传统与智慧在 21 世纪重新发扬光大起来，带动、影响乃至引领世界，走出一条跨海交流与合作，共同构建海洋和平、海洋和谐世界，既实现中华民族的伟大复兴，建设海洋强国，又使全世界共同受益的发展道路。

要走出这样的发展道路，就要架构一种发展模式。而只有在中国源自先秦就有的"四海一家""协和万邦"的海洋经略与海洋和平观念、思想才拥有这样的智慧资源，并且有长达数千年的历史经验可资借鉴。

---

\* 曲金良：中国海洋大学文学与新闻传播学院教授、博士生导师，海洋文化研究所所长。

随着经济全球化，各国经济不再独善其身，因此不再只局域于国家之间的竞争，"区域经济共同体"应运而生。事实上这是国际竞争新的形式，以"经济共同体"区别于"军事同盟"的"抱团取暖"，针对的是其他竞争对手。

无疑，"经济共同体"与"文化共同体"是不同的。"经济共同体"是经济导向，而"文化共同体"是文化导向。它们的区别在于，经济导向是利益诉求，以"共赢"相号召，但实质上是以自身利益最大化为动机的，共同体的"共同"和合作伴随着竞争，即利益之争；而"文化导向"则重在区域认同、社会认同、价值观认同，重在文化传统尤其是善恶观念、道德伦理、审美趣味上的价值评判和心理感受。"经济共同体"的实质内涵在于"争"，"文化共同体"的实质内涵在于"和"。"经济共同体"的价值取向在于"利"，这在东西方都一样；而"文化共同体"在东西方大不同，以中国文化为主导的东方文化的价值取向在于"义"，在于"和"，与西方文化除了上帝信仰就是世俗物欲，即除了"天国"就是"地狱"的两极追求，因而难以在现实生活中找到"文化"的"准星"大不一样。在以中国文化为主导的东方文化的价值观看来，"文化"是"文以教化"，体现的是"文明"，而西方人没有这样的"文化"，从来不懂人文社会教化，即使其极具极端性的"全民宗教"，作为西方人的精神支柱，其实质也是为其追求世俗利益最大化而不惜相互残杀所创造的"精神鸦片"（马克思语）、"心灵鸡汤"。因此，无论西方人怎么看自己的"文化"，在中国传统文化观念中，西方的"文化"远非"文化"，无"文"可言，体现的是"野蛮"。

近代以降，中国也好，中国周边国家、地区也好，都经历了一个"文化大转向"的过程，不但不以自己的文化而自信、自豪，反过来认同西方的文化是"文明开化"的、"先进"的文化，而贬斥自己的文化为"野蛮愚昧"的、"落后"的文化。中国自鸦片战争开始，越来越多的上层"精英"先是认同西方的"船坚炮利"，接着主张"师夷长技以制夷"，于是大搞"洋务运动"，进而分化、瓦解最高决策当局，对政治制度、国家政体进行"维新""改良"，最后将其推翻。原有的制度推翻了，中国向何处去？西化可乎？"中国人向西方学得很不少，但是行不通，理想总是不能实现。""一切别的东西都试过了，都失败了。"①"君主立宪制、复辟帝制、议会制、多党制、总统制都想过了、试过了，结果都行不通"，② 结果换来的是百年战乱、民不聊生，国家变为殖民地半殖民地的灾难日益深重，几万万中国人民被"三座大山"压顶，只能不断爆发革命，直到 1949 年社会主义新中国建立，中华民族才在世界上真正站了起来。"照抄照搬他国的政治制度行不通，会水土不服，会画虎不成反类犬，甚至会把国家前途命运葬送掉"。③ 毛泽东精辟而深刻地阐述了只有通过建设社会主义才有可能实现"世界大同"的最终目标："西方资产阶级的文明，资产阶级的民主主义，资产阶级共和国方案，在中国人民的心目中，一齐破了产……这样就造成了一种可能性：经过人民共和国到达社会主义和共产主义，到达阶级的消灭和世界的大同。"④"世界大同"的中国"传统版"表述，就是中国文化中自先秦即有、成为历代追求的"天下大同"。

日本近代的西化比中国近代的西化走得更远，更"彻底"。它通过"明治维新"自绝于中国自汉代主导的华夷制度和文化体系，走上了"脱亚入欧"、四处侵略的军国主义道路，野蛮侵略中国，吞并中国台湾、琉球和朝鲜，侵占东南亚国家和地区。至于东南亚诸国，大多近代之后都被西方殖民，直到第二次世界大战之后才逐渐获得独立。为什么这些国家，甚至中国的不少人还在念念不忘西方的"功德""反认他乡是故乡"？这完全是西方人在其殖民地长期"洗脑"，泯灭、撕裂了这些殖民地、后殖民地人民的价值观的缘故。

只要竞争，就会有输家和赢家。所谓"共赢"，实际上只能在非竞争的"共同体"一家之内；而在竞争对手之间，则只能在个别问题、局部问

① 毛泽东：《论人民民主专政——纪念中国共产党二十八周年》，《毛泽东选集》第四卷，人民出版社 1991 年版，第 1468 页。

② 习近平：《在比利时布鲁日欧洲学院的演讲》，新华网，比利时布鲁日 2014 年 4 月 1 日电。

③ 习近平：《在庆祝全国人民代表大会成立 60 周年大会上的讲话》，新华社，北京 2014 年 9 月 5 日电。

④ 毛泽东：《论人民民主专政——纪念中国共产党二十八周年》，《毛泽东选集》第四卷，人民出版社 1991 年版，第 1469 页。

题、暂时性问题上"各取所需"罢了。因此，只要国际上存在着"竞争思维""竞争观念""竞争模式"，就必然导致矛盾、斗争乃至战争。而"竞争思维""竞争观念""竞争模式"，却恰恰正是导源于西方人文化基因的国际关系模式和世界发展模式。世界上到处摩擦不断、纷争不断、军备竞赛不断、战争阴云不断，恰恰正是西方文化主导这个世界的结果。

本来，世界上的文明多种多样，东西方都有各自的价值观念和生活模式，可以相互交流、学习、借鉴，友好为邻，和平相处，但自从近代西方人在这个地球的西北角落航海"崛起"、四处"发现"世界之后，这个世界就再也没有安宁过：西方人"发现"了哪里就侵略——传教到哪里、占领——殖民到哪里，用和平世界所不具备"优势"的"坚船利炮"轰开一个个文明民族的国门，他们善于在殖民地、在整个世界上鼓吹"物竞天择、适者生存"的"丛林法则"，完全把人类视为"物欲主义"的"动物世界"。于是，人们发现，在西方主导的竞争模式下，世界环境资源在日益恶化，国家之间、人口之间的贫富差距日益扩大，世界性、区域性、各国内部性的大小争端、争斗乃至战争此起彼伏，人们似乎从来不懂得忍让、妥协、友善，似乎从来不知道道德、礼义、廉耻为何物，为茫茫大海上的一块小小的礁石——哪怕是若隐若现、似有若无的礁石也要绞尽脑汁、撕破脸皮、争吵得一塌糊涂，甚至会大打出手，进行一场国与国之间、地区与地区之间甚至不惜爆发一场整个世界范围的现代大战，完全到了不知"文明"为何物的地步。无怪乎即使在西方人那里都不断有从善者流惊呼，现在这个世界，已经到了"必须从两千年前的孔子那里汲取智慧"①的时候了。

如不赶快改弦易辙，我们这个世界难道还能"可持续发展"吗？而要拯救这个世界，拯救我们人类自己，不讲和、不讲义、不讲礼、不讲文明、不讲和谐万邦、不讲天下一家、不讲"己所不欲，勿施于人"、不讲"四海之内皆兄弟"，难道还有别的出路吗？

出路无他，就在东方文明这里，在以中国为中心、以汉文化为主流文化的环中国海文化圈的传统根基这里。我们必须从汉文化的核心价值观这里找

---

① ［新］吴德耀：《古今人对孔子的评价》，《走向世界》1989 年第 5 期。

回自觉，找回作为自己的文化主人的自豪，找回曾经在近代之前一直令西方人仰视的文化的自信——即使今天我们很难再令西方人仰视我们的文化，我们能不能至少"独善其身"？

## 二、汉文化圈："环中国海文化共同体"的文化内涵

"汉文化圈"，是中国与环中国海周边国家、民族在悠久的历史上形成的以中国为中心、主体和主导的汉文化共同体。这个文化圈，就是环中国海文化圈。汉文化，是中国与环中国海周边国家、民族共同拥有的主体文化。

这一文化圈，因主要是环中国海的东亚地区（包括东南亚和东北亚[①]），也称为"东亚文化圈"（广义的）"东亚汉文化圈""东亚儒家文化圈""东亚汉字文化圈"等。

1. "汉文化圈"的基本内涵

（1）共同使用汉字为基本文字，所有的环中国海主要国家，尤其是与中国历代中央政府建立了封贡政治制度、纳入中国中原王朝管辖体制、在其官方文化和主流文化上奉行汉文化的属国，也称为"朝贡国"[②]，历史上都如此。

（2）以汉文为共同官方语文，因此官方法定文书与民间通用文书均以汉文为正宗，其民族文字或借用其他文字只作为辅佐文字，其民族语言主要表现为口语。

（3）共同或类似的政府组织结构和以郡县制为基本行政制度。

（4）共同的科举选官制度（大多既遵行中央政府的科举制度，中央接受属国学子参加科举考试，进士者可受朝廷命官任职；也在其属国地区内举行

---

① "东北亚"地区包括的国家主要有中、日、韩、朝四国，因是东亚的主要地区，通常也以"东亚"指称。

② 刘信君：《中朝与中国和东南亚藩属国朝贡制度之比较》，"在中国古代封建王朝建立的朝贡体系中，分为典型朝贡国和准朝贡国。典型朝贡国有朝鲜、越南、琉球；准朝贡国主要是其他的东亚、东南亚国家。"《广东社会科学》2011 年第 1 期。

科举选仕)。

(5) 共同的官方典礼、律令、岁时历法制度（属国必须"奉正朔"，即以中央政府颁布的统一历法纪年计时，"过"共同的岁时节日)。

(6) 共同的历史典籍制度、文学体制和书法艺术样式。

(7) 共同的家族、家庭、家教和人生礼仪制度。

(8) 共同的官方主导、民间通行的儒家文化为主体和主流文化，拥有共同的传统价值观念，如天人合一、人伦道德、义利价值等。

(9) 以私塾和书院教育为主要形式的儒家学校教育制度。

(10) 共同的心理情怀和审美情感（如心理感情的细腻，柔美、优美情感，恬静闲适心态)等。

总之，东亚汉文化圈这个文化共同体，人种同类，文化同宗，地缘相连，血缘相亲，经济互补互动性强，联系紧密。

2. 东亚"汉文化圈"区域共同体

东亚汉文化圈在历史上的基本"区域"性质，就历史上自汉代以降的大部分历史时期的总体而言，是中国历代中央政府统辖（包括郡县流官直辖地区和封国土官自治地区等多种行政管理体制）的区域共同体；中原王朝与周边政权的基本关系，是中央—地方的分封—朝贡关系。而这个共同体的基本幅员空间和体量，是通过环中国海的航海沟通和政治、经济、文化交流实现的。"海上丝绸之路"，其核心区域就是环中国海。

这个共同体，在中国历代王朝帝制下，中央直辖地区与华夷中藩和册封朝贡制度下的属国地区互动互补，有机一体，有数千年一体化发展的悠久历史。与西方的关系相较，这个共同体不应该被西方破坏得了、争夺得去。近代以来，它在某些地区、某种程度上被西方破坏了、争夺了、控制了，只有一个半世纪，只是历史长河的一瞬。

中国历史上的"属国"，是自秦代改三代分封制度为中央集权制度之后，历代中央政府实行"一国两制"即以郡县直辖为主、封国自治为辅的行政制度下的封国，是历代王朝对三代分封制度的延续。历代中央政府在郡县直辖地区实行命官（流官）制，直辖郡县地区向中央政府按定制缴纳税负；在分封自治地区实行册封王爵（世袭）制，封王自治政权向中央政府按定制朝贡，不纳税负。册封王爵的人选，主要是皇亲宗室中有重要地位或卓越功勋者，历代也往往册封"开国功臣"，是为"异姓王"；在边疆、海外藩邦地区，则除了设置郡县直辖外，一般册封其原来的土著首领为"异姓王"，实行"皇封世袭"制度，其建制即为中原王朝的属国。属国王职在必要时也兼领朝廷命官职，如"都督""总督""大将军"等。国王夫人称"妃"而不得称"后"；国王母称"太妃"而不得称"太后"；国王遵制在子嗣中选备的世袭继任者称"世子"而不得称"太子"；国王去世后世子须向中央王朝告哀并上表请封袭职，在中央政府经严格核实，由皇帝下诏，派遣使臣册封；封王使臣抵达属国并举行册封大典之前，世子为"权理国事"而不得擅自称"王"。中央政府对海外属国实行的这些规制，基本等同于对内地属国。一般情况下，历代皇帝均对海外属国国王及其朝贡使臣格外礼遇，赏赐丰厚。有些情况下，例如其自治地区较大、国力较强，而中央政府一时难以有力控制时，也出现其国王一面向中央皇帝称臣、一面在其内部僭越称帝的情况，中央政府往往视形势和能力，或遣官训谕，或打击镇压，另封国王，直至改为郡县直辖地区，或默认其现状，伺机改变。至晚清，在西方侵略势力蚕食占领和诱逼下，中国的属国地区除部分改为直辖地区外，大部被西方国家和日本占领殖民，第二次世界大战之后才大多"独立"为现代意义上的国家，如朝鲜、越南等，而其中的琉球国，则至今仍在日本行政管辖之下（日本在此地区设为冲绳县）。现代学者往往套用西方现代"国家"概念讨论中国历史上的"疆域""领土"问题，将中国历史上的属国划出中国古代和近代的领土疆域之外，这与历史事实不符，并且是严重歪曲。

中国商周时期实行的即是分封制度，这是至今中国区域文化板块（如"燕赵文化""齐鲁文化""吴越文化""荆楚文化""巴蜀文化""八闽文化""岭南文化"等）特色凸显的重要原因；箕子朝鲜，就是周王朝的封国。秦代实行中央集权帝制，在中原地区直辖郡县，但在周边地区仍然实行属国自治制度。自汉代开始，汉文化圈开始在环中国海地区扩大，两汉海外直辖和藩属自治地区主要是朝鲜半岛、日本列岛、支那半岛（中南半岛）。

朝鲜半岛北部由卫氏朝鲜改为汉朝直辖郡县地区，设置为四个郡，后郡县撤并，改为地方部族自治地区，此后无论是半岛三国时期，还是新罗、高丽、朝鲜时期，都是中原王朝的属国地区（元朝曾将其直辖为行省，但也与中原地区的行省有别）。

在日本列岛，其倭国受汉王朝封为属国，其王称"汉倭奴王"。[①] 日本各地政权和统一政权向大陆中央王朝朝贡并接受册封，自汉朝至隋朝之前是紧密型的，唐朝大多时期只朝贡不受封（唐朝日本接受中土文化最多、最直接、最普遍、最全面），宋朝大部分时期朝贡并受封，明朝时期朝贡时间较长，受封时间较短，清朝不再朝贡，并在其"明治维新"后"脱亚入欧"，接受西方制度变为军国主义国家。

东南亚群岛和支那半岛地区，自秦汉开始设置郡县和藩属自治地区，其中今越南地区在秦汉直至晚清，一直是中原王朝的直辖郡县或属国自治地区；东南亚群岛及马六甲地区也大多同样，但较支那半岛地区为晚，大多自唐宋时期。

明清时代，中国的属国主要有朝鲜、琉球、安南、缅甸、老挝、暹罗、吕宋、苏禄、爪哇、马拉加、尼泊尔、不丹等周边地区，以及南亚、非洲东部地区的一些王国政权。其中琉球自明初洪武直至晚清，自 1372 年正式纳入中国王朝封贡体制至 1872 年被日本侵占，整整 500 年。中日其后为此谈判多年，悬而未果，因而一直被日本霸占。

东亚环中国海汉文化圈的构建，主要是通过海上交通网络和官方与民间的航海往来实现的。数千年中，数不尽数的中外使臣使团的海上往来，构成了中央政府与属国政府政治关系和上层文化关系；数不尽数的中外商品商民和移民的海上往来，构成了在民间层面上汉文化的对外传播和海外文化对中原文化的影响、中外文化的互动发展。

东亚汉文化圈隶属中国中原王朝的历史的终结，始自 19 世纪中叶西方殖民势力先是对这些属国的侵略和霸占殖民，后是对中国王朝本土的侵略。在殖民帝国主义和国内投降派、洋务派等内奸、代理人里应外合对清朝政府

---

① 《后汉书卷一百一十五》："建武中元二年（57 年），倭奴国奉贡朝贺，使人自称大夫，倭国之极南界也。光武赐以印绶。"《后汉书卷一百一十五》：安帝"永初元年（107 年），倭国王帅升献生口（即人员）百六十人，愿请见。"汉朝颁赐"汉倭奴国王"金钮印，1784 年在日本北九州出土，至今仍陈列在福冈市博物馆。

的胁迫下，清政府与西方和日本签订了一个个卖国条约，大部分属国被割让出去。例如，日本通过与晚清政府签订的条约先是操纵朝鲜"独立"进而将其吞并；法国也通过与晚清政府的条约得以在越南殖民。至于东南亚岛屿地区各政权被西方先后"正式"殖民而不再受封和朝贡，这是晚清本土自顾不暇的结果。

3. 近代"东亚文化圈"的式微

自近代以降，汉文化圈的政治共同体体制被西方打破、在现代化进程中被官方中断，因而其经济、文化共同体的机制和功能，也随之解体，退居次要地位。

西方东侵、西方文化东渐，与东方国家内部的投降派和西方代理人里应外合，在经济体制、政治体制、文化体制上逼迫政府就范，导致东方世界"汉文化圈"中的汉文化走向式微。政治体制上，是西方民族国家理念下各自"独立自主"的"国家"。但日本、韩国一直有西方国家驻军，其安全受到西方国家的"保护"，因此，实际上，日、韩都还并不是真正"独立自主"的国家。越南等东南亚国家，刚刚结束其西方殖民地的历史几十年时间，其国家政权"习惯上"仍然不断需要西方的"保护"和对西方的依赖。经济体制上，走西方主导的现代工业化、商品化、市场化道路，推进经济全球化，尽管遇到抵制（这种抵制、抗议更多地爆发在韩国），政府仍然不遗余力。这一方面是政府官员、知识阶层接受了西方现代观念的表现，另一方面是科技阶层、企业财团工业和商业利益驱动的结果。文化上，在其上层主导、倡导下，以西方文化为尊。主要表现就是全民学英语、到西方留学、学西方理论、学西方观念。

同时应该看到，西方文化主导、汉文化式微，迄今不过一个半世纪。"汉文化圈"尽管在现代"国家"林立的世界格局中早已在政治层面上解体，但汉文化作为这些国家、地区的传统文化基因，仍然普遍存续，甚至在社会传承、生活使用中仍然是主流：

（1）汉字仍然使用。其共同使用汉字为基本文字的政治、经济、社会生活化的历史难以割断。

（2）其民族语言中的汉源词汇难以抛弃。例如朝鲜语，无论韩国、朝鲜怎么"去汉化""去中国化"，其 60% 到 70% 的词汇是汉语语源词汇。

（3）政府组织结构和郡县制的基本行政制度，延续的仍然是中国化传统。

（4）其岁时历法制度尽管都已西方化，基督"公元"化，但其历史上"奉中国正朔"所形成的传统历法仍然在民间施行，即使是西方化了的历法中的"年中行事"，即某月某日的"节日"内涵，仍然大多是传统的源于中国的岁时节日。

（5）其文学、艺术，如诗歌、小说、戏曲、书法、绘画等文学艺术样式及其审美情趣与心理文化，至今无不是中国化与其地方化、民族化融汇的产物。

（6）其中国化的家族世系、家庭伦理、家教文化和人生礼仪制度，至今在环中国海地区，尤其是朝鲜半岛、中南半岛的越南地区，仍然没有改变。

（7）无论官方推行或压抑，其民间文化仍然通行儒家文化为主体、主流，尽管杂糅了一些西方的宗教与世俗文化，传统价值观念，如天人合一、仁义礼智信、身土不二等人伦道德、义利价值，至今仍然在发挥着基础的、底蕴的作用。

（8）共同的心理情怀和审美情感。这些源于中国文化影响的"东方特性"，已经成为在环中国海区域各民族中难以根除、也不可能泯灭的"已经融化在血液中"的文化基因。这里再着重强调三个概念：

①"家"。汉化家族家庭社会制度仍然是环中国海主要国家、地区基层社会"细胞"的基本制度。如汉化姓名，主要在韩国、朝鲜、越南等国（日本式姓名制度是中国式姓名制度的变体），无论怎样西化也不可能更改。朝鲜半岛的大陆移民，远古时期就有，战国、秦汉之际出现移民潮，秦末"燕、齐、赵民避地朝鲜数万口"；日本列岛，最早的大陆移民也出现在新石器时期，有史以来，日本广泛认同的是徐福航海大移民；东南亚华侨华人，则人口比例更大，清朝甚至成立过华人附属清朝的兰芳共和国 ①；至今新加

---

① 杨国桢等：《明清中国沿海社会与海外移民》，高等教育出版社 1997 年版，第 39—45 页。

坡华人占大多数，祖籍都在大陆；其他各国情况也相类。①

②"儒"。汉文化传统仍然深度影响乃至规范着人们的思想观念、思维方式、生活方式。至今人们往往依然用"儒家文化圈"指称环中国海汉文化圈。儒家经典与童蒙教育，儒家道德伦理观念、秩序与情感，儒释道既分又糅的宗教与民间信仰，祖宗崇拜、英雄崇拜、民间民俗鬼神信仰与祭祀，在汉文化圈国家、地区仍然作为民俗文化，在民间普遍传承，普遍贯穿、渗透于"年中行事"尤其是家族社会、岁时节令和衣食住行等日常生活之中。

③"汉字"。通过汉字的载体实现汉文化的传承，是东亚汉文化圈各国各地区对其历史的认同、对其祖宗的认同、对其文化典籍和文化传统传承的内在需要。不使用汉字，不传承汉文化，就没有人读得懂其古书古文，没有人懂得其国家、民族历史，没有人懂得其家族、姓名来历，没有人懂得其民俗传统内涵，也就失去了其民族文化的"根"和"本"。尽管他们现在都以民族主义的名义夸大"本国文字"的作用，事实上却一直在"纠结"，他们都知道已经和将要失去什么。他们很需要迷途知返。

总之，在环中国海，"人种同类，文化同宗，地缘相连，血缘相亲，经济互补互动性强，联系紧密"——环中国海汉文化圈这一文化共同体，至今仍然拥有共同的传统文化认同感，共同的传统文化价值观，共同的传统主流文化的社会主体民众基础。这些"共同的拥有"，使之作为一个"文化共同体"，基本条件、要素具备。它在历史上本来就是一个文化共同体，只不过

---

① 目前，从华侨华人的海外分布看，超过 80% 居住在东南亚，其余依次是美洲、欧洲、澳洲、非洲。据我国侨务部门和相关学界近年来研究统计的数字，东南亚国家中，泰国华侨华人 850 万（2006）占当地人口的 14%，印尼华侨华人 750 万（2005），占当地人口的 3.1%，马来西亚 710 万（2008），占当地人口的 26.5%，新加坡 270 万（2009），占当地人口的 75.6%，菲律宾 150 万（2004），缅甸 130 万（2003），越南 1,263,570（2006）。以上为亚洲华裔人口超过 100 万的地区。从华侨华人的祖籍看，广东籍占 54%，福建籍占 25%，海南籍占 6%，其他省、自治区、直辖市共占 15%（其中以台湾、广西、山东、新疆、云南为主）。在东南亚，粤籍、闽籍和其他省市之比为 5∶3∶2。若以方言划分，使用闽南（泉州）、广府（广州）、潮州、客家四种方言的人，占海外华侨华人总数的 80% 左右。见中国新闻社《世界华商发展报告》课题组：《2008 年世界华商发展报告》，中国新闻社 2009 年 2 月 2 日发布，见 http://i5.chinaqw.com/2008ind/2008ind.html。

被西方的东侵给破坏了。而如今它还能不能成为这样一个"文化共同体"，就看我们想不想、要不要在现代条件下去着力重建了。

# 三、"环中国海文化共同体"重建：问题与应对

**1. 环中国海汉文化圈文化共同体重建有利的基础条件**

（1）政府推动。尽管周边国家政府的真实主张不一定都是推动"文化共同体"的重建，但至少在"说辞"上，推动东亚和平、友好，总是周边各国的"共同主张"，至少是"主流声音"。中国完全应该而且完全可以因势利导，引领、主导这样的"共同主张"和"主流声音"，使之进入政府之间的高层对话与决策层面，由顶层设计朝着制度构建，一步步向前推进。

（2）民间自觉。中国人出于善良的天性，对世界人民都是友好的，主张以和为贵。事实上，周边国家人民由于自古深受儒家文化的影响，"天下一家""四海之内皆兄弟"的理念也同样根深蒂固。

（3）人文交流。中国与周边国家双边建交以来，相互人员往来和移民迁徙形成的社会互动越来越广泛。尤其是基于历史、基于移民，认祖寻宗现象所引发的共同文化、共同族源认同现象越来越多，在中日、中韩、中越等国之间司空见惯。

（4）经济一体。中国与周边国家经济上已经相互依存，贸易往来、经济一体化关系越来越发展，建立经济共同体的愿望日益强烈。关税问题、贸易壁垒与摩擦问题、签证可否互免等问题，都可通过共同体解决或逐渐解决。

（5）和平追求。谁也不想打仗，追求和谐和平，是中国人民、周边国家人民和全世界人民的共同之梦。东亚人民应该有信念、信心通过智慧解决争端，和谐共建。

（6）文化认同。汉文化圈周边国家的汉文化传承丰富，近代以来中国本土传统文化破坏严重，反而出现了"中国文化在海外"之说，尤其在今日韩国、日本、新加坡等地，汉文化元素特色明显。

2. 环中国海汉文化圈文化共同体重建面临的问题

（1）环中国海周边各国政府在西方国家、西方经济学家主导的"现代化"理念下，以经济指标、经济增长和经济利益为国家追求目标，以世界尤其是邻国的经济资源、商品市场的国家"占有"为政府目的，掩盖了政府以国民幸福为根本利益的责任和使命，这成为世界和地区不安定的最大根源。

（2）环中国海周边各国民间都在西方思想、思潮影响下，重商主义普遍流行、商人占主导地位，汉文化传统即使在民间层面上也同样遭到了严重破坏。

（3）环中国海周边各国第二次世界大战后、殖民后，在其"精英"观念和理论主导、影响下民族主义泛起甚至泛滥，往往有意无意歪曲历史、丑化中国，视汉文化为其民族文化而不认中国为源头。

（4）受海洋经济发展思想、海洋竞争意识和海洋霸权主义主导，受《联合国海洋法公约》引发的全球性"圈海运动"影响，周边国家与我东海、南海争端不断加剧。

（5）西方（欧美）国家依然力图在中国周边国家强化其干扰、影响力，分裂、破坏东亚汉文化圈的一体化。

（6）中国自近代以降，西化思潮、崇洋媚外思想不时泛滥，自我轻视、甚至自我贬损，自身的中国文化自尊心、自豪感、自信力、影响能力亟待加强。

3. 环中国海汉文化共同体重新建构措施

（1）从中国自身做起，大力传承中国优秀传统文化，以此为基础创新发展，以对中国文化主体、本位的认同感、自尊心、自豪感、自信力促进中国社会主义文化的大发展大繁荣，提高中国文化在东亚汉文化圈乃至全世界的影响能力。

（2）国家支持文化界、学术界、社会各界组建东亚国家合作组织机构，大力开展汉文化学术研讨、教育交流、民间互动交流，进一步加大向世界推广汉语汉文化的四海一家、天下大同、协和万邦的思想理念及其历史作用的力度，尤其重视在汉文化圈国家的重点推广普及，采取更多更切实际更有效的措施，全面彰显汉文化的仁善、和美、亲情、温馨的文明魅力。

（3）建立环中国海国家地区一体化的和平、和谐机制和制度，建成环中国海文化共同体，最终目标是实现环中国海和谐世界，进而建设全球全人类的和谐世界，实现"世界大同"即"天下大同"。

为此，中国需要明确建设和实现这一最终目标的理念和信念。像中国这样一个有着至少五千年文明历史的泱泱大国，如果将国家发展的目光、目标只限于己国之私，甚至只限于 GDP 的增长，没有长远目标乃至最终目的的设定与追求，是不可想象的。

为此，中国需要进行这一最终目标的"顶层设计"。国家的一切经济发展指标、国际合作、外交斡旋、海洋权益维护问题上的具体举措，可以多种多样、多维多向，但都须指向这个最终目标。

为此，中国需要为此而建构实现这一最终目标及其"顶层设计"的基本思想、基本理论。要一方面向全体人民讲明白，反映全体人民追求国泰民安、天下太平、和谐幸福的意志意愿，得到全体人民的拥护支持，一方面要利用一切可以利用的国际和区域场合，宣传、引领、主导实现这个最终目标的理想理念、制度设计和共同实施的"路线图"。

为此，这个最终目标的先行措施应该是建构环中国海各国各地区之间在海洋上的"不争"机制和制度。因为只有"不争"才会指向和实现"和平"；只有"和平"才能进而实现"和谐"。

为此，必须建立海洋上的"共有""共享"制度。只有"共有"才能"不争"；只有"共有"才能实现"共享"；只有"共有""共享"，才能实现环中国海各国各地区"海洋利益"和国家、民族"整体利益"的最大化。因为只有这样，环中国海各国各地区的海洋与社会才会是和平、和谐、生态、美好的。

"共有""共享"首要、也是基本的前提是"不分"。东中国海、南中国海一共就那么大，一向就是环中国海地区人民"共有""共享"的海洋环境与资源空间，环中国海地区人民、其他地区人民世世代代在东中国海、南中国海上自由自主地捕捞、航行，所谓"你的""我的"，指的只是海中岛屿的属权，其内涵并不涉及海域；各个海域中渔民的捕捞、船员的航海，只是依照传统和习惯的自由自主活动，只要不是走私、偷渡、叛乱，政府并不干涉。只是到了近代西方东侵殖民以及日本脱亚入欧更加野蛮地侵略殖民之后，东中国海、南中国海上的和平才被打破，东中国海、南中国海才被分割撕裂：西方人、日本人或侵占东中国海、南中国海岛屿，海战四起；或以大机械船横行海上，垄断、侵占别人的或共有共享的传统渔汛渔场等渔业资源；或开辟现代港口码头、海上航线，独营独占，抢夺，挤对了别人的海上"饭碗"。日本向全世界投降、第二次世界大战结束之后，西方世界在其贪得无厌的物欲世界观主导下，又导演、引领了全球性海洋资源的竞争和"海上圈地运动"，作为全球海洋竞争、圈海运动纷争的"相互妥协"产物的《联合国海洋法公约》出笼，使"海洋是人类共同遗产"成为一纸空文，愈发加剧了全球性海洋争端四起和海洋国家之间关系的无情撕裂。自然地，也就导致了东中国海、南中国海不能幸免，环中国海国家、地区为了争夺大家共同的本来十分有限、根本不够按照《联合国海洋法公约》实施瓜分的这片"内海"而各执一词，纷争不断，相互争斗，大伤和气，以至于不但恶言相向，而且形成海上对峙。

为此，必须淡化、降解现代国际公约、协定等对"环中国海文化共同体"在海洋上的不争、不分即共有、共享从而实现和平、和谐海洋国际秩序和区域制度建设的消极影响与破坏力度，代之以有利于和谐、合作、和平的国际公约与协定。尤其是彻底废弃或重新修订《联合国海洋法公约》，使之真正有利于保护海洋这一"人类共同遗产"，加强各相关国家和地区对海洋"共同关爱、共同保护、共同享有"的责任、义务与权力，以"不分"从根本上实现"不争"，从而引领、规范、促进本地区和世界的海洋和平、和谐新秩序的诞生。

以"不分"从根本上实现"不争"，是人类实现和平进而实现和谐的最基本也是最根本、最关键的途径。或许不少人认为这样做很难。其实这是现代思维、理念和理论导致的一个严重误区和"盲点"。已经被西式思维化了的"现代人"们，一直被物质、权力、竞争的"下意识"思维与理论所误，迄今还没有这样想问题。西方在其思维惯性下"想到的"是如何分割和多占利益，因此先是主导了一个又一个的军事同盟条约、"限制（别人）"核武器条约等，进而又"想到"并导演制定了控制和占领世界资源与市场的

"WTO"条约等一系列的"全球一体化"条约，而每一个国际"条约"都是利益的权衡、谋略的较量、争夺与让渡的斡旋，因而每一个国际"条约"的"谈判"都动辄数年、数十年，而且更多的是一直"谈不拢"，其"难度"可见。而以"不分"从根本上实现"不争"符合全人类的共同理想共同愿望，不涉及任何国家、地区的任何海洋权益、利益的分割，只需探讨各国各地区如何不破坏海洋资源与环境即可，这样的"谈判"，绝不可能争吵，绝不可能有什么"谈不拢"，只会"一拍即合"，成为全人类实现海洋和平、世界和平的智慧的、欢乐的盛宴。这样的智慧，才是大智慧；而这样的大智慧，只有在中国文化及其所主导构建的环中国海文化圈拥有的数千年东方"和合"文化中才能找到。

"环中国海文化共同体"的建成之日，也就是东亚海洋和谐世界的实现之时；东亚海洋和谐世界实现了，全球海洋和谐亦即真正的"四海一家""天下大同"的世界。

西方崛起于海洋争霸、四处外侵所主导的世界"现代化"进程，其对东方世界的破坏只不过一个半世纪，是人类万千年历史长河中十分短暂的一瞬。这一点具有根本性的认识，即使在西方社会中也不乏其人；在东方社会，尤其是在曾经引领和主导过东亚环中国海世界长达数千年之久的中国，经历了"近代"之后上上下下的探索、追求、尝试、失败、迷茫、奋斗进而走向"复兴"之后，更应该有这样的主体认知和文化自信。我们的"海洋强国"建设也好，"21 世纪海上丝绸之路"建设也好，不应该只被视为国家经济发展的物化的抑或作为策略的国际合作的短期目标，其最终目标指向，应该是先是区域的进而是全球的海洋和平、世界和平，进而实现"四海一家""天下大同"。这才是无论中国人民还是全世界所有爱好和平人民都会期待并完全可以实现的共同之梦。

# 传播先行，实现民心相通

## ——服务"丝绸之路经济带"建设的国家传播战略

张　昆*

丝绸之路是指起始于古代中国，连接亚洲、非洲和欧洲的古代陆上商业贸易路线。从运输方式上分为陆上丝绸之路和海上丝绸之路。它是东西方之间进行经济、政治、文化交流的主要道路。因其最初贸易的商品主要是中国的丝绸，故得名。2013 年 9 月 7 日，中国国家主席习近平在哈萨克斯坦纳扎尔巴耶夫大学演讲，提出了建设"丝绸之路经济带"的倡议。习主席将"丝绸之路经济带"描绘成一个欧亚十字合作空间，即通畅从波罗的海到太平洋、从中亚到印度洋和波斯湾的交通运输走廊。①

## 一、"丝绸之路经济带"的缘起及内涵

丝绸之路是古代中西交通的统称，其叫法最早见于德国地理学家李希霍芬（F.von Richthofen）的《中国——亲身旅行的成果和以之为依据的研究》一书。他在书中首次将"自公元前 114 年—公元 127 年间连接中国与河中以

---

\*　张昆：华中科技大学新闻与信息传播学院院长、教授、博士生导师。

①　习近平：《弘扬人民友谊　共创美好未来——在纳扎尔巴耶夫大学的演讲》，2013 年 9 月 7 日，见 http://www.gov.cn/ldhd/2013-09/08/content_2483565.htm。

及印度丝绸贸易的西域道路"称为"Seidenstrassen"，英文将其译成"Silk Road"，中文译成"丝绸之路"①。丝绸之路的概念也有狭义和广义之说，"狭义的丝绸之路专指汉唐时期西运的途径，自长安经过中亚、西亚以至地中海西岸，路程约 7000 公里；广义的丝绸之路指从上古开始陆续形成的遍及欧亚大陆甚至包括北非和东非在内的长途商业贸易和文化交通线的总称"②。

历史上，陆上丝绸之路和海上丝绸之路都起源于中国，为联系世界、缔造和平、促进经贸往来和文化交流发挥了纽带作用。陆上丝绸之路可以追溯到汉代，在两千多年前，张骞两次出使西域，开辟出一条横贯东西、连接欧亚的丝绸之路，成为中西方经贸、文化交流的重要走廊，它传播了中国文化，同时引进了西域特色的商品文化，让世界上越来越多的国家由此知道并开始了解中国，同时也让中国知道了西方多姿多彩的世界。

古代丝绸之路最引人注目的，不仅在于它的运输功用，这项功用的发挥在缺乏国际机制和组织框架的情况下延续了较长时间；还在于它通过和平手段，实现并扩大了跨国商贸活动和跨种族文化交流。作为古丝绸之路沿线的重要国家，历史上的中国从来没有寻求领土扩张和霸权，这与西方列强通过贸易寻求殖民统治他国的行径形成了鲜明对比。

古代丝绸之路的商贸促进了欧亚大陆在丝绸、茶叶、布匹、陶器、文化、宗教方面的传播，成为人类历史上重要的贸易通衢，形成了一条中西贸易的经济带。而现在，经济全球化的背景又赋予了这条横跨欧亚的丝绸之路经济带新的意义和活力。

丝绸之路经济带以中国为出发点，以俄罗斯和中亚地区为桥梁和纽带，以欧洲为落脚点，以北部非洲为延长线，在欧亚大陆形成一个比较畅通的交通网络和比较便捷的贸易通道。它是在古代丝绸之路概念基础上形成的当代经贸合作升级版，被认为是世界上最长、最具有发展潜力的经济大走廊。"丝绸之路经济带"是贯通亚欧两大洲的经济大陆桥。横看整个经济带具有明显的区段特征："一头连着繁荣的亚太经济圈，另一头系着发达的欧洲经济圈，

---

① 孟凡人：《丝绸之路史话》，社会科学文献出版社 2011 年版，第 58 页。

② 张燕：《古都西安：长安与丝绸之路》，西安出版社 2010 年版，第 7 页。

但是在中国——中亚地区之间形成了一个经济凹陷带。"①凹陷带崛起的需求与两大经济引擎通联的需求叠加在一起，共同构筑了丝绸之路经济带的国际战略基础。

以中国作为"丝绸之路经济带"的东端起点，向西一带可分为功能有所差异的三大层段：一是中亚经济带，包括哈萨克斯坦、吉尔吉斯斯坦、塔吉克斯坦、乌兹别克斯坦、土库曼斯坦；二是环中亚经济带，涵盖中亚、俄罗斯、南亚和西亚，包括俄罗斯、阿富汗、印度、巴基斯坦、伊朗、阿塞拜疆、亚美尼亚、格鲁吉亚、土耳其、沙特、伊拉克等以及上述中亚地区；三是亚欧经济带，涵盖环中亚地区、欧洲和北非，包括欧洲的德国、法国、英国、意大利、乌克兰等地区，北非的埃及、利比亚、阿尔及利亚等地区，以及上述环中亚地区。中亚经济带是"丝绸之路经济带"的核心区。

"丝绸之路经济带"的支柱主要体现在五个方面：一是作为珍珠链的中心都市，在国内包括西北5省区、西南4省市以及东部5省市，在国外主要包括一些沿线国家的大都市；二是包括航线、铁路、高速公路、输油气管线等的交通运输设施，为经济带上各国的沟通交流提供可能；三是基于互联网的高度发达的信息传播系统；四是当下各国商业贸易的往来；五是当今物流、人流、信息流的统一。

"丝绸之路经济带"在内涵上远不仅是经济，更是一个包括政治、经济、精神文化在内的发展圈。在这里首先有五大文明的交汇，包括华夏文明、两河流域文明、印度文明、希腊文明和基督教文明，同时还有不同政治体系的碰撞，即社会主义国家、自由主义国家、君主制国家和十几个国家主体，此外还有农牧业经济、工业经济、知识经济等不同经济体系的融合。

2013年9月7日，习近平在哈萨克斯坦纳扎尔巴耶夫大学作重要演讲中提出的共同建设"丝绸之路经济带"的倡议，是中国政府首次就洲际经济合作一体化进程提出具体的构想。2013年11月12日中共十八届三中全会《决定》提出，加快同周边国家和区域的基础设施互联互通建设，推进"丝

---

① 朱显平、邹向阳：《中国—中亚新丝绸之路经济发展带构想》，《东亚论坛》2006年第5期。

绸之路经济带""海上丝绸之路"建设，形成全方位开放新格局。2013 年 11
月 28、29 日，来自中国和中西亚 7 个国家二十多个城市的市长、专家学者、
企业家等三百余人齐聚乌鲁木齐，就"五通促发展、共建经济带"展开讨
论，力图谋求更广阔的发展空间和机遇。[①]2014 年索契冬奥会期间，习近平
主席和普京总统就俄罗斯跨欧亚铁路与丝绸之路经济带和海上丝绸之路的对
接问题达成了战略共识。"丝绸之路经济带"的提出顺应当前经济全球化的
潮流，也受到了欧亚各国的普遍欢迎和支持。国家发改委已经规划了涉及欧
亚大陆桥以及新丝绸之路的多条铁路，从中国东部往西到达欧洲，既可以走
北线经过哈密、将军庙的线路，也可以走陇海线、兰新线，还可以走库尔勒
到格尔木的线路。在国内，丝绸之路上的沿线省份积极响应，新疆维吾尔自
治区成立《"丝绸之路经济带"与促进新疆对外开放》课题研究小组，就新
疆在"丝绸之路经济带"建设中的战略定位、战略重点、战略方向等展开深
入研究，以加快推进"丝绸之路经济带"新疆段建设进程。陕西省则召开常
委会议，强调发挥西安国际港务区、综合保税区等作用，加强现代物流集散
地和区域性金融中心建设，努力把陕西打造成丝绸之路经济带的新起点和桥
头堡。

打造"丝绸之路经济带"，有利于深化区域交流合作，通过互利共赢的
经贸文化交流，密切我国同中亚国家的关系，进而推动欧亚大陆经济合作的
深化。丝绸之路经济带的形成和拓展，将使中亚国家可以便利地通往世界上
经济发展最活跃的亚太地区，这也将促进中国更加全面地向西开放。

## 二、民心相通是"丝绸之路经济带"建设的当务之急

"丝绸之路经济带"建设需要政治高度的战略谋划，需要巨大的物资投
入，需要解决基础的交通运输设施，但是所有这些都还不够，更重要的还是

---

① 胡仁巴：《丝绸之路经济带 24 个城市和地区达成乌鲁木齐共识》，《人民日报》2013
年 11 月 30 日。

要解决民心问题，即丝绸之路经济带内各国、各民族人民的心灵相通问题。

### 1. 民心工程是最大的挑战

"丝绸之路经济带"沿线的多民族多国家决定了其文明文化的多样性。就国内而言，我国是多民族聚居地，中国多半的少数民族、跨境少数民族都分布在"丝绸之路经济带"沿线上，这也直接决定了地区的宗教多样性和历史文化的多样化。与此同时，一些极端民族主义、暴力恐怖活动增加了沿线环境的复杂性。就国外而言，丝绸之路沿线存在着几十个国家、几十个民族，不同的国家制度决定了不同的意识形态，也带来了宗教问题，宗教对文化起着支配性作用，如南达和沃姆斯所说，宗教是遍布全世界的现象。这里存在着佛教、道教、伊斯兰教、东正教、基督教等多种宗教。同时，不同国家也有着不同的经济文化发展水平，这也决定了经济带上文明文化的多样性。2014 年 3 月 27 日，习近平在巴黎联合国教科文组织总部发表的演讲也强调了文明文化多样性的问题。文明因交流而多彩，文明因互鉴而丰富，文明交流互鉴，是推动人类文明进步和世界和平发展的重要动力。文明是多彩、平等和包容的，人类文明因多样才有交流互鉴的价值，因平等才有交流互鉴的前提，因包容才有交流互鉴的动力。①

人是有思想、有情感的动物，作为历史主体的人类行为，是其思想、意志、情感的产物。要统一人类的行动，必先统一人类的思想，一群态度迥异、思想相悖、情趣不同的人，自然不会有统一的目标、统一的追求。因此，对经济带内的各个国家、各民族、各城市及其民众，应该提倡和推崇开放与包容、相互尊重、合作共赢的态度，通过交流化解歧视，求同存异。

2014 年 9 月 9 日，陕西省社会科学院发布了由社会科学文献出版社正式出版的《陕西蓝皮书·丝绸之路经济带发展报告（2014)》（以下简称《报告》），《报告》以"民心相通"为主题，指出了"丝绸之路经济带"旅游跨度大、地域广、合作难等因素，是陕西发展"丝绸之路经济带"文化旅游向西先行的障碍，提出要成为文化旅游先行者，必须首先突破这些困难。丝绸

---

① 习近平：《联合国教科文组织总部的演讲》，2014 年 3 月 27 日，见 http://news.xin-huanet.com/politics/2014-03/28/c_119982831.htm。

之路经济带的跨文化传播要打破文化的封闭状态，保持文化的生命力，延续古丝绸之路在促进文化生态的多样性平衡和文化意义的共同分享上所发挥的桥梁作用，将历史文化品牌塑造与形象传播作为传播重点。[①]

在丝绸之路的建设过程中，与技术和规划因素相比，更大的挑战来自于民心工程的建设，在大国之间上升为政治协调问题。[②] 例如俄罗斯是丝绸之路上的传统大国，也是利益攸关的国家，俄方的态度对新丝绸之路构想会产生重大影响。"丝绸之路经济带"范围广阔，将涵盖30多亿人口，涉及近40个国家。这些不同的民族和国家地理环境不同，民情风俗迥异。各个民族和国家有着不同的历史传统、不同的文化、不同的价值观、不同的行为模式、不同的利益诉求以及不同的政治立场。不同国家和民族的利益诉求不同，如何协调统一各个民族的关系是在这一背景下的问题之一。一个能够带来明显利益的纲领在不同的民族、国家间可能会引起不同的反响。

2. 民心工程建设主要依靠传播手段

马克思曾说，批判的武器当然不能代替武器的批判，物质的力量只能用物质的力量来摧毁。在经济带建设中，经济手段、政治手段很重要，但难以解决思想问题。

实现民心相通的目标只有借助于信息传播；而一旦解决了民心相通的问题，其就会变成推动"丝绸之路经济带"发展的物质力量。所以，必须把实现民心相通提升到国家战略的高度。从国家战略的层面进行顶层设计，统筹规划。

（1）应该实行的是城市支点战略。丝路上的一个个大城市犹如璀璨的珍珠，通过有效传播一方面要增强城市辐射、彰显城市魅力、推广城市品牌；另一方面则要增强城市的开放特质，吸纳外面多元的文化精华。

（2）其次是国家传播战略。对内，要增强国家的凝聚力、向心力，增强各民族人民的中华文化认同和国家认同，增强各族人民的归属感，强化作为

---

① 马莉莉、任保平：《丝绸之路经济带发展报告（2014）》，中国经济出版社2014年版。

② 何茂春、张冀兵：《新丝绸之路经济带的国家战略分析——中国的历史机遇、潜在挑战与应对策略》，《前沿》2013年第12期。

中国人的自豪感、光荣感。为此，要加强宣传国家建设的成就，宣传多民族统一国家的历史，针对不同民族的文化差异，在传播内容与形式上作出不同的安排。

对外，要传播国家的声音，宣传中国建设发展的新成就，塑造国家形象，提高国家在国际社会的影响力、感染力、亲和力。通过有效传播增进各国、各民族的相互了解，化解歧见，在此基础上，达成共识，夯实有利于丝绸之路经济带建设的心理基础。

同时，要营造有利于丝绸之路经济带建设的心理环境，就必须发挥新闻传媒的创造力、想象力，以理性、包容、平等的精神，全面反映经济带里各民族历史文化、政治现状及利益诉求，化解歧见，增强共识。

（3）在建设民心工程的过程中，要坚持开放、包容、自愿的原则。坚持不干涉各国内政、不排斥各国现有合作机制，更不能搞封闭和排他性的合作集团。丝绸之路这一提法更多体现的是和平合作、互学互鉴、互利共赢的精神，而不是一种地域范围的划分、划定。只要是有意愿合作的国家，即使不是古丝绸之路沿线的国家，都可以加入丝绸之路经济带的建设中来，都可以成为这一重大合作倡议的参与方。在具体合作项目的制定和推动过程中，也要充分尊重各国意愿，绝不能强加于人。我国虽然是建设"丝绸之路经济带"倡议的提出者，但我国绝不谋求主导权，更不能把自己的意志强加于人。要欢迎各国提出建设性的意见和建议，不断丰富"丝绸之路经济带"的理念、构想和规划，坚持在平等互利的基础上，与各方共同研究、推动这一倡议的落实。①

在此诉求下，当务之急是建立"丝绸之路经济带"各国家各民族人民共同的心理基础。首先是增加各国家、民族的命运共同体意识。无论从地理方位、自然环境还是相互关系看，"丝绸之路经济带"上的国家都关联紧密。要同有关国家共同努力，加快基础设施互联互通，建设好"丝绸之路经济带"。其次是增加各民族国家彼此之间的亲近感，我国本身是多民族聚居地，与"丝绸之路经济带"上的国家有着历史的渊源关系，同族同根、同风

---

① 陈尚文：《赋予古丝绸之路新时代内涵》，《人民日报》2014 年 5 月 13 日。

俗、同语言、同文化，自然互有认同感和亲近感，要在此基础上加强这种亲近感。再次是建设要立足于各民族国家对于发展的强烈渴望，从而有利于各国各民族达成利益共识。最后是把握好各国的协作意识，在"丝绸之路经济带"的建设中做到相辅相成。

## 三、服务经济带建设的国家传播战略

制定合理的传播战略也对丝绸之路经济带的建设至关重要。随着经济全球化的发展，媒介产业已成为经济体系的一个重要组成部分。信息传播技术的每一次突破，都会使国际经贸活动变得更加便捷，国家之间的经济联系也更加密切；另一方面，国际经贸活动也是信息传播的主要内容，而这种信息的传播，又会在一定程度上促进世界经济的发展。[1] 在"丝绸之路经济带"建设中，如何搞好对外宣传和传播，服务于国家的对外经贸活动，以促进中国经济的可持续发展，是当前一个重要任务。

### 1. 传播先行战略

文明的传播需要一个舞台，筹建这个舞台的前提就是要将传播思想"广而告之"，创造一个有利于传播的舆论环境，从而解决实际问题，这就是传播先行战略。思想决定行动，一个社会运动，一个历史进程，往往是先解决思想认识问题，再解决现实问题。例如欧洲的启蒙运动与资产阶级革命，正是因为启蒙运动在思想领域展开了反对封建专制统治和教会思想束缚的斗争，掀起了一场轰轰烈烈的空前的思想解放运动，为资产阶级革命作了思想准备和舆论宣传，才为后来欧洲资产阶级革命的成功奠定了基础。

同样地，传播先行战略也是丝绸之路经济带建设需要遵循的国家传播战略。丝绸之路经济带上各国的文明文化方面具有多样性，存在着历史、文化、环境、国家利益方面的诉求差异，通过传播先行战略可以让各国首先在思想上达成共通共识，从而塑造良好的舆论环境，为经济带的建设奠定思想基础。

---

① 张昆：《国家形象传播》，复旦大学出版社 2006 年版，第 226 页。

传播先行要求传播走在经济带建设前面，引领经济带建设。现代丝绸之路的传播与古丝绸之路的传播又是不同的，古代的传播具有时间地理上的局限性，驼铃声传到哪里，哪里就是传播的边界。而现在，传播已经信息网络化，摆脱了对交通的依赖，克服了地理和政治的屏障，传播边界得到了扩展，传播时效得到了提升。传播本身也属于文化信息产业的一部分，互联网等技术高度发展使得传播突破了时间地理的界限，从人际传播扩展到了大众传播。在这样的条件下，更需要发挥传播先行的作用，充分利用现有的网络技术及时有效地传播思想舆论，让各国各民族首先从思想上达成共通共识。

### 2. 整合传播战略

整合传播指既定传播目标，运用各式传播工具，如广告、直效行销、促销活动及公关等，以任务分工方式集体达到传播目标的产品信息传播运用方式。西方媒体对"宣传"和说教甚为反感，他们相信完全按照事实的客观面貌进行描述的"客观报道"，利用整合传播的方式可以淡化"宣传味"，排除公众的抵触情绪，达到"随风潜入夜，润物细无声"的效果。

在"丝绸之路经济带"的建设中，应充分顺应信息化全球化时代的特点，运用多种手段，努力建立多层次、全方位的传播格局，将单极传播与多极传播，官方传播与民间传播相结合，通过中央和地方各级、各种性质媒体的通力合作，使中国的国家形象深入人心。[①]

"丝绸之路经济带"上的传播策略要着眼于海外受众。不同国家的民众在社会价值、政治观念、经济状况、文化背景、语言和思维习惯等方面与国内受众有很大的不同，所以不仅要研究海外宣传对象的兴趣点，还要注重和他们的沟通与交流，根据他们的反馈及时调整传播内容和策略，使对外宣传信息能够为广大海外受众普遍接受。其次，要注意多层次传播，传播学研究表明，当涉及受众态度改变时，"意见领袖"向其他受众进行的传播比新闻媒介传播更有效。可以把广大海外受众划分为几个层级，重点向与我国关系更近的层级传播，再通过这一层级的受众向其他层级进行扩散传播。

丝绸之路上的各国存在意识形态上的差异，在整合传播战略中，还要特

---

① 陈先元：《试论新时期我国的对外新闻传播》，《新闻界》2002 年第 4 期。

别注意将"官方宣传"和"民间传播"结合起来。过去我国传播多是官方主导，基本忽略了民间的力量。现行的传播应该做到官民并举，官方的对外传播以政府财政为保障，不以即期效果为目的，可以做一些战略性的传播工作；民间的对外传播暂时不能成为主流，但可以作为有效的补充。在官方媒体上可以多发表一些普通百姓的意见，让更多的普通人参与对国内外各类重大事件的评价和论述，也可以借助国内民主党派的报刊媒体及新兴的商业网站，以其相对中立的形象来增强对外宣传的说服力。

"丝绸之路经济带"的国家传播战略要以长期传播效果为目的，丝绸之路沿线的国家发展状况并不平衡，传播战略应创新设计符合"丝绸之路经济带"发展规律的创新路径，应从地缘性、先行性、层次性、阶段性、生态性、互动性等多个方面加以研究，寻求传播的渐进性的同时又要寻求传播的深入性。同时要注意传播不是单向的单极传播，而是互动传播，你来我往，互惠互利。要着力构建多层次、全方位的传播格局。

3. 在地化传播战略

在地化是相对于全球化而言的另一种趋势和潮流，是指一个地区或国家，任何一种经济或商品流动，必须适应地方需求，才有可能加速发展。建设"丝绸之路经济带"的传播策略上也要考虑在地化传播策略，对外传播与对内传播存在着很大的差别，这种差别表现在：对象不同，对外传播的对象不是中国人民，是具有不同政治环境、民族特点、生活方式、人情风俗、接受兴趣、利益诉求的目标国家社会公众；传播目的不同，对外传播的目的主要是通过各种具体生动的方式，报道世界时事变化，宣传中国政府的政策立场，展现中国的真实形象，争取世界舆论的支持，还要适应外国读者的接受水平，考虑目标国家的政治形势，这要求所在国家推行适应于本国情况的在地化传播战略，包括表达方式、策略、技巧等。对于对外传播，周恩来同志曾经也提出了同样的看法："对外宣传把对国内的硬搬来对国外，不动脑筋，不管对象，人家需要什么不管，只管我们自己……对外既不要丧失原则，又要讲效果，有不同特点。"①

---

① 贾明生：《对外宣传的针对性原则》，《对外宣传参考》1990 年第 11 期。

霍尔说："文化是传播，传播也是文化。"① 作为四大文明古国中文明唯一没有中断，并一直延续至今的国家，文化标签显然成了中国社会传播的独特优势及其重要特色，有效的传播要解决本土化传播问题。在这里，在地化不是狭隘的地域观念，更不是族群的对立，而是放眼国际、展望未来。现代社会由于交通发达，地区与地区之间往来密切，旅游、参访，甚至移民风气普遍频繁。到了一个新地方，想要融入当地生活环境，学习当地的语言、接受当地风俗习惯，就成为必要的条件。

当下存在的主要误区是，外国人根据外国的主流媒体来认识中国，主要从本国的官方媒体获取资讯，而当地官方媒体对中国的报道又是存在偏见的。

在丝绸之路经济带的建设过程中，要推行在地化策略，即本土化传播战略，具体说来，分为三点。第一，各国各民族的文化背景不同，造成了获取信息的理解差异，因而不能用同一种话语模式传播，而要利用当地民众习惯的话语，讲好故事。第二，要充分利用网络互联的优势，利用当地的网络正式落地，进入外国百姓的家庭，实现有效传播。第三，所在国媒体传播中国的内容可能各有不同，要利用所在国权威媒体传播中国的声音，事前积极做好和各国媒体的沟通协作，以达到传播正面形象的目的。各国的文明文化各具特点也具有共通和共融性，在传播过程中，要强调文化的普适性，以促进沟通和理解为传播目的。

### 4. 差异化传播战略

差异化区别于"同质化"，注重与众不同，最早由波特提出，来源于对受众的细分。国家传播的信息必须要"与众不同"，只有发掘新的传播角度才能体现出信息价值，即要注重差异化的原则。抓住信息的差异性，就能够在日常的信息传播中抓住一个或几个信息的亮点。事情本身的重要性并不是第一位的，真正重要的是它与其他事情相比具有哪些不同的地方，有时传播事情所产生的影响会远远超过事情本身的影响力。

"丝绸之路经济带"涵盖三十多亿人口，涉及近四十个国家，这决定了

---

① 邹赞：《斯图亚特·霍尔论大众理论和传媒》，《中国石油大学学报》2008 年第 12 期。

文明文化的多样性，各个国家在历史、文化、环境、国家利益方面都会有差异，这也带来了目标受众的差异，这包括了各国主体的信息需求差异、信息选择差异，以及反馈模式的差异、内容的差异以及接受效果的差异。

在差异化的传播要求下，要改进丝绸之路现有的传播活动，一是要以专业、公正为准绳，调适传播者角色；二是要分清文化差异，辨识多样化的受众；三是要把握文化语境，运用多义的话语，传播恰当的内容；四是要官方进行宏观调控，民间微观自主，整合传播渠道；五是要有多元化"反馈"的因应之道，即特别要注重多元化的表达方式，既注重本国关心的内容，同时也关注他国的诉求，平等对待不同文化背景的国家。

世界各国两千多年的交往历史证明，只要坚持团结互信、平等互利、包容互鉴、合作共赢，不同种族、不同信仰、不同文化背景的国家完全可以共享和平、共同发展。二十多年来，随着中国同欧亚国家关系快速发展，古老的丝绸之路也日益焕发出新的生机活力。通过打造"丝绸之路经济带"，使欧亚各国经济联系更加紧密、相互合作更加深入、发展空间更加广阔，同时有利于深化区域交流合作，促进各国经济的发展。民心工程是"丝绸之路经济带"建设过程中面临的最大挑战，因此要通过传播先行、整合传播、在地化传播、差异化传播等传播策略来解决民心相通的问题，增进各国相互了解和传统友谊，为开展区域合作奠定坚实民意基础和社会基础，从而有利于丝绸之路经济带的建设。

# 中国传统文化的当代绽放

## ——论文化互联互通的重要时代意义

邹广文　宁全荣*

2014 年 11 月 8 日，习近平主席在加强互联互通伙伴关系对话会上发表了题为《联通引领发展，伙伴聚焦合作》的重要讲话，强调要以亚洲国家为重点方向，以经济走廊为依托，以交通基础设施为突破，以建设融资平台为抓手，以人文交流为纽带，深化亚洲国家互联互通伙伴关系，共建发展和命运共同体。在当今世界，经济、文化的互联互通、共谋发展成为不可逆转的历史潮流，国际社会越来越成为你中有我、我中有你的"命运共同体"。在我国稳步推进中国特色社会主义建设进程时，须妥善协调处理好经济、文化与其他各国的互联互通。只有互联互通，中国才能真正走向世界，世界才能真正了解中国。

## 一、文化的构成与文化间的互联互通

文化是民族性与世界性、特殊性与普遍性的统一。文化从其本质上说是人生存方式的映现，每一种文化形态都反映了民族的特色，因此，每一种文

---

　*　邹广文：清华大学哲学系教授、博士生导师。
　　宁金荣：北京化工大学马克思主义学院讲师。

化都有其存在价值。文化的特殊性并不是说民族文化是截然不同的。梁漱溟先生也曾指出文化是"人生活的样法"，因此，既然不同国籍、不同民族的"人"都称之为"人"。"人"的活法多少还是有些共性的，总有一些现实问题是无论何种文化都关切的，总有一些人类共同的价值诉求蕴含在其中，因此，不同文化之间也必然存在着共通之处。如果两种文化丝毫没有共同点，我们很难想象这两种文化能够彼此倾听、相互理解、相互交流。也就是说，不同的民族文化存在"共性"与"个性"、"普遍"与"特殊"的辩证关系。任何一个民族的文化总是作为人类文明的一个独特的不可代替的"子集"存在着，总是表现出其特殊性的一面，正是由于文化的这种不可或缺的特殊性与差异性，才能在众多文化形态之中被识别出来，才使不同文化形态之间的理解与交流成为可能。

文化的互联互通，是指不同的民族文化之间的交往对话。在文化的不同层次上，文化间的互联互通表现不同。"从文化哲学的视角来看，文化是有层次的，从外而内，大体可分为物态文化层、制度文化层、行为文化层和精神文化层。不同的文化层次由于价值密度不同，对外来异质文化的抗阻力也不同。一般而言，物态文化层面价值密度最小，文化抗阻力最弱，其对异质文化的吸纳、融合也较为容易。但是，文化层次越往纵深延伸，其对异质文化的拒斥力便越大，乃至于到精神文化的核心层次，由特定民族历经悠久历史所蕴化出来的价值观念、审美情趣、思维方式等因素已经积淀成为民族文化心理结构，是最稳定、最难改变也是最难与异质文化沟通的。"① 如马克思所说，经济领域的互联互通使"一切国家的生产和消费都成为世界性的了"，由此导致了物态文化层面的文化融合。以当代中国为例，大量的外来文化渗透于人们的日常生活，本土文化与外来文化在物态文化层面的界限变得模糊。"各民族的精神产品成了公共的财产"，各民族可以互通有无，将其他民族的优秀文化视之为人类文明的成果而加以借鉴，将自己民族的优秀文化加以发扬，在跨文化的对话与交流中交互辉映，共谋发展。在行为文化层和精神文化层，文化的渗透融合遇到了很大的阻力，人的行为往往受社会

---

① 邹广文：《论文化的普遍价值与个性发展》，《清华大学学报》2004 年第 6 期。

风俗、习惯、历史传统的影响。在中国，在公交车上给老人让座被认为是一种"美德"，而到了美国，鲜有给老人和孕妇让座的人，给老人让座甚至会被当成是"歧视"。这种迥异的"让座文化"表明在行为文化层与精神文化层的文化交流通常会遇到较大的抵抗力，精神文化层面的文化交流更难获得普遍性的共识。

文化间的互联互通以维护多元文化的平等地位为现实基础，在不同的层次上，多元的文化展开各抒己见式的对话，从而"求同存异"。一方面，跨文化的交流有利于寻求各民族文化之间的共通之处，针对所面临的共同问题或相似问题，探讨最佳的解决方式，以彰显文化的"应然"力量。如当前很多全球性问题——环境污染、生态危机、能源危机、人口爆炸等——日益威胁着人类整体的生存，这些问题的出现显然与人类自身的文化取向有密切关系。全球性问题的真正解决，有赖于每个民族、每个个体跳出狭隘的自我利益的视野，从人类整体的角度去思考问题。如果不能实现这种文化超越，全球性问题便不可能真正得到解决。多元文化的共通之处还表现在文化的理想维度上，如绝大多数文化都有着尊重人的现实生存、善待人的生活世界、追求公平正义的价值诉求。另一方面，文化的互联互通以尊重多元文化的平等地位为根本前提，文化殖民、文化帝国主义不能称之为文化的互联互通，相反，它是在承认文化特殊性基础上寻求文化普遍性的过程。换言之，文化的互联互通不是文化的全球同质性的规范，而是彰显民族特色的"百花齐放"。

在生产力水平不发达的远古时期，多元文化之间的联系还只是间接性的、松散的、容易断裂的，而到了全球化的时代，这种联系便成为立体的、复合的、紧密的。全球化开启了人类的"普遍性交往"时代，加剧了不同民族文化之间的交流。不同国家、民族、文化之间的联系空前紧密，任何一个国家、民族文化都无法置身于一个封闭的环境中孤立发展。由此，文化的渗透与融合、碰撞与冲突、共识与改变成为必然。全球化构筑的文化互联互通这一现实图景为民族文化的发展既提供了绝佳的机会，又构成了严峻的挑战。然而不幸的是，机遇总是偏爱发达国家，尤其是文化产业发达的国家，而挑战更容易选择欠发展国家。从人类整体发展与进步的角度来看，文化的互联互通的重要意义不容忽视，毕竟任何一个民族都不会因噎废食而拒绝全球化。

## 二、文化互联互通的当代意义

经济的互联互通带来的客观结果是科技水平的提高与人们日常生活的便利，而文化的互联互通是多元异质的民族文化相互对话的过程，相较于经济层面而言，文化互联互通表现出别样的重要性。

### 1. 有利于保护文化多样性

英国哲学家罗素 1922 年在《中西文化比较》一文中说：不同文化之间的交流过去已被多次证明是人类文明发展的里程碑。习近平主席也曾在联合国教科文组织总部的演讲中指出："文明是多彩的，人类文明因多样才有交流互鉴的价值。"正因为存在着文化的种种差异性，文化之间才可能相互借鉴、共同发展。只有尊重文化的多样性、独立性、异质性和完整性，世界文化多姿多彩的丰富魅力才能得以彰显。然而，全球化一方面为多元文化的交流提供了空前的机遇，但同时也可能会加速弱势文化的湮灭。我们能够从文化承传的重要载体——语言中窥见文化的断裂甚至消失的严重趋势。语言学家发现，近年来语言消失的速度加快，平均每两周便会消失一种。照此速度，到 2100 年，预计过半数语言可能灭绝，并带走与之相关联的历史、文化和传统。语言学家担心一些民族文化和传统智慧随着这个民族语言的消失而失传。语言的湮灭表明文化多样性日益受到各种因素的威胁，其中经济因素尤为突出，如资本的积累与扩张导致经济上处于弱势地位的文化只有接受强势文化的话语体系与表达方式，甚至是被迫宣扬强势文化的价值观，才能融入经济全球化的进程。因此，为了保护文化的多样性，文化的互联互通显得尤为重要。公益组织、NGO、慈善基金等社会力量的介入，有利于破除资本逻辑的肆虐，从而拯救与发展弱势文化。如美国《国家地理》杂志与"濒危语言研究所"合作设立了"语言持续项目"，试图用现代化技术记录与保留这些语言。2000 年，国际教科文组织为促进语言和文化的多样性以及多语种化，把每年的 2 月 21 日定为世界母语日。由此可见，文化的互联互通有助于人们发现、拯救并发展弱势文化。从人类文化整体发展的角度而言，这种努力意义非凡。

2. 有利于每个民族找准自己的文化定位

一个民族的文化只有在与其他异质文化的综合性比较中，才能找到准确的文化定位——民族文化的进步性与局限性才能得到体现。这样的"文化自觉"是民族文化继往开来、时代绽放的前提。

那么如何甄别某种民族文化的"精华"与"糟粕"呢？有没有一个绝对的标准普适于各民族呢？在此问题上，我们应当避免极端意义上的文化相对主义的误区：认为所有的民族文化都是同样深刻的（或是同样浅薄的）、都是同样正确的（或是同样错误的）、都是同样高尚的（或是同样卑微的），这种极端的文化相对主义取缔了文化比较的可能性。文化在对人的陶冶、教育层面，还是可以比较的。梁实秋先生曾指出："我们若把文化分析成若干部门，我们就可发现：（1）有中国优于西洋者；（2）有西洋优于中国者；（3）有不必强分优劣而可并存者；（4）此外更有中西俱不高明而尚有待于改进者。"[1] 历史唯物主义认为，甄别某一种民族文化的"先进"与"落后"，并不是依靠先验的抽象标准，也不是根据经济发展水平的高低，而是在具体的历史实践活动中不断生成的，依据每个民族具体的实际境遇审视文化的教化效果，以该文化如何现实地促进人的生存与发展为界标来判别文化的精华与糟粕。

考察文化的实际教化效果不能脱离文化的整体图景。某种民族的文化所起到的效果都是既定的"实然"，但并不排除文化还能够进一步调整与发展，借助他者的文化，可以更为全面地了解民族文化的文化定位。针对同样的事件，尤其是涉及社会大量人群、涉及其他国家其他民族的公共事件，人们应当反思自身的风俗习惯、思维方式、行为方式是否是最适当的，反思诸多不同文化中何种文化对于人的教化而言最为适宜。例如，德国与日本对待战争责任的态度迥异，德国总理勃兰特的"华沙之跪"让世人看到了德国正视历史、承担罪责的政治文化，而日本多届首相屡次参拜靖国神社、篡改历史教

---

① 梁实秋：《自信力与夸大狂》，《文化建设月刊》第 1 卷第 10 期。

科书的行为引来了激烈的谴责与非议。这两种文化形成了鲜明对比，何者精华何者糟粕立分！通过文化的互联互通，每种民族文化能够在综合性的比较当中彰显出民族文化的特色。有了准确的文化定位，中国文化方能既不妄自尊大，也不妄自菲薄。

3. 有利于提高人类整体文明的水平

正由于文化的互联互通能够使每种民族文化发觉自身的精华及局限性，从而能够以对方之所长补己之所短，吸收其他文化的精华，正如毛泽东所说，"中国应该大量吸收外国的进步文化，作为自己文化食粮的原料"。[①] 通过反思并克服自身的历史局限性，使民族文化弥漫时代的气息，这样，跨文化的交流带来了文化发展的契机，也为提高人类整体的文明水平奠定了坚实基础。

（1）物态文化层面的互联互通加速了物质文明的进程。物态文化表征着物质产品被生产出来的方式、价值取向，技术环节的互通有无，能够提高生产的"量"、淘汰落后产能、节省资源的耗费，生产价值观的共享则有利于转变生产结构、控制生产的"质"、调整生产的"度"。物态层的文化渗透融合进一步扩充了产品的"世界市场"，加速了人类物质文明的积累进程。

（2）精神文化层面的互联互通升华了人类的精神文明。民族文化的片面性和局限性要在人类整体的文明进程中才能澄明。跨文化交流有利于那些代表人类整体进步与发展的文化的普遍价值得以体现，"从讨论协商的多元主义出发，重新建立一种新的、对彼此都具有可资借鉴的文化价值原则，这种新的文化价值原则的逐渐明晰，很可能成为人类文化普遍价值的要素资源"。[②] 这种文化的普遍价值是世界各个国家民族在文化交往中所恪守的基本原则，它是人类自由程度的体现，使民族文化的自我规范、自我调整、自我升华有了现实的依据。在异质的多元文化的对话中，民族文化应思考如何为人类的整体利益、人类整体的价值理想、人类整体的精神文明贡献出自己的力量，这是民族文化世界化的根本。"一种文化得以长存的首要条件就是

---

① 《毛泽东选集》第二卷，人民出版社 1991 年版，第 706 页。

② 邹广文：《当代文化哲学》，人民出版社 2007 年版，第 116 页。

它在人类文化发展的进程中能否作出自己特有的贡献而有益于其他文化。如果一种民族文化以封闭求发展，只追求回复自身固有的模式，而无视如何将自身独特的文化开发为当今世界文化发展的有益资源，从而参与未来世界文化的建设，那就难免为世界所遗忘。"①马克思在《共产党宣言》中有句名言："每个人的自由发展是一切人自由发展的条件。"对于文化来说也是如此，"每种民族文化的自由发展是一切文化自由发展的条件"。民族文化的发展势必会带来人类精神文明的整体进步。

# 三、中国文化的当代绽放

中国文化的健康发展需要文化的互联互通。在全球化的现实图景中，文化间的平等对话作为理想的交流情境时常因遭受现实的诸种威胁而覆灭。强势文化试图侵略、吞并弱势文化这样的文化殖民并不少见。以互联技术为代表的信息技术的日益发达使任何一个国家的人都置身于不同文化的包围当中，各种文化都在争相吸引受众的注意力，都在争夺文化的"话语权"，这样一来，关注度低的民族文化就难以被更多的人认可。这种隐性的文化侵略对于处于弱势地位的民族文化来说，愈来愈具有威胁性。文化安全日益成为发展中国家和落后国家关注的重要问题。中国文化如何能既不失民族之特色而又积极借鉴其他文化的精华，促进文化的互联互通，以期文化的交融共进，真正实现社会主义文化大发展大繁荣？在笔者看来，文化的繁荣绝对不是一朝一夕的事情，要实现中国文化的当代绽放，要处理好以下几方面的问题。

1. 经济与文化关系的再思考

当今的时代经济与文化之间的联系越来越紧密，可以说是一个经济文化化与文化经济化的时代，经济需要文化的支撑才能可持续发展，文化需要经济的助力才能绽露华丽光彩。经济与文化相互渗透，彼此融通，因此，文化

---

① 乐黛云：《全球化趋势下的文化多元化》，《深圳大学学报》2000 年第 1 期。

的发展不能仅仅就文化论文化，需要摆正文化与经济的合理位置。在改革开放初期，为了发展生产力，"文化搭台、经济唱戏"，追求效率的不断提高，在此基础上"兼顾公平"。而随着中国特色社会主义建设进程的稳步推进，经济与文化、效率与公平之间的关系开始出现了"质变"，盲目延续既往的发展思维，一则不利于经济的进一步发展。尤其在全球化的背景下，大型的跨国企业所缔造的品牌实际上蕴含着特定的文化，如果缺乏文化的积淀，企业就很难被全世界普遍认同。反观中国的企业，进入世界 500 强的不少，但就品牌的知名度与认可度而言，真正能与微软、三星、索尼等品牌相提并论的少之又少。我国的 GDP 世界排名第二，据中国科学院中国现代化研究中心发布的《中国现代化报告 2009——文化现代化研究》的分析，中国的文化影响力指数在全世界排名仅为第七位。二则不利于人的发展。诚如 16 世纪德国著名宗教思想家马丁·路德所言："一个国家的兴盛，不在于国库的殷实、城堡的坚固或是公共设施的华丽，而在于公民的文明素养，也就是人民所受的教育、人民的远见卓识和品格的高尚！"经济是发展的手段，文化才是发展的目的。"文化与经济是相辅相成、相互促进的关系，而不是主角与配角的关系，更不是'搭台'与'唱戏'的关系。"文化不仅是经济发展的重要倚仗，更是一个人、一个国家、一个民族发展之根本。文化已经成为举国关注的全民事业，文化是民族的血脉和灵魂，社会的健康发展必须注重文化的建设。

### 2. 文化守护与文化创新

我国是文化资源大国，然而却是文化创新小国。五千年的历史源远流长，文化资源极为丰富，然而文化创新的"量"与"质"，都不尽如人意。文化创新"质"的不足，在文化层面的表现是文化产品缺乏新意，很多缺乏新意的影视剧和书籍泛滥，"中国好声音"不过是美国 Voice 节目的中国式翻版，热播的电视剧千篇一律，文化资源亟待创新性挖掘开发；表现在经济层面是"山寨"、造假的不良之风严重干扰了市场经济的正常运作秩序，大量假冒伪劣的商品充斥于市场，"Made in China"在国外甚至受到怀疑与歧视。这些现象都折射出了文化创新的不足。由于缺乏文化的创新性，实体产业只能"贴牌"生产一些附加值极低的产品。从长远来看，这些产品缺乏市场竞争力，不利于经济的可续性发展。

文化创新不是对于传统文化的全面颠覆，不是要全然否定传统，任何一种新文化都不是无本之木，它必然要在传统文化的土壤之中生长起来。文化创新以文化守护为根本前提，文化创新一方面是要守护民族文化之精华，将民族文化传统中的优秀成分转化成具有全球意义的文化价值资源，进而对世界文化作出独特的贡献，同时要克服其历史局限性，大胆借鉴其他民族文化的先进内容。另一方面是将传统文化时代化、大众化，继而以当代人容易认同的方式走向世界舞台。民族文化走向世界并不是对于传统文化原汁原味的直接呈现，而是以当代的视角挖掘传统文化当中蕴藏的跨越了时间与空间维度的普遍性的文化价值，使之顺应时代的需求，既不断更新和发展，又不失却自身传统的特色，这是文化发展的历史规律与必然趋势。

### 3. 发展文化产业

中国文化的创新与发展需要成熟的文化产业条件。一种文化要走向世界，让不同文化背景的人们愿意倾听、接受和喜欢，需要发达的文化产业作为支撑。在产业化的生产过程中，文化以商品的形式进入受众的视野，世界上的人们可以借助这些商品了解一个民族的文化。在全球各个国家都在竞相输出自己的文化产品的形势下，文化被消费的过程充满了残酷的竞争。在数量上，如果一个民族的文化产品很少，通常就难以形成大范围的影响，难以获得广泛的认同。在质量上，如果一个民族的文化产品相对于与之竞争的文化产品来说不能捕获人的眼球与关注，往往就没有市场。因此，在文化的传播范围愈来愈大的情况下，民族文化要在众多文化产品当中脱颖而出走向世界，实则并不是一个民族、一个国家的事情，而是要在当前的世界文化产品的"结构"中赢得竞争。众所周知，中国的文化产业还不成熟，与发达资本主义国家相比，欠缺文化市场化的经验。中国的文化产业不能脱离了"文化结构"自顾自地发展，而要研究文化产业发达国家的文化产品的特征，分析其文化生产的方式、制度、机理，探寻超越之途径，从而才可能在文化竞争的复杂格局中夺得发展的先机。未来国家之间经济实力的衡量比较，文化产业将会是一个关键环节，如美国自 2000 年以后的第一大出口产业始终是文化产业。西方资本主义国家目前仍然是全球经济力量最为强盛的国度，每年都向其他发展中国家、落后国家输送大量的物质产品与精神产品，如美国好莱坞每年拍摄大量的电影将其文化输送至全球各个角落。美国文化产业的发达之处不仅表现在产品的"量"上，还表现在"质"上。同样是歌颂爱情，国产电影就缺乏《泰坦尼克号》这样的感召力和影响力。这就说明了一个国家文化产业的发展程度会影响民族文化是否能够走向全世界，能走多远。国外文化产业发展的经验表明，民族文化的创新需要立足于文化产业的市场规律，思考民族文化如何才能吸引全球受众的眼球，原封不动地输出"孔子语录"必定会事倍功半。据"德国之声"中文网报道，瑞典斯德哥尔摩大学将关闭欧洲孔子学院，该学院是欧洲第一所孔子学院。中国文化的时代化、世界化还有很长的路要走，德国的"歌德学院"、英国的"文化协会"、西班牙的"塞万提斯学院"提供了文化产业化可资借鉴的宝贵经验。

在当代，文化已然成为关系国家发展的民族事业。实现中国文化的当代绚丽绽放需要将中国文化放置于社会有机体的整体关照中，处理协调好经济与文化、文化守护与文化创新、本土文化与外来文化的紧张张力，也许只有这样，才能真正"促进全球文明，保护民族文化"，文化的互联互通才能彰显出其当代重要价值。

# 六、"一带一路"与地方战略

# 中国西部地区需要什么样的新丝绸之路

## ——从北京的战略构想到兰州的现实诉求

杨　恕[*]

"丝绸之路经济带"这一战略构想提出之后，丝绸之路沿线的西北各省区的政府和民众对此热情很高、期待很多。值得注意的是，目前国内一些媒体和公众对"丝绸之路经济带"构想的解读尚存一些误解，笔者想借此机会谈谈自己关于"丝绸之路经济带"的几点看法，与大家交流。

## 一、"丝绸之路经济带"绝不是海洋战略受挫后的折中选择

改革开放三十多年来，我国社会、经济、教育、文化、交通、国防、科技等各方面获得了快速的发展，特别是东部沿海的发展成就举世瞩目。但是也应该看到，在全国经济发展的过程中，东西部地区之间的经济发展差距也在不断扩大，甚至在某些方面已经达到了非常严重的地步。例如，按照国家统计局 2012 年公布的结果，以人民币为单位的甘肃省居民人均收入和以美元为单位的上海市居民人均收入差别不大就是一个突出的例子。作为一个崛起中的大国，东西部经济发展不平衡的局面若长期得不到改变，势必将制约

---

* 杨恕：兰州大学原副校长、中亚研究所所长、教授、博士生导师，中国国际关系学会常务理事、中国俄罗斯东欧中亚学会常务理事、中国上海合作组织研究中心常务理事。

未来的整体发展。西部地区要获得快速的发展，并逐渐缩小与东部地区的发展差距，除了国家不断加大扶持投入力度和西部地区民众的艰苦奋斗以外，西部地区进一步提升对外开放水平，加强与邻近的中亚等周边地区的经济文化交流也是重要条件。

中国面向周边和全世界的开放格局也是中国全方位对外开放和全方位外交的应有之义。除了继续扩大向东开放以外，向西开放也是国家发展战略上全方位开放的需要和国家发展与战略升级的需要。近年来，国内学界对于向西开放的重要性的认识已经有所提高，有学者甚至还提出了所谓的"西进战略"。对此，笔者认为使用"向西开放"较之"西进战略"更为妥当，毕竟从世界历史上来看，"西进战略"往往与军事扩张和对外征服相联系，在对外交流中容易引起误解和不必要的麻烦，而"向西开放"的概念则更准确。

当前有观点认为，"丝绸之路经济带"和向西开放战略是我国外交向东发展遇到挫折以后才提出和实施的，是美国实施"重返亚太战略"或"亚太再平衡战略"压力下的选择，是与东部邻国海洋权益争端迟迟得不到有效解决而在西部方向上的突围。这种观点忽视了国家西部地区发展战略的历史延续性，在认识上有严重的错误，应该纠正。美国的全球战略很清楚，就是要在全球政治、经济、军事、文化领域成为具有影响甚至支配性的力量。实际上，美国在亚太地区的经济和其他利益也在增加，它现在在欧洲要做的事少了，在亚太地区要做的事多了，所以在军事上也必然要向亚太转移，对此没有必要大惊小怪。即使美国的战略重心没有东移，中国也需要向西开放，这是中国全方位开放与全面发展的内在要求。向西开放与美国的战略东移和东部沿海形势无关。

改革开放以来，造成东西部地区经济差距不断扩大的原因是多方面的，其中东部沿海地区依托区位优势，不断扩大与深化对外开放，加强中外经济文化交流是重要原因之一。相较而言，中西部地区特别是广大的西部地区受地理环境封闭、基础设施水平差等因素的制约，对外开放的水平远远赶不上东部沿海地区，社会经济发展水平也因此与东部沿海地区有较大的差距。"丝绸之路经济带"构想的适时提出，对于扩大我国的向西开放和促进西部地区的快速发展具有十分积极的意义，应该加大对这一问题的研究力度。

## 二、从西部地区的发展实际看中国、中亚与欧盟

从我国发展的历史来看，西部地区具有重要的战略价值，西部地区的发展也一直是国家整体发展的重要组成部分。早在 20 世纪三四十年代，就有学者向国民政府建议开发大西北，但是由于连年的战乱和当时国家整体经济发展水平有限，开发西北的计划并未得以实施。及至 20 世纪五六十年代，中央开发西北的计划才最终得到落实。出于国家整体发展战略的考虑和国防建设的需要，中央当时对西北地区的发展投入巨大。以甘肃省为例，这一时期国家在甘肃陆续兴建了许多大型项目，甘肃中部地区聚集了当时全国最大的石油化工、铜冶炼、石油化工机械等工厂；为了加强与苏联的经济文化交流，当时还规划了兰州至阿拉木图的国际铁路线。但后来西北地区的发展没有取得预期的成绩，这与当时我国所处的发展阶段以及我国与周边国家的关系有关。主要是由于 20 世纪 60 年代以后中苏关系恶化，向西开放被迫中断，国家在西北的发展战略也相应作出了较大调整，很多大的项目停工或下马，西北的发展明显减慢。

20 世纪八九十年代，随着中苏关系的缓和以及此后中亚国家的独立，向西开放再次被国家提上议事日程。当时虽然没有明确提出"丝绸之路计划"等构想，但是大力修建的第二欧亚大陆桥（之前还有一个第一欧亚大陆桥[①]）实际上是沿古丝绸之路展开的，丝绸之路是它的主干方向，向西开放的意图是明显的。20 世纪 60 年代停建的中苏国际铁路开始重新修建，至 1990 年完工（由于车站建设等原因，正式客货通车是在 1992 年 9 月），这标志着第二欧亚大陆桥的正式建成。鉴于历史上丝绸之路在沟通东西方经济文化方面的重要作用，当时人们对于第二欧亚大陆桥可能带来的经济发展以及路桥本身建设提出了很多战略构想甚至具体的计划，时任国务院副总理朱镕基还提出

---

[①] 第一亚欧大陆桥，以俄罗斯东部的哈巴罗夫斯克（伯力）和符拉迪沃斯托克（海参崴）为起点，通过世界上最长铁路——西伯利亚大铁路（莫斯科至符拉迪沃斯托克），通向欧洲各国最后到达荷兰的鹿特丹港。

了一个希望西北几个省区"联合起来走西口"的口号。但是有两个因素限制了西北地区的向西开放：内因是整个西北地区经济发展水平低，整体对外经济交流能力不足，不具备开放条件；外因是中亚五国在苏联解体后尚处于经济低谷和调整期，而第二欧亚大陆桥开通时正是中亚这些国家包括俄罗斯经济状况最糟的时候（俄罗斯经济经过 1992—1996 年才大致停止了经济衰退）。

尽管如此，第二欧亚大陆桥的开通仍具有十分重要的意义，它使"丝绸之路经济带"的实现具备了必要的现实条件，特别是交通条件大大改善。丝绸之路现代交通线的畅通仅仅是"丝绸之路经济带"得以建成的必要条件，而它的实现还需要具备其他一些条件。譬如，交通线沿线的自然地理环境、经济发展水平、人口密度和产业布局等。按照经济地理学的解释，"经济带"的建成必须具备两个条件：一是有一定密度分布的城市，二是城市之间经济构成有比较多的联系。更重要的是，向西开放既需要有我们自身的基础，也需要相关国家具备一定的条件，否则不可能成功。这些条件在 20 年前是很差的，因为 1992 年中国与中亚五国进出口贸易总额仅有 4.6 亿美元。

2000 年，"西部大开发"战略开始实施，进入新世纪以来，国家不断加大对西部地区的扶持和投入力度，西北地区的经济发展速度非常快，基础设施、经济发展成就明显。从现在的条件来看，西北地区已经具备了一定的对外开放的现实基础；与此同时，经过二十多年的发展，中亚五国的恢复性增长期也已结束，进入新一轮经济增长期，具备了开放联合的基础。2012 年，中国与中亚五国进出口贸易总额达到 460 亿美元，阿拉山口铁路进出口货物总量达到了 1151 万吨。

此外，向西开放不仅要考虑中国和中亚之间的关系，还要考虑中国和欧洲、中亚与欧洲之间经济贸易发展的条件。欧盟是中国目前最大的贸易伙伴，中亚与欧洲的经济贸易增长也非常快。2011 年，哈萨克斯坦与欧盟的贸易总额达到了 538.16 亿美元，同年，乌兹别克斯坦与欧盟的贸易额也达到了 23.67 亿美元。中国、中亚、欧盟三个板块的经济都在发展，这样"丝绸之路经济带"就不仅仅是中国与中亚之间的开放合作，还有更强、更大范围的带动作用。上述条件使得"丝绸之路经济带"构想的实现条件更趋成熟，现在提这个问题也就比较现实了。

## 三、"丝绸之路经济带"是一个长期的全局性战略

尽管现在"丝绸之路经济带"的实施条件相较于 20 年前已经具备了一定的基础，但并不是说它的基础就很好。从长期看，这个大区域的经济合作是个可期待的目标，不是空想。但从当前来看，"丝绸之路经济带"仅仅是一个构想，中央还没有成熟的规划。"罗马城不是一天建成的"，"丝绸之路经济带"的实现也非一日之功，切不可急功近利、急于求成。想在很短时期内马上看到明显发展是不可能的，至少要制定一个为期 30 年的计划，短期和中长期的发展规划一定要做好。从中央到地方都需要做好基础性的研究工作，尤其沿线各省区市不可贸然着手。一些地方急于制订计划，向中央要资金、要政策，这可以理解，但并不是恰当的举措。首先要搞清楚，西北省区为什么经济发展落后？为什么改革开放三十多年了，与东部沿海地区的经济差距依然很大？中央和地方曾经制定和实施了的政策措施为什么没有达到预期的目标？如果不先实事求是地研究清楚这些问题、理清思想，而是匆匆忙忙地提出一些不切合实际的发展计划和目标，其结果只能是再次失望。有些人甚至提出通过实施"丝绸之路经济带"构想，使中国经济重心西移，这是不可能的。

在此笔者想结合西北地区的实际情况，简单谈一谈如何规划参与"丝绸之路经济带"的问题。应当以"丝绸之路经济带"为依托，带动中国西部地区向西开放，加强西北省区与中亚、欧洲的经济交流与合作，推动中国的西部大开发向更高水平发展，惠及西部地区的各族民众。而在实施"丝绸之路经济带"的过程中需要处理好两对关系：

第一，西部大开发与向西开放的关系。对于不发达地区来说，发展是开放的基础，经济发展有了一定的基础才能走出去。一方面应该看到西部地区经济的发展离不开与国外的经济贸易交流；另一方面也应该看到，只有西部地区自身的经济发展水平上去了，对外开放的水平才能得到真正的提升。中国西部向西开放首先是向中亚开放，中亚并非是一些人想象中的比西北还落后的地区。在资金、技术、人才、管理等方面，西北地区和中亚没有互补关

系，中亚需要的商品多数西北也不能制造，这是一个尖锐的现实问题。

第二，西北地区向西对外国开放与向内地其他省区市开放的关系。如果西部内陆地区整体的经济发展上不去，西部边疆地区与内地的经济联系甚至弱于这些地区与国外的经济联系，将会对国家的领土与主权安全带来十分严重的威胁。现在国家大力在新疆搞"跨越式发展"，新疆社会经济各方面发展很快，但是作为丝绸之路重要地段的甘肃省经济发展仍十分落后，在西北五省区也处于落后状态，不仅对外经济交流能力差，甚至与其他省区市的经济交流与合作能力也比较薄弱，甘肃经济长期得不到发展，势必也会影响到整个"丝绸之路经济带"构想的实现。

鉴于此，在"丝绸之路经济带"的实施过程中，国家不仅要重视新疆等边疆省区的发展及其对外经贸联系，也需要大力扶持甘肃、陕西等西部内陆省份的发展，并促进新疆与这些省份的经济合作。目前，西部大开发、新疆跨越式发展都是走出去的基础。但是在国外，主要靠国家行为，而不是西部省区，特别是在前期。

## 四、围绕"丝绸之路经济带"的各方心态分析

"丝绸之路经济带"构想提出来之后，人们往往关注的是其在沟通中外经济交流和推动地区经济发展方面的辐射作用，而对其在促进东西方人文交流方面的作用远不够重视。"丝绸之路"概念最早的提出者德国地质地理学家李希霍芬认为，丝绸之路是中国和欧洲之间的贸易通道，其实它还发挥着国际文化交流的通道作用。从历史上来看，沟通东西方的丝绸之路不仅仅是一条商品流通的通道，也是一条科技、文化、哲学、宗教、艺术的交流之路。不仅中国的丝绸、瓷器通过丝绸之路被运到西方世界，中国的指南针、造纸术、火药、活字印刷术、丝织技术也被输往阿拉伯世界和基督教世界，实际也输出了相关的科学思想，但是直到现在，中国人没有写出专门论述这个问题的文章。与此同时，原产于欧洲的景泰蓝烧制技术，阿拉伯世界的算术、天文、历法，佛教、伊斯兰教、摩尼教、祆教和犍陀罗艺术也通过

丝绸之路传入中国。东西方之间的人文交流对于推动世界文明进步的意义很大。1956 年，中国和苏联关系良好的时候，曾联合拍过一个纪录片《阿拉木图—兰州》，就是两个国家的摄制组，沿着丝绸之路拍的，那个片子拍得很好。在一个关于中亚问题的国际会议上，笔者曾遇到哈萨克斯坦的一位知名学者，他说之所以中亚国家一些人现在将中国经济的增长视为威胁，其中一个原因是经济扩张太快了，政治和文化没有跟上。丝绸之路经济带沿线的各国各族民众之间的人员往来、人文交流对于促进东西方的经济交流也具有十分重要的意义，它可以夯实各国经济交流的民间基础，促进各国民众之间的相互理解和地区稳定。

"丝绸之路经济带"构想提出以后，国际上的反应各不相同。中亚各国的反应也并不相同，一些国家态度很积极，还有一些国家尚未有明确态度。中亚的学者也提出一些问题，你们到底打算怎么做？具体计划是什么？打算投多少钱？投到哪儿？他们知道这是很大的一个大区域经济发展计划，但自身能力不足，希望中国有更多的投入。欧洲国家的态度较为冷淡，俄罗斯则持观望和怀疑的态度。俄罗斯学者说，你们现在到底打算怎么做？你们对上海合作组织怎么想？俄罗斯还担心一点：对它主导的欧亚经济联盟会造成什么负面影响？当然，这些东西我们在研究，他们也在研究，"丝绸之路经济带"现在只是战略构想期，没有什么很成型的想法。这需要一个比较耐心、艰难的磨合过程。此外，"丝绸之路经济带"对上海合作组织和欧亚经济联盟这两个已经存在的组织会产生什么影响？现在国内一些学者担心，上海合作组织在经济合作方面多年来进展不是很大，推动很困难，你再提出一个新的概念会不会冲击上海合作组织在这个地区的合作？这一点不仅我们在研究，俄罗斯也在考虑。

我国是"丝绸之路经济带"战略构想的倡议者，但它不可能由我国单独实现，因此，需要与沿线其他国家充分交流合作。当前，国内对"丝绸之路经济带"的热情非常高，甚至一些看法透露出这样的认识："丝绸之路经济带"是由我国单方面在建设。这种认识是一厢情愿的、不妥的。这个构想的实施依然是一个艰难、漫长的过程。

# "一带一路"：香港的重要战略机遇

巴曙松　王志峰*

## 一、"一带一路"国家战略下的香港机遇

2013 年 9 月和 10 月，习近平主席分别在访问哈萨克斯坦和印度尼西亚时提出共同建设"丝绸之路经济带"和"21 世纪海上丝绸之路"（简称"一带一路"）的倡议，核心内容包括政策沟通、道路联通、贸易畅通、货币流通和民心相通。2014 年年底，中央经济工作会议把"一带一路"确定为优化经济发展格局的三大战略之一。"一带一路"战略将重点打造全球新的增长板块，推动基础设施互联互通，拓宽产业投资和经贸合作水平等，在金融、贸易航运、产业转移、服务业等领域蕴含着大量的机会。

"一带一路"沿线国家整体发展水平明显快于全球，未来将成为世界经济增长的重要板块之一。"一带一路"沿线国家（地区）经济总量（GDP，现价美元，下同），从 2000 年的 4.4 万亿美元增至 2013 年的 22.3 万亿美元，13 年间增长了 405%，年复合增长率高达 14.8%，在全球经济总量中的占比从 13.2% 跃升至 29.5%。在此期间，全球经济总量从 2000 年的 33.3 万亿美元增至 2013 年的 75.6 万亿美元，累计增长 127%，年复

---

①　巴曙松：国务院发展研究中心金融研究所副所长，中国银行业协会首席经济学家。
　　王志峰：华中科技大学经济学院博士研究生。

合增速仅 9.5%。

"一带一路"沿线 65 个国家（地区）中，80% 左右处于工业化发展中后期阶段。2013 年年底，41 个经济体属于中高等收入及以上国家，占比 63%，高于全球 61% 的占比；仅柬埔寨、孟加拉国、缅甸、尼泊尔、塔吉克斯坦五国属于低收入国家，低收入国家在该区域的占比为 8%，低于全球 16% 的占比。

近年来，受基础设施发展缓慢等因素制约，"一带一路"周边大部分国家经济增长有所放缓。通过"一带一路"战略，加快基础设施建设步伐，沿线国家经济增长有望进一步加速，也有助于加快沿途国家的工业化、城镇化进程，这一区域占全球 GDP 的比重有望进一步提升，成为与北美、西欧板块并列的新的经济增长板块之一，人均 GDP 也有望进一步提高，世界经济增长中心也有望向"一带一路"转移，在这个过程中，该地区需要发展一套与经济发展水平相适应的金融贸易服务等配套支撑体系。

港口、交通等基建连接世界跨度最大的经济走廊。从地理位置看，"一带一路"是世界上跨度最大、最具有发展潜力，同时发展也较具挑战性的经济走廊，贯穿亚太、欧洲、非洲等多个经济圈。丝绸之路经济带东边牵着亚太经济圈，西边系着发达的欧洲经济圈，在空间走向上初步形成以欧亚大陆桥为主的北线、以石油天然气管道为主的中线、以跨国公路为主的南线三条线。21 世纪海上丝绸之路以点带线，以线带面，将串起连通东盟、南亚、西亚、北非、欧洲等各大经济板块的市场链，发展面向南海、太平洋和印度洋的战略合作经济带。中国沿海的各个口岸，比如粤港澳，本身也是 21 世纪海上丝绸之路的关键节点。

从辐射范围看，"一带一路"沿途大多为新兴市场或发展中经济体，正处于经济发展的上升期，后发优势强劲，但迫切需要解决交通、电力、信息等基础设施严重不足的难题。据亚洲开发银行估计，"一带一路"区域未来 10 年的基础设施投资需求将达 8 万亿美元。目前，已规划的一大批跨境铁路、公路、海上航线、空中航线、油气管道、输电线路、通讯光缆和互联网等方面的大型基础设施建设将全面启动。

经贸合作区打造对外开放升级版。1990—2013 年，"一带一路"65 个国家（地区）的贸易和投资年均增速分别达到 13.1% 和 16.5%，比同期全球平均水平高出 5.3 个百分点和 6.8 个百分点。自 1995 年以来，中国进出口贸易额保持较快增长速度，近 20 年复合增长率为 16%，对"一带一路"主要国家的贸易水平明显高于整体水平，其中，对中亚、海湾、南亚国家贸易的复合增长率分别为 26%、25%、21%。2014 年，中国在全年进出口增速仅为 2.3% 的情况下，对"一带一路"沿线国家或地区出口额增长仍超过 10%，与"一带一路"国家或地区的进出口双边贸易额接近 7 万亿元人民币，占同期中国外贸进出口总值的 1/4 左右。贸易的持续增长有望为香港自由港带来大量业务机会，如果可以抓住这些机会，有助于进一步巩固香港贸易领域的优势。

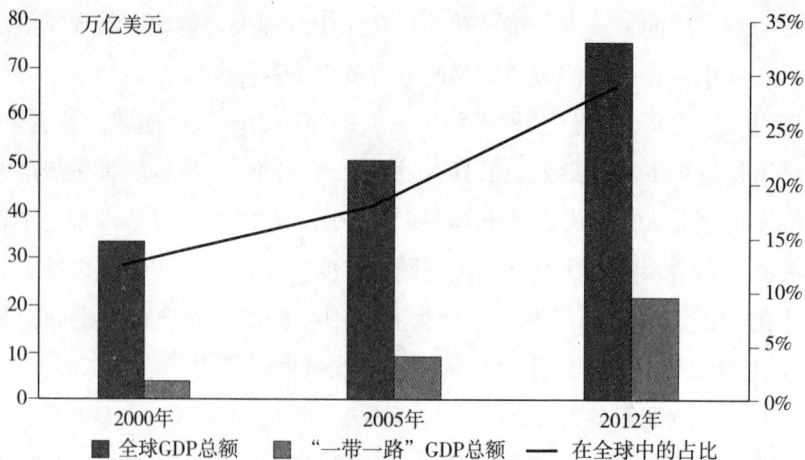

图 6—1　全球与"一带一路"国家（地区）GDP 情况

数据来源：世界银行。

与此同时，中国正在"一带一路"沿线打造中新经济走廊、新亚欧大陆桥经济走廊、中伊土经济走廊、中印缅孟经济走廊等。商务部数据显示，中国还在"一带一路"沿线设立了 77 个经贸合作区，其中，35 个处在"一带"的沿线经济体，42 个处在"一路"的沿线经济体。随着 2015 年"一带一路"战略的全面实施，通过经贸合作区打造新的经济合作平台，将中国的产业链向外延伸，改变与发展中国家的传统合作模式，建立跨国产业链，打造中国改革发展和对外开放的升级版，必将进一步促进中国与沿线国家的贸易与投资往来，未来区域内贸易和投资可望保持较高速增长。随着经贸合作区的落地实施，将催生大量产业转移、园区建设、跨境投资、贸易结算、货币流通、法律服务等需求。

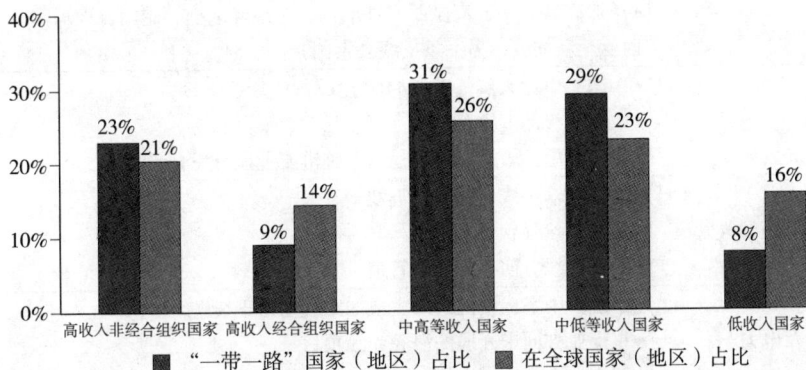

图6—2　全球与"一带一路"国家（地区）收入分布

数据来源：世界银行。

"一带一路"区域需要大量的外部资金注入。"一带一路"区域经济体财政状况相对较好，大多数经济体的财政收支余额占GDP的比重都在3%的安全线以内，政府债务余额占GDP比重远低于60%的安全线。同时，这一区域资源丰富，除了中东欧外，大多数国家的经常账户长期处于盈余状态。但是，除了亚洲的一些发展和新兴经济体外，这个区域的储蓄率一直不高，不同国家储蓄水平两极分化有所扩大。2000年以来，储蓄率（储蓄占GDP比重）高于40%的国家，从2000年的3个增至2006年的12个，但2012年又回落至9个。与此同时，储蓄率低于20%的国家数量持续攀升，从2000年的15个增至2006年的17个，2012年这一数字继续增长至18个。

表6—1　已公布的部分基础设施项目概览

| 核心领域 | 规划施工中的项目 |
|---|---|
| 跨境高铁 | • 欧亚高铁（从伦敦出发，经巴黎、柏林、华沙、基辅，过莫斯科后分成两支，一支入哈萨克斯坦，另一支指向俄远东，之后进入中国境内的满洲里）<br>• 中亚高铁（从乌鲁木齐出发，经乌兹别克斯坦、土库曼斯坦、伊朗、土耳其到德国）<br>• 泛亚高铁（从云南昆明开往缅甸，主线经老挝、越南、柬埔寨、马来西亚至新加坡，另一条支线去泰国） |
| 基建 | • 中国—中亚天然气管道D线建设<br>• 改造升级印度铁路<br>• 推进斯里兰卡港口建设运营、临港工业园开发建设 |
| 陆路跨境油气管道 | • 西气东输三线、四线、五线工程<br>• 中亚天然气管道D线<br>• 中俄东线、西线天然气管道 |
| 通讯及电力 | • 中缅、中塔、中巴等未完成的跨境通信干线<br>• 东南亚方向未开通的海底光缆项目<br>• 西南电力信道、中俄电力信道进行规划建设或升级改造 |

资料来源：作者整理。

　　储蓄率水平常常决定投资率。1992年以来，整个"一带一路"区域投资率从29.5%降至2013年的28.1%，其中，中亚五国从1992年的37.8%降至2013年的23.1%，新兴和发展中国家从1984年的25.7%降至2013年的20%，中东和北非地区从1980年至2013年一致保持在27%左右。从整体经济发展角度来看，如果该区域投资率需要提升到40%，至2040年新增资金将达100万亿美元；如果投资率提升至36%，至2040年时新增资金将达46.2万亿美元。以后者为标准计算，假定新增资金中有30%属于直接投资的资本金，30%将可能出现由自身资本市场发展和储蓄率提供的内生替代，则余下的40%（约18.5万亿美元）属于信贷资金和国际资本市场融资资金。"一带一路"区内资金难以满足其投资增长的需求，不足以支持庞大的战略计划，需要大量从区域外，尤其是香港、纽约、伦敦等国际金融中心筹资。

　　与此同时，中国政府为推进"一带一路"建设，已经筹划或建立了一系列的支持性金融机构，如亚洲基础设施投资银行、丝路基金、金砖银行等。

以丝路基金为例，投融资项目的实施需要银行的配合与服务，其中既包括项目的资金结算、配套贷款等商业银行产品，也可能需要发行债券筹资等投资银行服务，特别有利于香港等地的大型金融机构利用多元化业务平台促进交叉销售。

探索构建"人民币区"，助推人民币国际化。随着大量中国企业和投资走出去，人民币在"一带一路"区域的认可度大大提升，将有助于在这条世界上跨度最长的经济走廊中形成"人民币区"。"一带一路"战略将为人民币国际化提供新的发展动力。

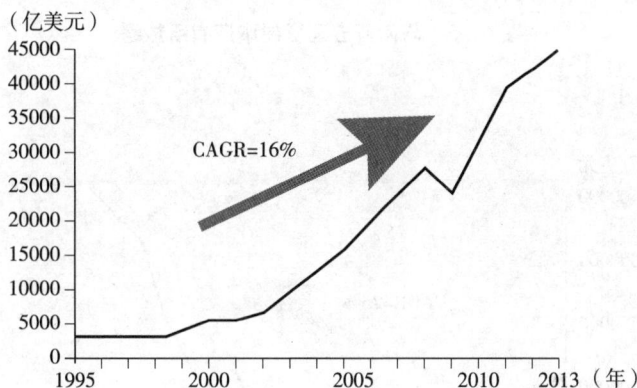

（亿美元）

CAGR=16%

图6—3　过去十几年进出口贸易增速

资料来源：winel。

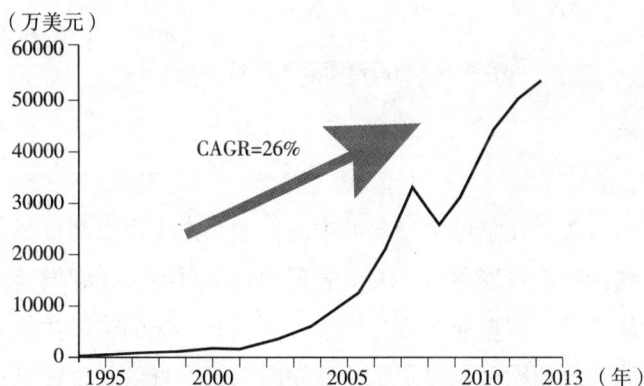

（万美元）

CAGR=26%

图6—4　对中亚五国贸易额快速增长

资料来源：winel。

（万美元）

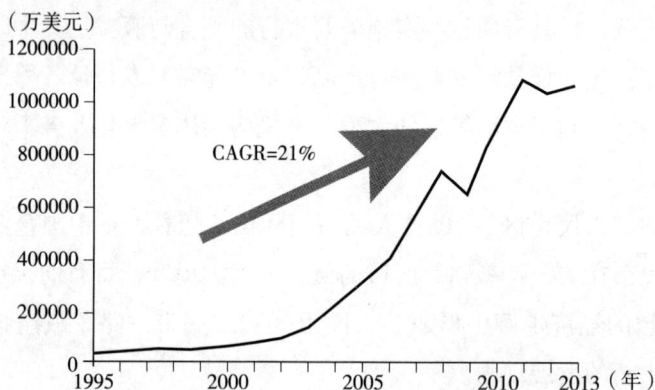

图 6—5　与南亚五国贸易增速有所放缓

资料来源：winel。

（万美元）

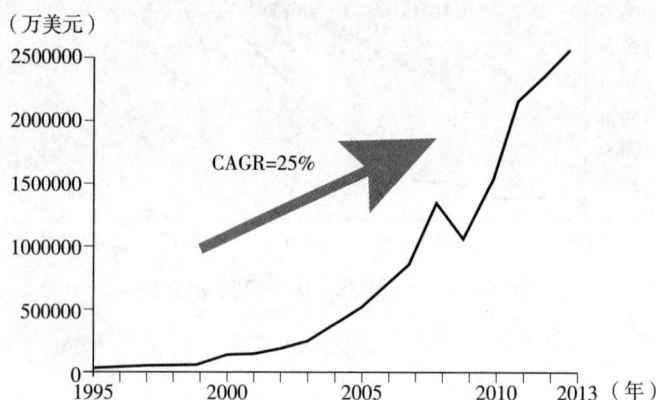

图 6—6　与海湾国家贸易额持续上升

资料来源：winel。

一是提高人民币在全球金融交易中的份额。由于历史和自然条件的双重原因，中亚各国经济发展落后，突出表现为资本短期、基础设施不足，而中国在基础设施建设、制造业、资金供给方面具有明显的国际竞争优势，可以依托基础设施、产业园区、自贸区，建立以人民币贷款、直接投资为主的丝路经济带建设融资体系，扩大人民币在亚洲地区的使用范围。二是扩大货币互换范围与规模。中国已经与哈萨克斯坦、乌兹别克斯坦等"一带一路"国家的中央银行签署了双边本币互换协定，大力拓展跨境金融交易管道，在全球 14 个清算行安排中，7 个在"一带一路"沿线国家和地区，并支持人民币成为区域计价、结算及投融资货币。三是改善人民币离岸市场布局。随着"一带一路"建设的推进，庞大的贸易和基建投资规模将推动人民币计价及支付走进沿途各国，推动欧洲、中亚、南亚、中东地区出现人民币离岸市场，为人民币离岸市场发展创造有利条件，沿线地区日益成为人民币业务的主战场。香港作为跨境人民币结算和清算市场的核心，也最有机会抓住人民币国际化的红利。

## 二、香港在"一带一路"战略实施中具备独特的优势

香港作为国际性大都市，也处于"一带一路"的关键节点，在金融投资、贸易航运、现代服务和跨国人才等领域的积累，与"一带一路"提倡的政策沟通、道路联通、贸易畅通、货币流通和民心相通等核心内容高度契合，既具备全面服务"一带一路"国家战略的能力和优势，也能有效支持香港经济的继续转型升级。

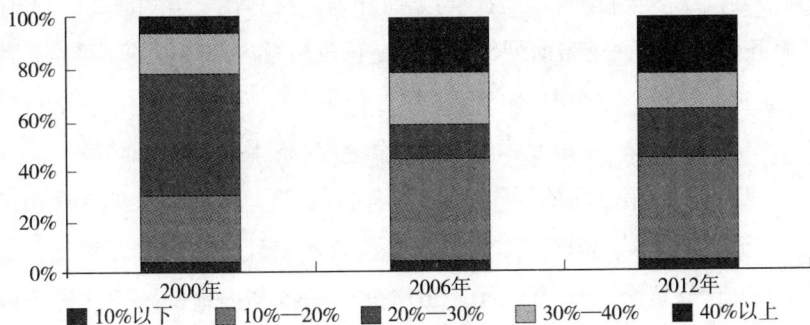

图 6—7 "一带一路"国家（地区）储蓄率分布

数据来源：世界银行。

1. 独特的区位优势

（1）与内地的特殊地理连接。香港毗邻内地，在"一国两制"框架下，

香港与内地开展了全面深入的合作，积累了丰富经验。中国作为"一带一路"的倡议者和推动者，在"一带一路"国家战略的制定和实施中将发挥主导性的作用，内地与香港在各个领域的"互联互通"，无疑将成为中国推动"一带一路"沿线各国加强互联互通合作伙伴关系的起点和范例。

（2）担当内地与东盟的桥梁。香港在促进内地与东盟贸易合作等方面发挥了重要作用，东盟也是"一带一路"沿线的重点区域，2014 年香港与东盟建立自由贸易区谈判已经开始启动，一旦确定，将有助于香港在区域合作中间发挥更重要的作用，加快东盟经济共同体建设。

2. 与"一带一路"需求相契合的专业优势

金融市场、跨境人民币、贸易物流等是香港的支柱产业和优势产业，也是"一带一路"的战略重点，通过服务于"一带一路"的融合，既能发挥专业能力和优势，也能为香港经济发展寻找到新的动力。

（1）金融市场领域的比较优势。改革开放以来，香港一直是亚洲最重要的国际金融中心，逐步构建了完善的金融体系，专业的金融分工，透明、标准化的金融产品，齐备的金融基础设施，形成了强大的金融信息聚集和金融研发能力、金融人才培养体系，但这一优势地位在近几年有所下滑。在新华·道琼斯国际金融中心发展指数报告（2014）所列的全球十大国际金融中心排名中，香港位列第五，跌落至新加坡之后，与上海并列，虽然在"金融市场""产业支撑""服务水平"方面排名前列，但由于增长放缓及内部环境的不稳定，使得香港在"成长发展"方面由 2013 年的第二位下降至第六位。这些排名虽然只是一家之言，但也从一定角度体现了香港金融市场发展的现状和趋势。

（2）跨境人民币方面的领先地位。当前，香港是规模最大的人民币离岸中心，截至 2014 年年底，离岸人民币存款余额累计已超过 2 万亿元，其中香港人民币存款资金 1.16 万亿元。2014 年，香港与内地的跨境人民币收付量占所有境外地区的 52.7%，在 SWIFT 国际支付货币中的占比为 69%。尽管近年来随着离岸人民币中心的多元化发展，香港跨境人民币业务占比呈现小幅下降趋势，但未来 10 年内仍将占绝对主导地位。

（3）国际自由港的优势。贸易畅通是"五通"的重要内容之一，香港是连接内地与海上的重要中转站，是"21 世纪海上丝绸之路"的重要节点，在国际贸易与物流上具备天然的优势。香港曾经是中国最大的港口，也是全球重要的货物流通中心，是亚洲船运、货代、物流企业云集的地区之一，拥有丰富的物流、贸易人才，港口、机场、铁路系统发达，但近年来相继被上海、深圳超越，位列全球第四。世界航运理事会 2013 年年底数据显示，香港集装箱港口码头的吞吐量为 2235 万标准箱（TEU），与 2011 年的 2438 万 TEU 和 2012 年的 2312 万 TEU 相比持续下滑。

（4）产业跨境转移与基础设施建设的经验。由于国际产能利用的不均衡，随着"一带一路"建设的推进，中国过剩产能和优势产能的"走出去"是一个必然进程，"一带一路"沿途多个经济走廊和 77 个经贸合作区也是实现这一目标的重要安排。但是，在产业跨境转移过程中，一方面，面临接受国出于政治、保护本国企业等考虑而可能出现一些不同形式的约束；另一方面，还要适应各国不同的经济、社会环境，以及其他国家产业的竞争。这些情况都可能会在未来影响中国企业境外投资的进程。香港企业则经历了从香港向内地转移、从内地向东南亚等国家转移的不同过程，在多年的国际经营中，积累了丰富的经验。香港政府既可以发挥产业转移的优势，协助中国大规模推进产业转移落地。香港企业也可以抓住"一带一路"的机遇，深化在全球的产业布局，提高在全球产业链上的优势。与此同时，香港企业在 20 世纪 80 年代始就积极参与本地、中国内地、亚洲与欧洲的能源、发电、公路、铁路、码头与电讯项目开发、建设与管理。此外，香港的金融、法律、工程与管理专才更了解中西方文化差异，有利于商务谈判与项目管理工作。

3. 国际化人才和多元文化优势

（1）法律、财经等国际化专业人才。各国法律体系的不同影响境外投资企业的经营。香港拥有大量的法律和各个专业领域的人才，他们熟悉国际法律、惯例，有丰富的处理国际业务的经验。与此同时，依托金融业发展起来的金融服务业，以及依托于内地经济开放和环亚太经济增长而发展起来的专业服务及其他工商业支援服务业，聚集了大量的专业服务机构、高端服务人才，能够提供国际化程度很高的专业服务。特别是其熟悉国际管理、西方会计制度、税例的商业管理与顾问、会计及审计咨询机构，这些都是"走出去"中宝贵的人力资源。

（2）多元文化融合的优势。"一带一路"沿途是世界上典型的多类型国家、多民族、多宗教聚集区域，"四大文明古国"诞生于此，佛教、基督教、伊斯兰教、犹太教等也发源于此，但多元文化也带来了巨大挑战。香港是亚洲种族最多元化的城市之一，也是中西文化的交汇融合地，五洲四海不同种族、文化背景的人民相处，形成多维的经济利益和纵横交错的关系网络，不断为香港带来新的信息、新的意念，也成为众多中资企业"走出去"的首选桥头堡，扮演着"引进来""走出去"过程中重要的中间人角色。这种独特的多元文化的形成以及积累的经验，在"一带一路"人文交流中具有重要的示范作用。

## 三、香港在"一带一路"战略中的定位和工作思路

香港有必要全面识别"一带一路"的战略机遇，明确定位，使香港的人才、资金、金融服务等优势，在更广阔的平台上发挥更重要的作用，在积极推动国家战略落地的同时，进一步巩固和提升香港在国际市场的影响力。

1. 香港在"一带一路"战略中的定位

（1）"一带一路"整体战略规划的重要组成部分。

（2）"一带一路"区域最大的国际融资中心，丝路基金、亚投行、金砖银行等区域内的主导性的金融机构和多边机构的全球金融合作中心。

（3）"一带一路"人民币区建设的主力军。

（4）"一带一路"沿途贸易增长最快的区域。

（5）"一带一路"产业跨境转移和基础设施建设的桥梁。

（6）"一带一路"国际人才的孵化器和输出地。

2. 具体举措

（1）积极参与整体框架的设计及跟踪评估。"一带一路"参与经济体众多、涉及面广、影响深远，但实施过程中的不确定性也高，香港可以借助与内地特有的紧密联系，密切关注和评估内地因"一带一路"战略而形成的全方位开放格局下的相关改革措施，积极了解内地发展需求，特别是主动配合

内地的相关改革和开放，研究设计相关方案、试点实施相关举措，借此也能为香港市场争取更多发展机遇。

（2）构建以香港为基地的全球融资体系。"一带一路"区内有大量企业来自中国本土和香港，香港银行业可利用服务客户的优势，与客户形成良性互动，通过加强与"一带一路"区内沿线国、区外国家的业务联动，使客户走到哪里，香港银行业的金融服务便跟到哪里。与此同时，充分发挥香港金融市场的多元化优势，从全球资本市场，把各种机会、各个领域、各个客户聚集起来，为"一带一路"提供贷款、债券、股权等不同类型资金，满足不同客户的多元化资金需求。同时，考虑在全球发行"一带一路"债券融资，加强与国际、国内金融机构合作，发挥投行作用，做好风险防范。

（3）巩固香港在境外人民币融资市场的优势地位。通过与日本、韩国等东亚市场合作，以产业合作和贸易往来提升人民币作为区域贸易结算货币地位，为俄罗斯、中亚等新兴市场提供项目融资。香港金融机构还可以通过银团贷款和发债等方式向"一带一路"基建项目提供人民币融资，也可以通过中国对外工程承包获得大量人民币 ODI 项目，更好地推动香港离岸人民币市场进行人民币资金循环和跨境流通。同时，利用"一带一路"国家战略，加强与其他主要国际金融中心合作，提升人民币在贸易融资、项目投资、跨境贷款中的使用比例。

（4）扩大香港在离岸人民币市场的领先优势。香港一直以来利用广泛的清算网络和高效的流动性管理功能，为其他境外地区提供人民币头寸和资金调剂，支持其他市场发展人民币金融资产和产品创新。在现有流动性管理基础上，香港可进一步完善多层次的流动性支持机制，为全球离岸市场开发利率风险对冲、利率互换、浮息产品提供更为稳定的利率基础。重点发展人民币相关的衍生产品，进一步推动香港以人民币计价的 RQFII、股票、债券等产品发展，鼓励内地企业在香港市场进行人民币 IPO，同时着重考虑以大宗商品为基础，推出更多以人民币计价的大宗商品期货产品，强化离岸人民币市场的风险对冲、投资功能、融资功能。香港作为"沪港通"模式的首创者，需进一步实现更多程度的互联互通，包括债券市场、基金互认等，丰富离岸以人民币计价投资目标，吸纳更多海外客户群通过香港平台进入内地市场，也为中国的投资者对外投资提供更多的产品选择。

（5）加强深港合作发展海洋经济。香港在贸易、港口航运、渔业等方面具有天然资源和深厚基础，可将自身在金融、法律方面的优势与海洋领域的资源禀赋相结合，顺应趋势推动香港自身"海洋经济"的进一步发展和升级，尤其是丰富和发展贸易及航运相关的"海洋金融"及"海事法律与仲裁"的服务，积极促进贸易融资、船舶及航运项目融资、海商海事保险、海事与航运争议裁决和法律服务等行业的发展。同时，进一步加强与深圳的多方面合作，充分发挥香港自由港管理的经验和优势，以及深圳特区的土地和企业优势，将香港的自由港与深圳的自贸区融为一体，最终共同形成一个面向"21 世纪海上丝绸之路"的产融结合、互惠互利的海洋中心城市。

（6）帮助建立具有国际标准的商业模式和合作框架。利用香港在法律制度、市场规则以及语言文化等方面与国际接轨的优势，积极提供法律、会计、金融等专业服务，推动、参与或发起建立针对"一带一路"政策目标的多边金融机构、投资基金、行业组织或争议处理机制，与中国相关主管部门共同构建一套行之有效的多边参与、产权及投资保护机制，在支持中国提高区域内金融监管影响力的同时，也相应提高香港的地位和重要性。

（7）鼓励香港企业参与基建项目投资和管理。"一带一路"基建投资规模庞大，其中由政府出面或主导的项目占较大比重。除了丝路基金和基础设施投资银行提供长期低息资金外，还需要民间投资资金的支持。香港金融机构可以通过银团贷款和发行基建债券等方式向丝路基建项目提供融资，香港企业也可以利用国家正在大力推广的 PPP 模式及其他常用方式参与"一带一路"基建投资、建设和管理，未来较为成熟的基建项目还可以在香港上市和资本运作，为香港资本市场提供新的机会。

（8）为中资企业在沿线投资基建项目提供协助。国家大力鼓励及推进内地企业"走出去"，并将通过"一带一路"战略在周边国家和地区营造有利于中资企业的投资环境。中资企业在丝路沿线投资基建项目的意愿也进一步提升，未来将会有更多的中资企业借船出海，以香港为跳板到丝路国家投资基建项目，香港可为这些企业提供基建项目贷款、过桥贷款、发债融资、顾问咨询、项目管理和专业服务等，使"走出去"企业的业务发展更加顺畅。

鼓励香港企业、当地企业与中国企业一起到"一带一路"沿线投资基础设施，各自发挥优势以提升基建项目的成功率。

（9）为"一带一路"输送国际性人才。"一带一路"战略在基建项目推进过程中，将会面对诸多不确定性和风险，包括景气变化、市场环境、地缘政治、宗教冲突等因素，很可能伴随投资合作的全过程。国际性人才是香港最宝贵的资源，在"一带一路"基础设施建设中可以发挥积极作用，包括进行基建投资项目评估、尽职调查、商业谈判、工程咨询、法律服务、财务顾问等，以提升成功机会，减少失误和损失。未来香港需要继续培养和引入更多国际性人才，以便更好地服务国家"一带一路"战略，同时分享发展带来的共同利益。

# 加快发展湾区经济　服务"一带一路"战略

许　勤[*]

## 一、湾区经济是当今世界经济版图的突出亮点

湾区经济是以海港为依托、以湾区自然地理条件为基础，发展形成的拥有国际影响力的区域经济形态，具有高度开放的经济结构、高效的资源配置能力、强大的集聚外溢功能和发达的国际交往网络。从世界范围来看，随着全球化持续推进，经济要素加快向湾区集聚，逐步形成了以纽约、东京、旧金山为典型代表的世界级经济集群。这三大湾区均是重要的金融中心、创新中心、航运中心，对全球产业调整升级、高端要素配置、创新发展等产生强大引领和带动作用。

## 二、打造粤港澳大湾区的重要意义

发挥粤港澳独特优势，打造粤港澳大湾区，提升区域增长极辐射带动能力，可以更好服务国家"一带一路"战略。

打造粤港澳大湾区是落实国家"一带一路"战略，构筑更强大经济纽带

---

* 许勤：深圳市市长。

的重要支撑。"一带一路"战略对于我国打造陆海统筹、东西互济的全方位开放新格局，实现"两个一百年"奋斗目标和中华民族伟大复兴中国梦具有重要意义。粤港澳地处海上丝绸之路战略要冲，深圳是我国改革开放的窗口、第一外贸大市、三大金融中心之一，是国家创新型城市和首个以城市为单元的国家自主创新示范区，也是沿线重要的经济中心城市，推动粤港澳一流湾区经济发展，有助于形成区域发展合力，深化与沿线国家经贸合作，为"一带一路"提供更强大支撑。

打造粤港澳大湾区是积极服务泛珠合作，增创区域协同发展新优势的重要举措。中央经济工作会议对优化全国经济发展布局，促进区域协同发展作出新的部署。经过多年发展，粤港澳已经成为我国经济实力最强、发展最活跃的区域之一。深圳是粤港澳大湾区中心城市、泛珠经济体核心区域和"一带一路"规划的重点区域。粤港澳大湾区拥有世界级的海港群、空港群，2014 年，集装箱吞吐量超过 7000 万标准箱，机场年旅客吞吐量约 1.4 亿人次，进出口贸易额约 1.5 万亿美元。经济总量超过 1.4 万亿美元，约是旧金山湾区的 2 倍，与东京湾区、纽约湾区差距进一步缩小，具备了比肩世界发达湾区的条件和基础。加快发展湾区经济，有利于促进区域内要素合理流动，资源高效配置，市场深度融合，不断提升湾区经济国际竞争力，在服务"一带一路"中促进泛珠共同发展。

打造粤港澳大湾区是服务国家南海战略，促进环南海经济圈发展的重要推手。南海位处世界航运要冲，能源资源丰富，战略地位突出，是实施海洋强国战略的重中之重。目前南海局势错综复杂，不稳定、不确定因素增多。粤港澳作为我国距离南海最近的经济发达区域，海洋经济总规模达 1.23 万亿元，连续 20 年位居全国首位，海洋电子信息业发达，是我国三大海洋工程装备制造业集聚区之一、国家重要的海洋科研技术经济平台。打造粤港澳大湾区，有利于加快南海资源开发利用，促进环南海经济圈发展，可以为国家经略南海提供重要的战略支撑。

打造粤港澳大湾区是立足于全球坐标系，实现更高质量更高能级发展的重要途径。习近平主席在广东视察时，要求我们改革不停顿、开放不止步，做到"三个定位、两个率先"。改革开放三十多年来，粤港澳区域协同发展取得了巨大成就，成为具有全球影响力的城市群。深圳也从一个边陲小镇发展成为一座现代化国际化大都市，2014 年经济总量约为 2600 亿美元，名列世界城市前 25 位。在这样一个发展阶段，大力发展湾区经济，就是以全新视野，谋划粤港澳区域发展，在新的国际化坐标下，实现更高层次全球经济合作，努力推动粤港澳迈入世界一流湾区行列。

## 三、深圳发展湾区经济总体思路和主要举措

打造粤港澳大湾区，既需要国家层面的统筹协调，也需要粤港澳之间的协调互动，更需要中心城市的积极作为。深圳作为粤港澳湾区重要中心城市，发展湾区经济的总体思路是，全面贯彻习近平主席"三个定位、两个率先"要求，以全球视野和战略思维，把握世界经济和国际湾区发展新趋势，充分发挥湾区、特区双优势，紧紧围绕"市场化、法治化、国际化及前海开发开放平台"的改革主攻方向，坚持深圳质量深圳标准发展理念，集聚高端资源，强化创新驱动，突出开放发展，提升核心功能，努力建设创新能力卓越、产业层级高端、交通网络发达、基础设施完善、生态环境优美、辐射功能强大的一流湾区城市，打造湾区国际名城，为实施国家战略提供有力支撑。重点做好以下几方面工作。

1. 着力提升湾区经济综合实力，打造服务"一带一路"的重要引擎

以建设前海蛇口片区自由贸易园区为契机，推动深化粤港澳开放合作，落实 CEPA 及补充协议和粤港澳服务贸易自由化政策的有关安排，促进互利共赢，巩固提升粤港澳世界级经济中心地位。加快新一代信息技术、生物等战略性新兴产业发展，着力培育航空航天、海洋经济、机器人等未来产业，抢占发展制高点。完善总部经济政策，加快总部基地建设，推动总部经济集聚发展。发挥深圳产业、技术、资金等方面优势，积极推动企业"走出去"，支持在沿线国家设立产业园区，合作开发市场、资源、能源，促进产业链、供应链、价值链深度融合，提高以品牌、服务、标准为核心的出口优势，推动具有自主知识产权、高附加值产品出口。支持企业积极参加和举办沿线国

家专业展会,大力发展跨境电子商务。抓住沿线国家基础设施建设机遇,鼓励企业扩大对外工程承包和劳务合作。在开放合作中提升深圳经济发展质量和综合实力,形成"一带一路"重要极核。

2. 加快建设国际创新中心,增强服务"一带一路"创新发展能力

充分发挥深圳国家自主创新示范区优势,着力完善综合创新生态体系,积极推动开放式创新、协同创新、综合创新,集聚高端创新资源和要素,增强源头创新能力。积极争取布局一批重大科技基础设施,高质量建设各类重点实验室、工程实验室、工程中心等创新载体,不断增强创新支撑能力。积极利用全球创新资源,加速融入全球创新网络,加强与国际一流大学和顶尖科研机构合作,推动下一代通信技术、移动互联网、云计算、大数据、生命信息、超材料、新能源等领域取得一批核心技术产权和国际技术标准。推动新型研发机构快速发展,支持企业技术创新再上新台阶。继续实施"千人计划"和"孔雀计划",重点引进与培养一批世界一流科学家、科技领军人才和高层次创新团队,打造全球创新创业人才高地。加强与旧金山湾区等国际一流湾区创新合作,支持与沿线国家互设研究机构、技术转移和科技服务等机构,组织开展科技联合攻关,构建开放共享的创新网络,共同推动创新成果产业化。推动技术、产业、金融和商业模式创新跨界融合,促进大众创新,打造创客之城。鼓励创投机构参与"一带一路"建设,努力打造亚洲最大创投中心,增强对沿线国家科技创新服务能力。

3. 着力构建海港、空港、信息港"三港联动"优势,加强与"一带一路"沿线国家互联互通

加快推进与沿线国家基础设施合作共建,形成便捷高效的立体化综合交通运输网络,努力打造海上丝绸之路的交通枢纽城市。加快机场综合交通枢纽工程建设,推进深圳机场 T4 航站楼及第三跑道规划建设,支持深圳企业参与沿线国家机场的投资建设和运营,新增通达沿线国家的航班航线,构建海上丝绸之路主要城市"4 小时航空圈",携手香港打造空中丝绸之路大通道。强化深圳远洋枢纽港功能,加快推进盐田港东西港区等重点项目建设,积极拓展和完善国际班轮航线,提高货物中转比重,推动深圳港成为"一带一路"海铁联运枢纽,深港共建亚太地区国际航运服务中心。鼓励引导招商

集团等企业推进港口等基础设施的国际合作，主动参与境外港口规划建设和运营管理，增强在全球航运网络中的服务能力。积极推进智慧城市、无线城市建设，超前布局和建设一流信息基础设施，增强数据处理能力，加快建成全球信息网络的核心节点，构筑"网上丝绸之路"。加快推进深中通道、深茂铁路等重点公路、铁路建设，鼓励发展海铁联运，着力打造服务内陆地区对外开放的重要出海通道。

4. 积极搭建文化交流桥梁，增进与"一带一路"沿线城市互信互动

弘扬中华优秀传统文化，进一步拓宽与沿线城市交流的广度和深度，把深圳打造成为"一带一路"人文交流的重要联系纽带。全面加强与沿线城市的交流合作，构建友城网络，建立常态化交流合作机制。支持举办有全球影响力的高层论坛及文化、体育、展览等活动，把前海合作论坛打造成"一带一路"合作的新亮点。积极推动与世界著名湾区城市深度合作，探索成立湾区城市联盟，共同促进全球湾区经济向更高层次发展。突出加强智库、社会团体、青年等友好交流，积极拓展侨团商会联系合作，广泛开展民间交流往来。积极吸引更多知名大学来深办学，加快推进深圳北理莫斯科大学、香港中文大学（深圳）等高校建设，加强与沿线国家高等院校、科研院所等交流合作，打造面向东南亚的教育中心。充分发挥深圳文博会等高水平展会作用，推动形成文化交流与经贸合作良性互动格局。完善国际旅游合作机制，探索与沿线国家共建旅游合作区，积极开发深圳与沿线国家的旅游线路，加快太子港邮轮母港等本地旅游资源开发，打造高端旅游目的地。

5. 打造服务南海开发的战略基地，深化与海上丝绸之路沿线国家海洋经济合作

深圳地处南中国海滨，与东南亚国家隔海相望，是中国大陆距离东南亚最近的发达城市。坚持合作共赢的理念，积极推进与沿线国家海洋领域合作。打造海洋经济产业基地，落实国家关于南海开发的策略，围绕深海资源开发，加强与海西经济区、北部湾地区、海南国际旅游岛的合作，共同发展海洋运输、物流仓储、海洋工程装备制造、海岛开发、旅游装备、邮轮旅游等产业，不断培育壮大新兴海洋产业、集约发展高端临海产业，携手打造海洋经济合作示范区。打造海洋科研的创新基地，加快发展海洋科技，围绕海

水淡化、海洋生物制药、新能源与可再生能源等领域,打造国家级南海开发和深海研究公共技术平台,提升深海油气、海底矿产等海洋资源的开发能力。建设国家级海洋工程基地和南海海洋科技中心。建设南海开发的后勤基地,重点提升深海工程装备、大中型船舶、专用飞机等大型海洋工程装备的研发、制造、维修能力,为南海开发提供专业化服务。积极参与中国南方海上油气田生产指挥中心建设,争取南海油气开发相关企业落户。

# 打造"一带一路"海陆交汇点

赵晓江*

连云港作为国家首批沿海开放城市、新亚欧大陆桥东方桥头堡,在国家新一轮对外开放布局,特别是"一带一路"战略格局中占有特殊重要的位置。作为"一带一路"战略的交汇节点,连云港发挥着东西双向开放窗口和海陆转换枢纽作用。连云港将立足自身战略地位和特色,抓住用好国家重大战略叠加的机遇,努力建设丝绸之路经济带与 21 世纪海上丝绸之路的海陆交汇点。

## 一、围绕大局、因势而谋,在更高层面上明确新定位

当前和今后一个时期,连云港将在国家战略的总体布局中谋划和考量,在更高层次和平台上推进"一带一路"交汇点建设,争当参与"一带一路"建设的先行军。连云港在"一带一路"开放新格局中拥有区位绝对优势,在国际经贸合作中拥有要素资源相对优势,在东部沿海港口中拥为"一体两翼"组合大港优势,在陆桥过境运输中拥有第一品牌优势,在区域经济发展中拥有国家政策后发优势。我们将立足自身战略地位和突出优势,着力打造依托大陆桥、服务中西部、面向东北亚、辐射亚欧大陆的"丝绸之路经济

---

* 赵晓江:江苏省连云港市市长。

带"东方桥头堡。

这主要包括三个层面：

（1）打造"一带一路"东西双向开放桥头堡，在开放功能、国际贸易平台、开放载体等方面不断突破。创建丝绸之路经济带连云港自由贸易港区和中哈贸易园区，不断深化与日韩的经贸合作，争取成为中韩自贸区先行区；构建起东北亚西向拓展和中亚地区东向出海的加工生产、商贸物流基地；加强与陆桥沿线国家地区的产业联系和合作，建设成进口资源加工基地、出口产品生产基地和重化工配套产业基地。

（2）打造"一带一路"海陆交汇航运枢纽，在港口功能完善、高速高铁建设、航空航线开拓等方面不断提升，构建起"海、陆、空、铁、水、管"立体式综合交通网络体系，成为上海合作组织成员国共用出海口及国际物流、仓储基地。

（3）打造"一带一路"区域合作创新区，依托国家东中西区域合作示范区，积极推进与上海合作组织成员国产业协作、与苏南及长三角地区的产业对接，积极构建开放型经济体制机制，进一步扩大开发开放，力争成为上海合作组织成员国合作示范区。总之，到2020年要建成贸易投资便利、高端产业集聚、城市环境优美、金融开放创新、海陆运输便捷的"一带一路"交汇点。

## 二、突出重点、应势而动，在更高水平上构筑新平台

### 1.建立跨区域高层次协作平台

争取建立国家东中西示范区省部际联席会议制度，推动国家层面整合并提升新亚欧大陆桥合作协调机制，在陆桥沿线城市市长联谊会基础上建立陆桥沿线省（区）联席会议制度，定期研究协调推进区域合作重大事宜。建立健全新亚欧大陆桥沿线国家及陇海兰新铁路运输协调机制，将海关、出入境检验检疫、铁路运营等机制融入上海合作组织框架。

## 2.做实经济文化交流平台

扩大"连云港之夏""西游记文化节""江苏沿海开发论坛"和"泛黄海经济论坛""海陆丝绸之路文化交流论坛"等大型主题文化经济交流活动的对外影响。广泛邀请"一带一路"沿线国家主流媒体、重点客商、文化学者来连考察交流。规划建设符合中亚国家宗教文化传统的综合配套设施，在有条件的高校开设中亚国家语言、文化培训课程，吸引中亚国家留学生来连学习交流或就业。联手组建陆桥沿线区域性旅游联盟，开通丝绸之路经济带国际旅游客运专列。

## 3.培育商贸物流集散平台

依托具备保税功能、规划面积 22 平方公里的金港湾国际物流园区，设立中哈（连云港）国际贸易园区，并以其为契机推动中西亚国家在连建立物流基地。加快推进东中西合作示范区综合保税区创建，加快与中西部地区互设物流场站，扎实办好丝绸之路经济带连云港物流博览会。

## 4.推进产业转移合作平台

以国家东中西区域合作示范区世界级炼化一体化项目为突破，积极引进能够将东部地区技术优势与中西部地区资源优势更好结合的优质项目，发挥区域性产业结构布局政策的导向作用。着力推进中日生态科技园项目，支持日韩、中亚国家及中西部地区的城市和企业以"区中区""园中园"形式共建园区。

## 5.打造科技信息共享平台

多渠道、多形式加强陆桥沿线城市科技交流，加强与重点高校、重点实验室、工程技术研究中心等各类创新机构在区域经济、信息产业等领域的政产学研合作，共同构建一个开放式、多领域、全球性的丝绸之路经济带科技合作网络新平台。

# 三、把握关键、顺势而为，在更高效能上落实新举措

当前，连云港正处于转型升级的关键期和新一轮扩大对外开放的重要机

遇期。推进"一带一路"交汇点建设，务求在重要领域和关键环节上取得突破。（1）提升港口集疏运能力。加快"一体两翼"组合港口建设，推进 30 万吨级深水航道二期工程，新上 30 万吨级原油、LNG、液体散货、木材等一批大型专业化泊位。畅通海铁联运通道，大力培育集装箱远洋航线，逐步增加面向中西部的"五定班列"开行密度，开通"新丝路"出口国际班列，携手推进陆桥沿线大通关试点。（2）加速高端产业聚集。按照"调高调轻调优调强"的思路，把产业布局调整与结构优化结合起来，积极引进技术水平高、投资规模大、产出效益好、符合节能环保要求的重大项目、优质项目。科学编制石化产业基地总体规划，加快推进各项前期工作，推动重大石化项目尽快开工建设。（3）完善城市产业承载功能。按照区域中心城市的定位要求，提升城市基础设施配套能力和水平。优先建设大运量快速公交通道，尽快实现海滨大道全线贯通，建设环云台山大道和绕城快速通道，构建临海高等级公路等干线路网。着力打造"丝绸之路经济带"企业总部集聚区和商贸办公服务集聚区。（4）推动投资贸易便利化。探索外商投资准入前国民待遇试点，改革工商登记制度，逐步在航运服务、跨境旅游、商贸物流等服务业领域扩大开放。（5）深化对外金融开放创新。丰富港口项目融资、地主港融资、港口资产证券化等业务模式，为航运业发展提供服务和资金支持；积极创新金融服务和产品，发展国际航运价格衍生品，搭建物流企业与银行的沟通、交流平台；组建专业物流金融公司，提高物流金融服务效率；拓展供应链金融业务，建立流动资产评估体系；争取国外金融机构在连云港设立网点或分支机构；研究与自由贸易港区相适应的外汇管理体制，组建连云港有色金融期货交易中心，吸引跨国企业总部入驻，建立整合贸易、物流、结算等功能的营运中心。